从怎么看到怎么办

——新时代高校学生工作实践探索

吴素红　陈庆宾／著

浙江工商大学出版社
ZHEJIANG GONGSHANG UNIVERSITY PRESS
·杭州·

图书在版编目（CIP）数据

从怎么看到怎么办 ：新时代高校学生工作实践探索 / 吴素红，陈庆宾著. -- 杭州 ：浙江工商大学出版社，2024. 11. -- ISBN 978-7-5178-6289-5

Ⅰ. G645.5

中国国家版本馆 CIP 数据核字第 2024HG1022 号

从怎么看到怎么办——新时代高校学生工作实践探索

CONG ZENME KAN DAO ZENME BAN—XIN SHIDAI GAOXIAO XUESHENG GONGZUO SHIJIAN TANSUO

吴素红　陈庆宾 著

责任编辑　王　琼
责任校对　杨　戈
封面设计　望宸文化
责任印制　祝希茜
出版发行　浙江工商大学出版社
（杭州市教工路 198 号　邮政编码 310012）
（E-mail:zjgsupress@163.com）
（网址:http://www.zjgsupress.com）
电话:0571-88904980,88831806(传真)
排　　版　嘉兴浩帆图文制作有限公司
印　　刷　浙江全能工艺美术印刷有限公司
开　　本　710 mm×1000 mm　1/16
印　　张　19
字　　数　271 千
版 印 次　2024 年 11 月第 1 版　2024 年 11 月第 1 次印刷
书　　号　ISBN 978-7-5178-6289-5
定　　价　58.00 元

支持项目

2024 年度教育部人文社会科学研究专项任务项目（高校辅导员研究）：大学生网络集群行为的心理机制、行为引导与风险防控（24JDSZ3149）

2024 年度浙江省哲学社会科学规划常规课题：新时代大学生网络集群行为的心理机制与风险防控研究（24NDJC142YB）

2024 年度浙江省高校网络教育名师培育支持计划

自 序

学生工作是高校开展思想政治教育工作的重要途径，是落实立德树人根本任务的关键环节，更是高校推动高质量发展的前沿阵地，可谓意义非凡。随着网络技术的发展与数字化治理的需求，高校学生工作迎来了前所未有的挑战与机遇。新时代背景下，如何因时而进地更新工作理念、创新工作方法、丰富工作手段、完善工作模式，如何提升学生工作实效，是高校思想政治教育者要深入探究的重要课题。

新一代的青年大学生的学习、生活场域因网络化发展而大幅度地拓展，其思想动态、行为表现和心理规律也呈现出新特点，并在网络话语表达、日常行为表现、人际交往互动等方面得以体现。《高校思想政治工作质量提升工程实施纲要》明确提出构建“十大”育人体系，网络育人位列其中。网络育人成为网络时代应对新问题、适应新要求的主要措施。

“青年兴则国家兴，青年强则国家强。”辅导员作为高校思想政治教育工作的骨干力量，肩负着大学生成长成才人生导师和健康成长知心朋友的重任，承担包括网络思想政治教育在内的九大工作职责。辅导员需紧紧围绕“培养什么人、怎样培养人、为谁培养人”这一教育根本问题，扎根学生工作一线，积极探寻新时代学生工作高质量创新发展的实践路径与工作模式。利用网络开展思想政治教育，就是辅导员将网络技术与传统思想政治教育优势相结合，有助于加强网络阵地建设，把握育人主动权和主导权。

为强化对新时代大学生的思想引领与价值引导，做到围绕学生、关照学生、服务学生，以大学生喜爱的方式提升学生工作的吸引力与实效性，八年来，我们依托微信公众平台“半个月亮爬上来”开展网络育人实践，拓展网络育人场域。搭建网络平台，打通以网络推文等为主要形式的与青年学生对话交流的渠道，为其成长发展解惑答疑。同时，结合自身工作实际，从理论与方法层面深入剖析高校学生工作中的难点与堵点，精准定位学生工作能够提质增效的着力点与突破点，积极推动学生工作的系统性、规范性与科学性发展，力求突破困境、实现变革、增进实效。

本书内容丰富，既包含直面新时代大学生的解惑答疑与思想引领，也涵盖了对学生工作实践的经验总结、理念提炼与模式探索，以及对学生工作高质量发展的实践探索，还有从辅导员身份角色出发，对辅导员素质能力提升及其专业化、职业化、专家化发展路径的深入思考。本书适合高校学生工作者、大学生、学生家长等群体阅读，有助于辅导员群体把握高校学生工作规律、明晰职业定位；有助于促进大学生“专业成才，精神成人”；有助于学生家长群体了解高校学生工作特点、理解当代大学生的成长历程，从而有效助力学生成长成才。

目 录

第一篇
辅导员成长的段位升级

第二篇
对话青春促发展

第一篇

辅导员成长的段位升级

第一章
以心助新，开启新征程

辅导员如何设计新生主题班会内容

主题班会是高校开展思想政治教育的重要载体和平台，具有团结学生、组织学生和教育学生的功能。辅导员在开展主题班会前需要结合班会的参加对象、开展时间等因素，确定主题、形式以及具体内容，才能有效地发挥主题班会的作用。新生入学班会因其开展时间的特殊性，对具体内容以及形式等有特定的要求。

大一新生入学后的第一次主题班会在新生适应大学的初始阶段举行，起着促进新生环境适应和推动新生生涯发展的“承上启下”的作用。而该阶段师生之间、学生之间、学生与学校之间的熟悉度不够，同学之间尚未形成情感联结，班级凝聚力也有待形成。此外，开学典礼、新生开学第一课、新生始业教育等系列活动还未开展，新生缺乏必要的和充分的适应教育实践。因此，新生入学班会在促进新生完成角色转变、加快适应融入班级等方面有着重要的作用，班会内容需要精心设计和安排。

结合新生的适应要求和需求，入学班会应将主要目标定位于引领学生坚定理想信念、养成规则意识、增强安全意识，以及了解寻求帮助、获得支持的信息渠道等方面。因此，辅导员在开展新生入学班会时应该做到“五必讲”。

一讲理想信念，思想上要有高度。“为学须先立志”，大学生树立远大理想的基本内核源自其理想信念。大学生正处于“拔节孕穗”的关键时期，最需要精心引导和栽培。虽然初入大学的新生思想活跃、接受新生事物快，但是受知识结构和实践经验的局限，具有较强主体意识的他们对周围的世界和社会感知敏锐，也更易受到外界的影响。辅导员在入学班会内容的设置上，要将理想信念教育作为核心环节，以贴近学生的时代化叙事方式引导学生坚定理想信念、厚植爱国主义情怀，教育引导新生立鸿鹄志、做奋斗者，用青春和理想拥抱未来，把实现个人价值同实现社会价值相统一，做主动担当、有作为的好学生。在入学初，学生就树立起争做堪当民族复兴重任的时代新人的理想，坚定让青春在奋斗奉献、冲锋磨砺中焕发绚丽光彩的信念，将为大学成长成才乃至人生发展创造源源不断的精神动力。从开展形式上说，辅导员可以在班会开场以一堂微课、一次观影、一次现场体验教学、一次集体学习研讨等多样化、互动式的形式，让每位新生在沉浸式的班会中获得启发、坚定理想信念。

二讲规章制度，行为上要立规矩。“悬衡而知平，设规而知圆。”不论是学籍管理、书院管理还是日常行为，大学都有相应的规章制度。为了帮助新生更快地适应和更好地融入大学的学习生活，介绍各类规章制度就显得必要而紧迫。入学班会时间有限，不宜大水漫灌、全面详细讲解，应优先介绍新生当下学习生活环节就有可能接触到的制度，比如请假、早晚自习、课堂考勤、书院管理、违纪处分条例等。此外，要在该环节着重强调底线意识和底线思维，引导学生遵规守纪，严格自我要求。在新生入学初始阶段引导学生加强对规章制度的学习和认知，教育新生树立诚信为人、遵章守纪、严守底线的规则意识，并在日常学习生活中以法律法规、规章制度为行为约束，塑造良好个人品德、提升文明素养，为下一阶段个人成长强化思想基础。

三讲发展规划，行动上要有计划。在一次新生家校联系中，听闻一位同学在入学前已制定好了大学的发展规划——转专业、考研升学。相比于一部分同学初入大学的懵懂和迷茫，清晰的目标和规划将给个人发展带来积极影响。比如，目标明确的学生更倾向于有计划地行动以确保目标的实现，在行动的过程中，其意义感更强，所获得的体验也更为积极。初入大学如何做好个人发展规划？在入学班会上，辅导员应积极引导学生通过自我探索，明确个人的优势与不足、兴趣与爱好，尤其是引导新生客观地评价个人能力现状，看到“能做什么”与“想做什么”之间的差距，也找到“想做什么”与“如何实现目标”之间的路径。从入学开始，即引导学生将大学四年当作人生一个重要阶段进行系统规划，精心设计个人学期、学年目标，努力学习实践，为长远职业规划目标及职业发展奠定良好的知识和能力基础。

四讲安全教育，安全上要守底线。安全问题事关学生成长成才，安全教育也一直是学校的工作重点。由于社会经验较少，刚入学的新生安全意识比较薄弱，自我防范能力不足，难以沉稳地应对突发危机事件。在入学班会上，辅导员应结合校园学习生活实际，通过典型案例重点强调大学生可能面临的安全问题，比如人身安全、财产安全、交通安全等问题，引导新生提升安全防范意识和自我保护能力，规范实施安全行为，尤其是要明确在遇到突发事件时安全自救或寻求帮助的措施和途径，以确保新生掌握一定的安全防范意识和技能，守好安全的底线，并能以良好的状态投入新阶段的学习生活。

五讲支持助力，成长上要有互助。新生初入大学，可能是第一次离家，远离父母、亲人和好友，难免思乡情切，或因人际交往能力有限等原因一时较难融入和适应新集体。如有饮食习惯不适应或其他外在因素叠加，新生难免感受到无助和失落，必然影响其入学后的学习生活。大学期间个人支持系统的构建十分重要。因此，在入学班会上，辅导员应帮助新生明确构建大学支持系统的具体途径，教育引导新生通过积极参与班级活动、校园活动等主动融入班集体，在与班级同学、老师的交流中获得情感联结和支持。此外，辅导员作为学生成长成才的引路人，除了为学生提供具体的联系信息和渠道，还应该从情感层面有效激发学生对辅导员的信任和对新集体的归属感。这可以结合入学庆祝仪式或特色活动环节来实现。

新生入学班会是新生始业教育初期阶段的重要环节，在学生成长成才的过程中起着导航作用。在内容和形式设计上应立足新生始业教育体系进行系统思考，同时还要结合该阶段新生的实际需求和可能出现的问题进行针对性的准备。

辅导员开好新生主题班会的三个着力点

主题班会是班级建设的重要途径，内容丰富、形式多样的主题班会能有效凝聚班级力量，实现团结学生、组织学生和教育学生的职能。新生主题班会，因面向对象的针对性、开展时间的固定性，在新生入学教育中具有特定的功能，即帮助新生更好、更快地适应和融入大学生活。因此，如何组织好和开展好新生主题班会尤为重要。

近年来，新生辅导员在新生主题班会的策划、组织方面颇费心思，如利用快闪自我介绍、集体生日等仪式以及才艺展示等环节增加主题班会的趣味性，帮助新生在轻松的氛围中提升其在新集体中的积极体验感。尽管如此，当前新生主题班会也存在一定的不足。比如，将新生主题班会限定为开学后的第一次师生见面会，缺乏系统性的设计和持续性的计划；未有效挖掘新生班会的主题，使得班会主要根据固定的流程成为模式化的一次班集体活动；主要为老师讲学生听的灌输形式，互动性不足。

为提高新生主题班会的教育效果，充分发挥其职能，结合新生主题班会的特点，应加强新生主题班会建设。具体可以从三个方面来考虑。

第一，围绕新生成长需要，精心设计主题，构建新生教育体系。

新生主题班会的出发点在于帮助新生尽快地适应和融入大学，通过实施具体的活动加强对新生的引导和教育。应结合新生成长和发展的需求与困惑，开展相应的适应、心理、安全、生涯规划等主题的班会。从这个角度来说，新生主题班会的次数不是一次，其时间跨度可以是一个月，也可以是一个学期。这与学校组织的新生始业教育并不相斥。

目前，我们更多地将新生主题班会狭义地理解为新生入学后的第一次班会，而不是贯穿新生入学一段时间后促进其适应发展的多次班会，更不用说根据这样的原则进行精心的班会体系设计。

学校层面会结合新生的发展需要开展形式多样的思想教育、安全教育、心理教育等活动。例如，有的是利用网络资源进行自学，有的是专题讲座，还有的是学习考试等。因此，新生主题班会应与学校层面的新生始业教育互为补充。一方面按照相关要求，有序安排必要的主题教育；另一方面，着眼于班级整体建设以及学生的长远发展、阶段性成长困惑，精心设计教育主题，通过主题班会的形式，实施具体的教育实践，并在实践过程中，进一步建构和完善以月、学期或者学年为单位的新生主题班会体系，有序地推进新生的大学适应进度，并及时地、针对性地解决新生的困惑，推动主题班会教育长效化。

第二，围绕新生主体角色，加强过程互动，形成有效情感联结。

传统的新生主题班会除了时间较为固定（入学后、正式上课前），主题比较单一（新生自我介绍、学校规章制度介绍、开学初主要工作提醒等），其开展的形式也以老师讲、学生听为主。师生之间、学生之间的互动较少。

由于大学校园中并无固定教室作为班级成员的共同集体空间，新生难以在前期的学习阶段尽快熟识班级成员；下课后即各自离开、每个人都有自己的学习生活节奏、个人对于人际的需求不同等境况更是难以让班级成员产生较为深厚的情感联结。因此，如何在系列新生主题班会中，充分发挥每个个体作为班级成员的主体性，通过增加互动以促进情感联结的形成是在设计班会主题和实施过程时应该要重点考虑的问题。

在与学院 2022 级新生辅导员交流时，一位辅导员提及计划在第一次新生主题班会上为同学们举办一次集体的生日会。离开父母、只身求学，新的环境以及充满不确定的未来，对于新生而言需要一定的时间去适应。而互动仪式让新生参与到集体生活中，能够激发他们对集体的认同感。

除了仪式化的活动，还可将互动前置到班会主题征集、形式和流程设计等步骤，尽可能让班级成员都参与到主题班会的实施过程当中；或班会后组织学生对班会效果进行评价与反馈，让辅导员或者班级成员对班会的效果有较为直观和及时的把握。

第三，围绕新生主观体验，丰富活动情境，提升教育效果。

传统班会更多将活动场地局限在教室中，使得主题班会效果受到影响。要进一步提升班会的教育效果，可从两个方面进行延展。一是丰富活动参加主体，如邀请优秀学子、校友、专任教师等参与班会，通过他们的亲身讲述，引导新生进行思考和讨论。优秀学长学姐与新生的面对面交流，可以充分发挥朋辈教育的作用。二是丰富活动场地，结合班会主题，将活动场地延展到校内外，如校内图书馆、操场或校外实践基地等，充分发挥校内文化育人功能，充分利用校外文化资源、实践资源等，进一步增强新生的临场感和积极体验感，提升教育效果。有的班级将新生班会地点放在操场上开展，并通过新生喜欢的形式开展素质拓展活动，促进了学生之间的交流，提升了教育效果。

高校主题班会是辅导员开展大学生思想政治教育的日常渠道和模式，新生主题班会因其面向对象的特殊性，有其特定的开展时间和主题要求，但归根结底还是以大学生的成长成才为出发点的，并将侧重点放在促进新生的适应和融入、提升其对班级的认同上。

因此，辅导员在组织新生主题班会时，应从长远考虑，把握新生的阶段性需求，精心设计主题，在实施有计划的教育活动的过程中，积极构建班级新生教育体系，通过加强互动和班会的情境化，进一步提升教育效果。

辅导员开展新学期主题班会要把握的两个要点

为了更好地引领班级建设，引导同学们查找短板、树立目标、找准定位，以积极进取的状态投入新学期的学习生活，开好新学期第一次主题班会尤为重要。辅导员要从重要性把握和内容设计两方面着手，抓实新学期主题班会开展。

一、从功能角色出发，把握新学期主题班会的重要意义

辅导员首先需要明确两个问题：一是主题班会在班级管理和思想政治教育工作中的功能；二是辅导员在组织主题班会促进班级建设中的角色和作用。主题班会以立德树人和促进学生成长为中心，聚焦某一主题，通过不同形式引导学生对具体问题进行交流和探讨、对相关知识进行传授和分享，着眼于学生理论知识、道德品质和能力素质等方面的提升以及规则意识、底线思维的强化，是思想政治教育的重要形式和途径。辅导员作为学生日常教育管理和班级建设的组织者、指导者，在通过主题班会促进班级建设和强化育人效果的过程中，承担引领、启发、驱动和指导的作用。辅导员在实践过程

中开展思想引领和价值引导，激发学生主体性、驱动学生主动性和发展学生内驱力，并指导具体建设过程、把握建设方向、凝聚建设合力，推动班级建设。

二、从内容设计出发，抓实新学期主题班会效果

那么辅导员如何开展好新学期第一次主题班会？一场精彩的主题班会离不开对内容的精心设计。具体而言，辅导员可围绕四个方面精心设计新学期第一次主题班会的内容。

第一，讲好“新”主题。不论哪一个年级，新学期都意味着新一阶段的开启，不同年级的学生面临着不同的要求，也需要有针对性地制定个人成长目标。因此，辅导员应该引导学生讲好“新”主题。一是分析“新”形势。从个人成长出发，结合考研、就业等实际，收集整理相关数据，开展全面的有关升学、就业形势的分析，引导学生及早规划、及时行动。二是激发“新”动力。围绕上一学期班级建设情况和成果进行班级建设总结，树立新学期班级建设集体目标，引导班级成员明确方向，凝聚建设合力；加强对优秀个人的表彰和宣传，针对班级中在学业、实践、实习等各方面表现突出的学生，利用班会加强先进典型事迹的宣讲，激发其他班级成员向优秀学生学习的内在动力，营造良好的班级建设氛围。三是鼓励“新”作为。结合班级学生在组织任职、校外实习、志愿实践等活动中的实际行为，鼓励学生在已有经历的基础上，锚定新目标，充分利用课余时间，积极参与各类实践，提前计划暑期深入基层开展实践实习，展现青年担当。

第二，分析“旧”学情。学情分析是班级学风建设的重要环节，能够为学生学业发展目标的制定和个人成长定位提供基本的参考。因此，新学期第一次主题班会应从分析班级期末考试情况出发，通过从入学到目前的学业成绩的对比，形成班级学业发展趋势图，同时引导每位学生制作个人学业发展

趋势图，精准了解个人学业情况。尽管大学阶段，学业成绩不是学生个体发展的唯一衡量指标，但学生个人在学业发展上的有效投入以及从中收获的正向激励将强化学生的主动性和积极性，同时在学习过程中习得的学习能力、协作能力、研究能力等将成为个体长远发展的重要推动力。在开展学业成绩分析的同时，还要注重对诚信考试的引导和教育，强化班级优良学风建设。

第三，强化“严”基调。各项班级管理制度、校纪校规的落实和遵守要从严，才能强化班级学生的“底线”意识，确保各项制度真正发挥其在促进学生发展和班级建设上的保障作用。一是引导学生从严要求个人学业发展，严格遵守课堂教学、课后实践等方面的规章制度，认真完成各项学业任务，守住学业底线。二是引导学生自觉遵守校纪校规和法律法规，严守纪律红线；着重强调消防安全、出行安全、财产安全等，引导学生从“我”做起，主动参与校园安全建设。三是强调班级日常事务管理要求，从班级活动的组织和参与、班干部队伍建设、学生骨干培养以及朋辈互助等层面，对班级学生提出具体要求，为其良好行为习惯的养成奠定基础。

第四，聚焦“全”发展。新学期第一次主题班会应为班级和学生在新学期的发展明确方向、动员力量。因此要围绕全员聚合力、全面谋发展、全力求成效来加强思想引领。学生是班级建设和个体发展的主体，班会应通过明目标、提要求来强化学生个体参与班级建设和落实个人发展的主体性，强化自我监督、自我教育、自我管理和自我服务作用，凝聚全员建设合力。以样板班级培育、学风特优班评比等集体建设为契机，积极构建德智体美劳五育并举的班级建设发展盘，引导学生结合个人优势和兴趣，立足年级实际和个人规划方向，从科创竞赛、技能证书、实习实践、志愿服务等角度出发，科学合理地制定个人发展目标和班级建设目标，将个人发展目标与班级建设目标相融合，全面提升个人能力和素养，全力推进优良班级建设。同时，以成果建设为指引，引导学生聚焦学习工作成效和个人成长体验，促进其全面进步和提升。

新学期主题班会内容的设计既要把握思想政治教育主线和立德树人根本

要求，也要把握班级建设实际和学生成长阶段需求；既要在话语表达和组织形式上加强创新，提升班会的针对性和感召力，也要善用班级资源和学生素材，讲好班级建设故事和学生成长故事，增强学生对班级建设和个体发展的认同，激发学生励志进取的信心、决心和行动力。辅导员要深刻把握育人本质要求和基本规律，以内容体系设计、育人资源整合、制度措施落实等为着力点，讲好“新”主题、分析“旧”学情、强化“严”基调、聚焦“全”发展，组织开展好新学期第一次主题班会。

辅导员如何做好新生适应教育

新生适应教育是以新生为对象，通过实施一系列针对性教育活动，促进新生适应、融入大学生活的教育实践，是高校学生教育管理的重要组成部分，对学生的成长成才以及学生的教育管理发挥着基础性的作用。

从狭义上来说，我们更多地将新生教育视为新生入学教育，即在新生入学前和入学后的短期内，为了帮助新生尽快了解学校的环境、熟悉规章制度而开展主题班会、专题讲座等活动。但新生要完全适应和融入大学，需要一个学期至一个学年或更长的时间。因此，结合新生具体的适应表现和特点，可将新生适应教育划分为初期、中期和后期三个阶段。具体来说，新生入学前至入学后一个月内为适应教育初期，入学后一个月至一个学期内为中期，第二学期为后期，每个阶段对应不同的适应任务和要求，同时也对开展好新生适应教育提出了新要求。

辅导员作为学生成长成才的人生导师和知心朋友，从学生入学前到入学后，会通过日常交流、班级建设、队伍建设、常规管理等工作逐步开展对学生的思想引领和教育。其能否有序组织并开展新生适应教育实践，不仅关系到新生适应教育和学生教育管理的实效，更关系到大学生对大学生活的适应和融入以及大学阶段的学习与发展。

一、新生适应教育初期阶段

新生适应教育初期阶段，主要任务是熟悉环境、制度，把握常规的学习生活节奏。这段时期，新生忙于按部就班地参加学校或班级组织的安全教育、新生体检、开学第一课等活动，并逐渐适应大学学业安排。

初期阶段，应以“熟悉”为关键词，促进“学生—环境—老师—学生”的多向度熟悉。学生进入新环境，既要熟悉大学客观环境、具体教育活动以及学校各类规章制度，也要熟悉班级同学、老师等社会交往对象。另外，辅导员/班主任老师也要掌握新生的基本情况，并通过有序的沟通，深入了解学生的心理行为特点。

因此，初期阶段开展适应教育，除了学校统一组织的各类专题讲座，还可以通过精心组织班级主题班会、特色活动，增进积极情绪体验，加强感情联结。主题班会、专题讲座等形成系统地为新生介绍学校各方面的信息，有助于新生更快地熟悉大学相关事项；班集体特色活动有助于增强班集体凝聚力，提升新生认同度，让新生在新集体中找到归属感。辅导员还可通过查阅新生电子档案、走访寝室、座谈、问卷调查等形式精准把握学生的需求和困难，对于共性问题通过班会、座谈等形式及时回应，对于个性问题通过一对一谈心谈话及时解决，确保实现精准引领。

二、新生适应教育中期阶段

新生适应教育中期阶段，集中在初期阶段以外的第一学期。在这个阶段，新生根据个人实际，选择性地参与各类学生组织、社团，或参与班干部竞选，并在此过程中，逐渐探索自我，形成大学阶段基础的自我认知。除了生活方面的适应，新生开始通过参与各类实践，探索建立人际关系，并努力扩大个人社交圈，建立大学人际支持系统；通过专业课程学习进一步培养自主学习能力，并在遇到学业困难时进行相应的行为调整和心理调适。

中期阶段，以“自我管理”为关键词，通过班级日常管理加强新生自我管理能力，通过开展朋辈教育活动，强化示范引领。在该阶段，新生已经逐渐适应大学日常生活，并将适应的重心转移到专业学习、人际关系建立等方面。这是新生进行自我探索的重要阶段，不少新生在该阶段因落选而受挫，或因理想与现实的落差而导致心理等方面的不适。该阶段辅导员的工作重点是通过加强班级建设、营造良好班风学风，进一步规范和引领新生的行为；同时通过专题座谈，如节假日前的茶话会，拉近师生距离。班干部队伍建设作为班级建设的重要环节，也是该阶段需要重点加强的内容。班级建设包括班干部队伍建设、规章制度建设、日常事务处理规范建设等。通过建章立制，加强班级规范化和精细化管理。在该阶段，新生将完成大学阶段的第一次期末考试，因此进行诚信教育、底线教育也十分重要。

三、新生适应教育后期阶段

新生适应教育后期阶段，持续至大学第一学年结束。在该阶段，新生从被动适应到主动探索，全方位融入大学生活，不论是对周围环境，还是生活、学业或个人发展，新生已基本把握大学的学习生活节奏，并逐渐形成个人的学习风格，在时间管理、学业规划等方面也有了鲜明的个人特点，个人主动性被进一步调动。但也容易因学业问题、时间管理问题、人际交往问题等，引发负性情绪。

后期阶段，以“生涯发展”为关键词，引导学生着眼于个人发展，制订大学成长计划。经过一个学期的大学学习生活，新生的生活、学习模式等已基本稳定，能自主完成相应的学业任务。但也有少部分学生因学业倦怠、生活无序、人际关系紧张等引发了深层次的学业、心理等问题。该阶段是学生从适应到发展的过渡阶段，也是学生在个人发展上有所启发的阶段。该阶段，辅导员应结合对学生的了解，通过一对一精准谈话，做到一生一策的发展规划指导。辅导员可以借助一年制作一份简历、一年参加一次学科竞赛等具体目标加强对学生学业发展和生涯规划的引导，也可以开展新生与学长学姐面对面交流的活动，发挥优秀学子示范引领作用，激励新生积极行动、主动作为。

新生适应教育为新生适应大学学习生活提供切实保障。辅导员应立足实际，结合适应教育不同阶段特征，开展相应的教育实践，确保新生适应教育从群体“漫灌”到个体“滴灌”，做到教育全覆盖，从精准把握到全面及时引导，做到教育全方位，进一步提升新生教育实效。

打造新生样板班级应把握的三个环节

新生入学后，学院会统一组织一系列始业教育活动，帮助其尽快完成角色转变和对学习生活的适应。校园文化的浸润以及师长引领、朋辈帮扶等方式让新生在价值观塑造、职业生涯目标确定等方面得到启发和驱动。然而，学生个体有其特定的心理行为特点，因专业不同，其成长需求也不尽相同。

特定集体环境为个体成长创造相应情境，对个体发展产生一定的影响。班集体是新生入学后开展学习生活的一个正式组织，为学生的学业发展、品德培养、行为规范养成等提供了环境保障。高校班级更加强调学生在班级建设过程中的主体性，注重学生自我教育、自我管理和自我服务，这与中学时期的班级建设有所不同。同时，受网络化背景下大学生社交偏好、个体自主学习习惯养成以及独立性、个性化和多元化成长需求等因素的影响，班集体概念淡化，大学生对班集体的归属感有所减弱，班级凝聚力不强、班级建设积极性不足等成为当前高校班级建设面临的新挑战。

为引导新生树立班级建设主体意识、增强班级主人翁精神，充分发挥个体在班级建设中的主体性、主动性、创新性，学院层面推行样板班级建设，鼓励新生班级依托自身专业，科学地设定班级建设目标，推动班级建设举措落实，打造班级建设品牌，为班级成员的成长创设良好的微观环境。从近两年运行的情况来看，依托样板班级建设，确实涌现出一批在志愿服务、学科竞赛、文体活动等方面表现突出的班集体，并推动产出个人发展和班级建设的系列成果与荣誉，为班级建设质量提升、班级成员发展提供了有效的保障。

尽管如此，新生样板班级建设的过程中依然存在一些问题。如班级建设制度缺位导致班级建设规范化和制度化不足，班级建设运行机制不畅导致班委团队协作性、班级学生积极性发挥不充分，班级建设体系构建不完整导致班级特色不突出、持续性和创新性不足等。

结合样板班级已有建设实际，立足班级优良学风创建、班级建设品牌打造、班级凝聚力提升等内容，新生班级要打造样板班级具体应从基础、过程和结果三个环节出发，在有序推进建设过程的同时，聚焦班级建设高质量发展。

从基础出发，构建班级建设保障体系。打造样板班级，离不开外在环境保障和建设力量支持。从环境保障来说，完善的班级制度能够为班级日常管理、班级成员行为规范以及班级长远发展规划等提供行之有效的班级管理制度依据，推动班级管理规范化、制度化，为建设良好班风、学风创设严谨、规范的条件。因此，新生班级在建设初期，应在辅导员/班主任的指导下，以学校规章制度为基础，广泛征集班级同学意见，围绕班级建设目标，结合班级实际，制定切实可行的班级管理制度。内容上，班级管理制度应涵盖考勤、班干部队伍建设、常规活动开展、信息反馈、朋辈帮扶等方面，核心目的是对班级成员的学习、生活、行为等各方面提出具体的规范和要求，以营造良好的班风、学风。从建设力量来说，班级建设主体是班级成员，但班干部是班级建设骨干，肩负引领和凝聚班级同学、组织和落实班级建设具体工作的任务。因此，一方面，在制度建设中要加强班干部队伍培养、考核、退出等内容建设，选聘能担当、肯干事、勤服务的学生担任班干部，做好班级内部的奖惩机制；另一方面，要围绕班级建设目标，制订班干部队伍培养计划，从理想信念教育、服务意识和能力提升等角度着手，推动班干部队伍在班级建设中发挥示范引领作用。

从过程出发，围绕十大育人体系构建班级建设体系。班级建设过程要取得预期成效，实现班级成员个体与班集体同步发展，需围绕十大育人体系，有针对性地构建班级建设体系。在具体过程中应充分挖掘班级建设过程中的育人要素，充分发挥第一课堂和第二课堂、竞赛实践等方面工作的育人功能。一是坚持立德树人，以育人为核心，抓好思想引领，构建思想教育体系。开展班团主题活动、红色朗读接力、红色观影等活动，引导学生坚定理想信念、培养学生家国情怀。二是联动第一课堂和第二课堂，聚焦能力提升，构建实践教育体系。依托专业实践、企业走访调研、暑期实践、竞赛科研等环节，引导学生走入田间地头、走进社会，广泛调查研究，积极对接社会需求，明确职业目标，树立正确的就业观和择业观。三是搭建多元交流平台，聚焦核心素养培育，构建班级服务体系。一方面，要引进来，将专任教师、优秀学子等资源引入班级，积极组织专题讲座、分享会、座谈等，发挥好先进典型的示范引领作用，增强直接教育效果；另一方面，要走出去，鼓励班级学生通过参加活动、竞赛、调研等方式走出班级、走出学校，在拓宽视野、锻炼能力的同时，能学以致用。此外，还要打通班干部与班级同学、班干部与辅导员/班主任、老师与学生之间的信息沟通渠道，及时了解班级同学对班级建设的意见和建议，精准把握学生个体的成长需求，便于实施针对性改进举措。

从结果出发，提炼班级特色。班级建设应设定较为明确的建设周期，如以大学四年为整体的建设周期，再以学年或学期为单位将建设周期划分为不同阶段。在班级建设初期应为每个阶段设定相应的目标成果，并明确成果的表现形式。在建设周期结束时，应组织班级开展建设周期总结。总结的目的有二：一是明确前期建设中取得的成绩，适当调整后期的建设计划和目标；二是在凝练特色的同时，总结经验不足。例如，有的班级在申报样板班级时，为班级建设设定的是学科竞赛的导向和目标，但在实际建设过程中，班级在文体活动方面有更大的突破和发展空间。因此在总结的同时还需要对下一阶段的建设目标进行调整，并适时地对班级特色进行总结，以形成鲜明的班级建设品牌。在阶段总结过程中，还应加强与其他班级的交流。

班级在落实立德树人根本任务中承担着重要作用。因此，在班级建设过程中要结合学校发展和学生个体成长实际，从完善机制体制、构建育人体系和总结经验等角度出发，推动对班集体建设的深入思考。尤其是新生班级在目标确立、计划制订、反思总结等过程中，应从确定班级制度规范、搭建多元成长交流平台等角度着手，发挥好班集体在培育时代新人中的作用，从而达成建设样板班级的教育目标。

如何加强新生辅导员助理队伍建设

新生班级推行辅导员助理制度已有多年，这是朋辈教育的重要措施。数年来，一批又一批优秀的辅导员助理在新生适应和始业教育方面较好地发挥了朋辈榜样的示范带头作用。临近期末，浙江工商大学杭州商学院举行了新生辅导员助理的述职考核会议，我以新生班辅导员的身份参加了此次考核。在考核会上，每位新生辅导员助理结合个人学期工作情况，以 PPT 的形式进行了现场展示。

总体而言，新生辅导员助理的主要工作是协助班级辅导员/班主任做好班级日常事务管理，包括信息收集、数据汇总、活动开展等。对于带班较多的辅导员而言，辅导员助理的配备确实在一定程度上减轻了辅导员的工作量。本学期聘任的辅导员助理以大二学生为主，他们刚经历过一年大学生活的磨砺，作为过来人，对于新生适应中存在的困难和问题非常熟悉，在朋辈引领方面，他们更为细致和精准，能够有效地促进新生适应大学学习生活。

鉴于辅导员助理在新生适应等工作中的重要作用，如何加强该队伍的建设、如何更好地发挥其作用是需要深入探讨的问题。结合目前队伍建设实际，可从队伍选聘培养、考核激励、加强选树宣传和发展引导等方面着手，进一步加强队伍建设。

一、规范队伍选聘，加强队伍培养

辅导员助理的选聘一般在新生入学前 1—2 个月内开展，部分工作则在暑期完成。从选聘通知发布、报名材料收集、面试组织，再到最终的确定名单并公示和岗前培训，目前的选聘程序已较为完善。然而，新任辅导员助理的聘任工作集中在暑期，通过线上面试的方式来进行，其线下岗前培训一般只能安排在新生报到前几天。这也就意味着通过几天的培训后辅导员助理们就要上岗，着手带领新生适应校园环境和大学的学习生活。

因而尽管学期工作在有序推进，但辅导员助理的培训却没有更多深入的拓展，更不用提其系统性。当前辅导员助理的培训聚焦其工作职责的落实，强调具体工作要求，对于辅导员助理本身的成长发展以及跨年级的专业、第二课堂拓展没有更多的关注。因此，除了在队伍选聘过程中，进一步完善相关程序，比如将聘用环节提前，在暑期前就完成相应的聘任环节，并对其开展初步培训、进行简单的考查，还应充分利用暑假时间，结合专业特色，通过带班老师提前做好所带班级该学期、学年工作的安排；学期中带班老师通过专题讲座分享、定期座谈交流等形式解答助理的工作困惑，帮助其获得成长、提升，让队伍的培养不以一时之需只具有间断性，而是具备长远发展的持续性。

好的队伍是有一定的传承性的，传承的不仅是工作操作流程，还有这个队伍在实践中逐渐凝练起来的工作风格、工作能力。这点也需要通过持续性培养才能保有并继续发展。

二、健全考核机制，加强激励引领

辅导员助理队伍的考核主要采取班级同学评议、带班老师评议以及现场述职考核相结合的形式。从本次述职现场各位辅导员助理的表现来看，大家在思想层面都十分重视此次考核，也确实做了精心的准备。而考查助理工作实效还是要看班级建设的情况，比如一些非常直观的指标，班级早晚自习的迟到、早退、缺勤情况，班级活动的组织开展情况，班级整体的氛围等。这些内容的考核可以比较直观地在现场展示中体现出来。虽然不是所有辅导员助理带的班级都有最佳的表现，但确实可从细节中看出每位助理都在日常工作中努力付出。

考核的结果往往最终体现为一个具体的分数，或者优秀、良好之类的等级，考查的也是辅导员助理的综合素质。但最终能被评为优秀的只是其中的一小部分人。那些没有被评为优秀的同学就不优秀了吗？对于那些辛苦付出最终却没有获得优秀考核认可的助理而言，加强多元化激励引领十分重要。一方面，在日常工作中可以加大对新生辅导员助理队伍中出现的优秀典型积极选树宣传的力度，发挥好其示范引领作用；另一方面可以根据工作实际设置专项奖励和荣誉，用以激励在某个方面表现特别突出的新生辅导员助理。考核结果或许是残酷的，但可以更有温情。

三、朋辈教育，育人是关键

新生辅导员助理是朋辈教育的有效尝试。朋辈教育更为关注其中的共情、支持与互助，是大学生自我教育、自我管理和自我服务的有效模式，以更贴近大学生的方式拓展了育人的载体和模式。

新生辅导员助理经历层层选拔，自身综合表现本就较为优秀。因此，要以朋辈力量提升育人实效，还需要积极搭建朋辈引领平台，让他们在工作实践中不仅能引领新生们，也能进一步实现自我提升。新生辅导员助理面向新生班的一对多帮扶和引导是重要的方式，日常是否还能建立其他朋辈沟通交流平台也十分重要。尤其在网络时代，如何拓展线上场域、加强朋辈引领也需要深入探讨。

新生辅导员助理队伍建设是朋辈教育的有益尝试，强化了学生朋辈在互助、共同成长中的主体性，不仅能充实工作队伍，也能以接地气的工作方式增强工作效果。

在述职过程中，我也学习到一些非常贴心的工作方法。比如，在班级群发布通知对于新任班干部来说可能存在一定的盲区。有的班干部简单粗暴不加修改直接转发了收到的通知，有的班干部在编辑通知时前后逻辑、语序等都有较大的改进空间。有一位助理分享了他的工作方法。他从各处搜集了一些通知文本，打印并装订成册，发给各位新任班干部，开展“来找碴”的活动，让班干部在查漏补缺的过程中明了发布通知的注意事项。这对于缺少实战经验的新生班干部来说能够在最短时间内得到提升和成长。

有的辅导员助理结合班级中每位同学的特点，用心地给每人写了一封信，以此鼓励同学们积极适应、主动融入大学；还有的助理在一个学期中面向全班同学分阶段开展广泛调研，比如期末考试来临前针对同学们复习困难的问题进行调查，并开设了微积分小课堂等针对性的学业帮扶活动；为了促进班级建设，在班级同学之中开展了测评，收集同学们对于班干部队伍和班级建设的意见与建议，更好地促进班级的发展。

观看完 20 余位辅导员助理的现场展示，我对其中一些别出心裁的工作方法印象深刻。但最后我抛给自己一个问题：如果新生班级在新生辅导员助理的带领下就有较好的建设和发展，那么辅导员或班主任在班级建设、学生成长过程中的作用又体现在哪里?

尽管这个问题回归到辅导员的工作职责上就能顺利地得到解答，但深入思考并探索如何更好地发挥朋辈教育，以及带班老师在班级建设和学生成长中的作用才是重中之重。

更快适应大学生活，需要把握这两种适应

大学是大学生从青春期向成年早期过渡的关键时期，是其专业成才、精神成人的“拔节孕穗期”。新生入学后，在新的学习生活环境中不可避免地需要面对个人成长的压力与挑战。不少新生通过主观努力和外在支持能够自如应对压力，顺利完成角色转变，收获大学生活的积极体验；有的新生则难以适应，缺乏解决问题的主动性和积极性，受到挂科重修、人际冲突、网络成瘾、压力、焦虑等问题的困扰，进而影响其心理健康状态，不利于正常的大学学习生活。

适应不仅仅是根据新环境的变化调节自我的主动适应，也是在新环境中充分发挥个人适应作用的主动发展。对于新生而言，“环境—个人—适应—发展”是其适应大学生活的动态过程。通过这一过程，新生实现个人发展需要与新环境及新要求的适配与平衡，并最终完成适应，获得健康成长。

为满足大学阶段的成长需求，实现个体的发展，在适应的动态过程中，新生需要重点完成两种适应：一是与外在有关的环境适应；二是与内在有关的角色适应。

一、环境适应

环境适应是新生入学首先需要面对的任务。这里的环境不仅包括外在的物质环境，也包括人际环境；既是生活环境，也是学习环境，还包括随之而来的各类适应要求。对于新生而言，大学意味着独立生活的开始。从熟悉的成长环境到陌生的大学环境，饮食、气候等都成了需要适应的环境因素。随着时间的推移，这类外在环境的不适将逐渐被克服。此外，对校园布局，甚至各个场所的功能也是新生需要了解的内容。对客观环境的熟悉和适应能够帮助新生缓解心理上的不适。环境适应还包括学习环境适应。一方面，班级无固定教室难以帮助新生尽快建立对班集体的归属感；另一方面，强调个体自主性的教学模式也对新生的自主性提出了更高的要求。适应学习环境要求新生在把握新的学习节奏的同时，能够培养自主学习习惯，做好时间管理。人际环境适应的要求主要基于大学环境中社会交往对象扩大的现实。在大学里，老师、同学来自不同的地方，每个个体的思维方式、生活习惯、个性特点都有所不同。而差异恰是各类矛盾、冲突产生的根源。这需要新生在充分尊重差异的同时，主动提升必要的人际交往能力。

二、角色适应

新生通过高考进入大学，其身份角色发生了很大的变化。如从中学生到大学生的转变，从未成年人到成年人的转变等。伴随角色的转变，其所承担的社会期待和责任也有所不同。比如，大学里新的教学模式要求新生能够习得新的学习方法；新的社会期待要求大学生将小我融入大我，重新定位并确定个人目标。在此过程中，新生需要了解并处理好以下两组矛盾。

第一组矛盾是渴望独立的愿望与心理依赖的现实。进入大学后，没有父母整日的念叨、没有老师时时的督促，环境相对宽松，容易让人产生已然独立的错觉；与此同时，因身份的变化，父母与社会对其独立解决问题、应对困难的期望提高。但在面临实际问题和困难时，新生因缺乏独立解决与应对的能力，还需要家长、老师等他人的支持和帮助。

第二组矛盾是过往成就的满足感与当下挫败的失落感。不少新生在中学阶段成绩优异，同学关系良好，有较强的满足感和成就感；进入大学后发现身边的同学也非常优秀，个人优势并不明显，甚至在组织竞聘、班委竞选时遭遇失败。如无法适应这种心理落差，轻则个人积极性受挫，重则引发自卑等消极心理。

与新生个体顺利完成环境和角色适应任务密切相关的，是其能否顺利确立新的学习与生活目标，这关系到个体的发展。

在高考之前，不少学生将考上大学视为唯一的奋斗目标，不少人对大学以及个人在大学的发展都有较高的期待。进入大学后，面对角色转变、环境变化以及现实和心理的落差，不少新生难以对自我形成正确的、客观的认知，并对个人的角色产生了困惑。同时，由于未能及时对个人的专业学习和自我发展进行科学规划，可能面临暂时性的目标缺失，进而导致个体学习兴趣和学习动力不足，并对学业表现产生负面影响，甚至因此引发学业困难。

环境适应、角色适应与新目标的确立是新生个体与大学生活形成良性互动的重要因素，需要新生在发挥个人主动性的同时，积极调整、主动适应才能顺利实现。首先，新生要主动适应，不回避、不逃避困难和问题，通过积极融入环境，如参加集体活动等建立归属感；其次，新生要积极寻求支持，通过建立良好的人际关系来构建必要的社会支持系统，以有效应对可能面临的新问题；最后，新生应加强自主学习，如合理地使用网络设备帮助自己养成良好的学习习惯，积极地克服自控力不足等主观问题，以适应学业、人际关系等方面的新要求。

新学期，身处学生工作一线的教师如何开启学生工作

学期初，身处学生工作一线的教师可以用“疲于奔命”四字来形容其基本的状态。新学期意味着要在开学前做好迎接新生的准备，也要做好老生返校补考的诚信教育以及正式开学上课前的各项准备。

事务繁杂，千头万绪。如何捋清楚这里面的工作思路，既能确保工作高效完成，又能提升育人效果？红姐总结为以下“一二三四”要点。

一、坚守一个底线

学生的成长成才基础——安全，一直以来都是我们首先关注的问题，也是在工作中必须坚守的底线。不论新生还是老生，其到校途中的安全教育可在开学前通过线上主题班会、班级群通知等方式确保传达到每一位学生，让学生能够树立起基本的安全意识。安全教育工作的基本前提在于真正走进学生，了解学生。所以，可在学生返校后，通过走访寝室、课堂，开展一对一谈心谈话以及其他有效交流的方式来充分把握他们的变化和需求。

二、建设两支队伍

作为学生的人生导师和知心朋友，同时又是学校事务工作的管理者，辅导员要在开学初处理各类琐碎的学生事务。如果只是一味地由老师来安排和执行，那么对学生的教育引导效果将大打折扣。我们要深入思考如何发挥好学生自我教育、自我管理和自我服务的作用。学生干部队伍和学生党员队伍的建设有利于将各项工作落实落细，同时能够为学生群体选树先进典型，发挥好其示范引领作用。浙江工商大学杭州商学院开学第一课的现场，来自2019级的学姐为全体新生展现了学风特优班的风采。这位在现场能说实干的主讲人，不仅是一名学生干部，还是一名党员，同时在各项社会实践、志愿服务以及学科竞赛等校内外活动中都有出色的表现。两支队伍建设好，一方面能够增强班集体、学生组织的凝聚力，提升其服务同学的能力和水平，另一方面能够有效营造勤学、善思、实干的优良学习风气，在推动班级建设的同时，促进个人提升。

三、把握三个重点

第一，关注重点人群。重点人群主要包括以下几种：期末考试存在挂科，开学初返校需补考的学生，要针对他们加强诚信教育，杜绝考试作弊；开学后随着补考成绩的公布，针对学业预警的学生也要及时做好谈话和后续的教育引导工作；因转专业、复学等原因新加入班级的学生，也要通过查阅个人档案、一对一谈心谈话等方式尽快熟悉和掌握学生情况，方便后续工作的开展。对重点人群及时、全面关注能够帮助辅导员提升工作的针对性，也为坚守安全底线奠定了基础。

第二，深化重点工作。对学生成长成才有利的工作都是需要充分把握的重点工作。以班风学风建设为基础，以高质量就业为驱动，通过为学生搭建平台、完善体系等方式进一步深化各项重点工作。

第三，提升工作成效。要围绕学生、服务学生，以学生为本，开展符合学生成长特点、发展需要的活动，精准助力其成长。

四、做好“四化”建设

以常规化确保日常事务有序推进。把握各项工作开展的具体时间节点。比如，10 月份要开展困难生认定、奖学金评比，11 月份要开展学风建设月活动，12 月份要开展诚信教育月活动；对于新生要做好入学适应教育，对于大三年级的学生而言，要做好考研动员工作；对于毕业年级的学生而言，要做好就业指导与服务工作……常规工作有具体的时间节点和标准化的操作流程，需要教师在工作环节中严格按照工作要求有序推进。同时，日常的工作台账也非常重要。只有做实常规工作，才能在此基础上进一步实现内容与形式的创新。

以体系化完善工作架构。辅导员工作事无巨细，较为烦琐。但实际上，每位教师手头的工作都存在关联，因为基本上教师所有的工作面向的对象都是学生，教师的目标也都是育人。教师应如何打破分散工作、重合工作等现实，尽可能完善工作育人体系，对现有的工作进行整合？以新生始业教育为例。新生开学第一课仅仅是新生始业教育的一个环节，并不是其全部。新生始业教育包括安全教育、心理健康教育、专业教育、生涯规划教育等。新生始业教育的时间不止一个月，可以是一个学期甚至是一年。上述内容作为专项工作分布在不同的教师手中。如果教育体系不完善，教师之间缺乏协作，可能导致重复工作、工作效率低等问题。因此，要以系统化的思维，提前对各专项中涉及新生始业教育的工作内容进行有效整合，便于后续资源整合、提高工作效率。

以内涵化深入推进各项工作。辅导员工作琐碎又忙碌，容易造成工作不深入、浮于表面。这不仅影响工作的创新性，也容易引发辅导员的职业倦怠。以开学第一课的议程为例。每年新生报到前，教师都会就开学第一课的议程开专题会议进行讨论。讨论的焦点往往围绕第一课中的创新环节来进行。试想，如果每年的开学第一课都要绞尽脑汁地想出一个十分新颖的形式，并为其冠以具有特殊教育意义的内涵，确实十分伤神。但如果转化思路，挖掘专业、学院的育人特色和内涵，并在此基础上设置一个经典的议程和仪式，那么其效果要优于形式新颖但内涵不足的议程。工作内涵化也意味着教师赋予所从事工作更多的价值和意义，尤其将立德树人的理念厚植其中。一项工作没有内涵就只能是一项流程化的工作，而不是值得深挖品鉴的有价值的工作，不能带给受众和参与者以更大的获得感。

以发展化为各项工作目标的确立立下基调。不论是前述工作体系的完善还是工作内涵的挖掘，都立足于工作的长远发展，着眼于学生未来的发展和成长。因此，在考虑一项工作，尤其是在制定规章制度、设计工作方案时更应着眼长远，而不能将一时一事的应对和解决作为目的。否则不仅浪费了人力和精力，也将影响工作效能，甚至成为工作提升的掣肘。此外，教师的工作对象——学生是在发展的，时代和社会也是在发展的，教师自身也需要通过不断学习，不断更新育人理念、育人方法，做到因时而进、因势而新，如此才能真正实现自我与学生的共同发展。

学生一直在成长和发展，时代和社会也在变化，看似日复一日、年复一年的学生工作其实比教师想象中要更加灵活和具有挑战性。这也意味着我们可以在常规工作上按照规定性的程序来推进，但是在育人工作中还是要遵循因人而异的方针，方能提升育人的针对性和有效性。

作为学生工作者，我们能做的除了专注于工作对象、专注于工作本身，还应通过系统性的思维整合资源、创新工作方法、提升工作效率。同时在具体工作中要善于总结提炼，才能把握工作规律，并在不断地学习中进一步提升个人工作能力。走近学生，走进学生，与学生共同成长，你们将会发现这项工作远比想象中更加有趣和有意义。

学期初辅导员如何开展学生工作

学期初学生陆续返校，确保学生安全返校、学习生活有序是扎实推进新学期各项学生教育管理工作的基础和重点。辅导员作为学生教育管理工作的主要实施者，应全方位、多渠道走进学生，充分了解和把握学生的成长需求，及时回应和解答学生的困惑，切实增强育人的精准性和实效性。因此，辅导员应立足工作实际，厘清工作思路，通过“四聚焦”“四走进”“四强化”，深入学生，提升工作效果。

一、聚焦群体成长需求，走进班级，强化思想引领

如果将学生在大学的发展任务以学期为单位进行阶段划分，那么，每个阶段有不同的发展重点，对应不同的发展需求。例如，新生入学第一学期以环境适应为主，第二学期以自我探索为主；大二第一学期以专业学习为主，第二学期以能力提升为主；大三第一学期以职业探索为主，第二学期以职业生涯目标确立为主；大四则根据个人规划，有序安排各类备考、工作实习、毕业论文等，并尽可能地为毕业、步入社会和身份转变做好心理、素质能力

等方面的准备。

总体而言，完成学业任务、拓展第二课堂、提升综合能力是多数学生的共性发展任务。聚焦群体成长需求，走进班级、面向全体学生开展群体思想教育和引领是学期初的一项重要任务。新学期第一次主题班会即为强化群体思想引领提供重要契机。精心设计班会主题和内容，组织全体同学积极参与，引导学生增强安全意识、自律意识，提高自我管理能力，积极调整状态投入新学期的学习生活；尤其应结合实际案例，针对学生关心的热点问题，及时予以回应，有效促进思想教育和价值引领。

二、聚焦行为规范养成，走进教室，强化学风建设

良好学风是个体成长成才的重要前提，也是学生精神面貌、思想品质和素质能力的重要体现。个体的自主学习能力在大学阶段尤为重要，但部分大学生现实学习状态堪忧。新学期初，不少学生还未能从假期的闲散状态中脱离出来，早晚自习在教室看剧、玩游戏，甚至缺勤，上课早退或旷课的现象仍然存在；个别同学部分课程学习存在困难，补考未能顺利通过，不及格学分累积过多，影响其继续学习的状态；一部分同学平时主动学习意识不强，期末复习阶段“等、靠、要”思想严重，寄希望于老师划重点、同学整理复习资料或老师阅卷时“捞”人……长此以往，学生自主学习意识缺位、能力培养不足，学习主体性发挥不充分，班风、学风建设效果将大打折扣。

因此，新学期初，辅导员应聚焦学生行为规范养成，加强早晚自习课堂的走访力度，精准掌握学生自习、课堂表现；通过加强纪律教育、规则教育，规范学生学习行为，帮助学生养成良好的学习习惯；结合期末考试情况，开展学情分析，全面了解学业困难学生的学业、心理状态，通过朋辈帮扶、规划指导等，针对性地开展帮扶和教育引导工作，帮助学业困难学生克服学习困难，促进班级学风建设。

三、聚焦规划意识培养，走进个体，强化生涯指导

了解学生假期学习生活状态和经历，能够把握学生个人成长进度和需求。辅导员要聚焦学生规划意识的培养，通过一对一谈心谈话、走访寝室等措施，在学期初走进学生，加强个性化教育引导。学期初，辅导员可以要求学生结合假期生活和前期大学生活经历，补充完善并提交一份个人简历。辅导员在一对一简历指导过程中，引导学生了解个人在心理状态、学习能力、工作能力、性格特点等方面的优势和不足，并逐步明确未来规划，制订新学期计划，有序推进个人计划的落实和目标的实现。此外，辅导员可在学期初开展面向全体学生的假期生活和新学期规划问卷调查，并在一对一谈话过程中，引导学生对个人假期生活进行总结分析，明确收获与不足；尤其要引导学生正确认识自己，新学期积极参与各类实践活动，充分挖掘个人潜能，自觉提升个人素质与能力。

四、聚焦骨干队伍建设，走进学生，强化朋辈引领

班干部等班级建设的骨干力量在班级建设、朋辈教育等方面发挥着重要作用。班级骨干队伍建设的规划、实施程度关系到班级建设的效果。辅导员在学期初可通过群体座谈的形式，走进班级骨干，了解当前班级建设中存在的困难和问题，指导确定班级建设目标，制订和完善班级建设制度、计划等，引导制订朋辈教育、帮扶活动方案，加强班级活动品牌和文化建设；结合骨干队伍人数规模、专业特点等现实，制订队伍学期成长计划；搭建高低年级朋辈交流平台，开展专题分享和经验交流，增强高年级学长学姐对低年级同学的示范引领作用，帮助低年级同学明确新学期工作重点和方向。

辅导员学期初开展学生工作，应以安全教育和日常管理为基础，以

学风建设和个体成长需求为重点，通过走访教室、寝室等途径，深入开展一对一谈心谈话、群体调研和专题座谈，全面把握学生成长需求和特点，强化思想引领、行为规范养成、生涯规划和朋辈引领，有序推进学期班级建设。

辅导员做好学期初工作的四个着力点

学期初，辅导员需同时开展学生安全返校、日常教育管理、学风建设、重点学生关心关注等多重工作，工作任务重、压力大。如何有序推进工作，有效完成各项任务，保障学生工作顺利开展，不仅考验辅导员的基本业务能力，也考查辅导员对各项工作重点以及内在逻辑联系的把握。辅导员应紧跟工作要求、熟悉工作内容、把握工作进度、精准教育服务，落实落细工作，为新学期开好局打下坚实的工作基础。

一是紧跟工作要求。工作要求和重点为辅导员做好学期初工作提供了指导、明确了基本遵循。学期初，辅导员应在既往工作基础上，结合新一年度的工作要点，谋划制订个人工作计划，积极思考和提炼工作特色与亮点，为工作品牌打造和工作影响力提升奠定良好基础。一方面，学期初正值学生大批返校，要以学生安全为重点，加强安全教育，确保开学工作稳定有序进行；针对因特殊情况无法正常返校的学生需要逐一联系了解具体原因，做好家校联系和台账工作，并持续跟进其返校动态。另一方面，学期初补考以及正常教学安排同步进行，在关注补考学生考试情况的同时，还要关注已有学业预警等情况的学生，了解学生返校后的思想动态。此外，辅导员要针对课堂出勤、书院管理等的规章制度，通过持续性的日常管理加强教育，强化学生规则意识、安全意识、自主意识，引导学生以积极的状态投入新学期的学习生活，确保正常的教育、教学。

二是熟悉工作内容。为全面落实相关工作，辅导员应仔细梳理与学期初工作重点和要求相对应的工作内容。第一，辅导员要以学生安全稳定为基础，围绕安全教育、返校排查、走访寝室等具体工作扎实做好学生返校安全工作。第二，辅导员要聚焦学生发展，通过召开主题班会、开展谈心谈话、走访寝室等途径深入学生，及时把握学生动态，了解、回应和解答学生困惑，做好思想引领工作。第三，辅导员要以班风、学风建设为主线，抓实早晚自习、课程出勤、班干部队伍建设、特色化开学主题活动等日常教育管理工作，做实做细管理服务育人工作。第四，辅导员要结合学期初各部门相关工作要求，加强沟通联系，及时将补考等教学安排、学风建设、书院管理等事务通知传达给学生，并通过完善“辅导员—班级骨干—班级同学”的信息沟通渠道，确保信息落实到位。

三是把握工作进度。学期初的工作并不仅仅是阶段性的工作，既是上一阶段工作的反映和体现，也是新阶段工作的重要基础。学期初工作开展的扎实程度关系到后续工作推进的效率和效果。如学期初补考，一方面承接了上一个学期学生的学业表现，又关乎学生后续的学业发展。因此，在寒暑假期间，针对有考试挂科的学生，辅导员已开展了学业发展谈话以及假期备考提醒等工作。学期初除了要关注学生是否按时参加补考，还要做好诚信教育，并在与学生交流的过程中把握学生的心理和思想动态。个别同学可能会出现因学业压力过大而习得性无助，并导致后续的学业困难。这些都需要在学期初的谈心谈话中做进一步的跟进，并针对性地予以化解。再比如班级建设。每个年级的学生每学期都有相应的发展要求，班级建设的主要目的应该是营造良好氛围，为班级学生的成长和发展凝聚合力、搭建平台、整合资源、提供指导等。因此，学期初开展的班级建设工作，也应秉持发展性、持续性的原则，在学生成长发展四年周期中，制订班级建设计划，同时结合学生发展实际和成长需求，动态调整班级建设方案和具体措施。这些动态调整的工作应在学期初就完成，才能确保班级整体建设进度不受影响。因此，学期初把握工作进度应该是在思想政治教育工作的框架之中、在整体学生工作的要求之内、在把握学生发展需求之后、在上一阶段工作基础之上进行的一项兼具发展性、持续性、系统性和创新性的工作。

四是精准教育服务。提及精准，与辅导员的工作对象有密切的关系。学生在哪里，辅导员的工作阵地就在哪里。教育管理服务工作能否契合学生需求是工作精准性的关键点。学期初如何把握教育服务的精准性？既要精准识别学生需求，也要通过精准教育服务助力学生成长发展。具体而言应以工作对象为基础，以年级时间维度或规划方向等为划分依据，针对不同学生分层分类开展精准教育服务。学生成长以年级进行划分，不同年级的学生在该学期面临不同的学业任务。大四年级的学生中已离校实习的，需要的是求职就业和职场环境适应的指导，还有部分考研、考公的学生需要备考的指导。考研初试成绩可查询后，一些同学顺利上岸，还有的同学可能因成绩不理想而产生挫败、自责等消极心理，需要辅导员及时关注并加以引导。低年级学生已度过大学适应期，逐渐步入大学发展期，有更多的实践、合作等发展需求，因此对于平台资源等有更多需求。针对不同的学生要聚焦其差异需求。如因身体原因延期返校，或在学业方面存在一定困难，或在发展阶段存在困惑，或刚转专业亟须融入新班级的学生，都需要辅导员做好关心关注和关爱工作，既要通过走访、座谈、交流等途径走近学生，也要通过专业指导等方式回应学生需求，做好思想、学业和生活等方面的引导、帮扶工作。此外，辅导员可通过挖掘所带班级中寒暑假实习实践典型人物，引导学生利用专题交流、主题班会等形式讲好青春奋斗故事，促进朋辈示范引领。

学期初常规工作与阶段工作叠加，要求辅导员在千头万绪中厘清思路、把握重点，在多层要求中夯实基础、提升能力。辅导员应将学生发展的远期目标和成长需求作为精准教育服务的重要依据，在把握思想政治教育基本规律和要求的前提下，以发展性、持续性、系统性和创新性的原则扎实地做好学期初的学生工作。

新任辅导员如何更好适应工作岗位要求

新生入校后，学校会开展一系列新生始业教育帮助他们更快地适应和融入大学生活。与新生一起，一批新辅导员也在新学期走上了新岗位。学校通过座谈、培训等系列活动帮助新辅导员尽快完成角色的转变，找准工作定位，投入新的工作中。

尽管如此，每位新辅导员在实际工作中除了面临事务工作的繁杂、工作节奏快等共性的工作压力外，还因人而异存在一些个性化的职业发展困惑，也需要精准的指导和解答。那么，作为一名新任辅导员，如何更快、更好地适应新工作岗位，进入工作状态？

辅导员是与学生联系最为紧密的教师群体。他们通过走访、主题班会、谈心谈话、理论宣讲等形式与学生进行深入的交流，以此实现思想引领和价值引导。其育人效果在很大程度上取决于我们是否能及时回应学生的需要，是否能及时解答学生的困惑，是否能在学生成长成才的过程中发挥好引领和陪伴的作用。因此，新辅导员要尽快融入工作，要能够主动走进学生、深入学生，切实把握学生的需求和困惑，并及时做出回应和解答。不仅要在学生成长成才的过程中扮演锦上添花的角色，更要做好雪中送炭的工作。

在和一些新辅导员交流的时候，我们不难发现，老师们确实按部就班地通过走访寝室、谈话、召开班会等形式来走进学生，并且在这个过程中发现了学生的一些需求和困惑，比如目标缺失、动力不足、自主性较差等。但是发现了问题之后，我们又应该如何去帮助学生解决这些问题？解答好这个问题才是我们主动走进学生的关键所在。新辅导员由于缺少工作经验，还没有形成系统性的学生工作思维，容易片面考虑问题，尤其容易关注到共性问题而忽略个性需求。

那么除了按部就班走进学生，我们还可以通过什么方式来了解学生的个性化需求？问卷调查、各类在线表单不失为一个高效的方法。如果可以根据调查目的精心设置调查题目，根据调查结果及时回应学生的需求、解答学生的困惑，我们便能够在与学生的沟通交流过程中，进一步密切和学生的关系，并提升育人的精准度。

除了和学生的交流，我们在常规的事务性工作中也要花费大量的时间和精力。甚至可能出现偏重这些事务性工作，而忽视精细化育人工作的情况。新辅导员刚走上工作岗位，需要立足本职工作，稳扎稳打，才能夯实工作基础，为今后的工作创新创造必要条件。

如何做到常规工作稳扎稳打？这里离不开两个学习。第一个是主动学习政策和文件精神，熟悉工作流程和要求。在开展具体工作时能做到有据可依，确保程序公平公正，从流程上规避工作可能出现的疏漏。第二个学习是主动向身边的“老人”学习。一般我们会在工作中采取新老搭档、以老带新的做法，将具有工作经验的辅导员与新辅导员组成工作小组。两者可以就某项工作进行交流，也方便新辅导员通过主动向老辅导员学习，尽快熟悉工作内容，掌握具体的工作方法。

除了学习，要做到稳扎稳打，对我们的工作态度也有所要求。细致严谨、认真尽责、勤勉踏实都是能让我们在学生工作中有所受益和促进个人发展的基本态度。

加强专业学习，提升个人工作技能和专业水平。辅导员在入职前所学的专业并不一定与从事的专项工作或者学生工作相关。而谈心谈话、心理健康教育、危机干预与处理、思想教育等辅导员本职工作要求我们需要具备相关的知识和技能。加之，随着社会的发展和变化，学生心理行为的特征也处于动态变化之中。因此，我们需要保持学习的状态，尤其是要加强专业学习，进一步提升工作理论水平和提高工作技能。

学习的具体内容，除了前述政策法规、文件精神，还需要专门的专业学习，如可以对照辅导员的九大职责，通过专题培训、讲座等形式来学习。此外，还应该带着研究的思维去学习。对于学生工作中发现的一些问题和现象，可以深入思考，通过开展研究，找到工作规律，进一步提升工作实效。

新辅导员要尽快适应工作节奏、调整工作状态，能否把握工作对象的特点和工作规律非常关键。可以通过提炼总结工作经验、构建工作机制来进一步推动工作深入开展。

我曾在与新辅导员交流时发现这样的一个现象。在工作中，新辅导员主动性不足，往往根据统一的工作安排去推进某一项工作。某项工作结束后，就按下了暂停键，似乎进入了一个休息期。等下一次工作任务下来，又重新进入工作状态。尽管这与新辅导员对工作内容、工作要求不够熟悉有关，但这一现象仍然可以通过总结自己或者他人的工作经验，形成一套具有个性化的工作方法来克服。我们可以通过观察其他辅导员在应对突发情况和处理具体事务时的做法，或者及时记录自己的处理流程，定期进行分析，逐渐找出其中的优点和不足，并在后续的工作中不断改进，不断完善，逐渐探索构建属于自己的工作方法系统，并且在这个过程中，还可以通过撰写工作案例的方式来及时进行总结，将工作经验上升到理论。

新任辅导员和新生一样，进入新环境、面对新任务，需要尽快确定新目标。辅导员的新目标即为职业目标，我们期望自己在未来一年、两年，还是三五年达到一个什么样的职业状态，希望自己能给予学生什么样的引导和陪伴，又能为学生的成长成才做哪些努力和尝试。要回答好这一系列的问题，我们就必须先考虑自己的职业生涯规划的问题。辅导员们不停地在劝导学生尽早规划、尽早行动，但我们自己本身却未必能够做到定位准确、规划清晰。

所以，作为一名新任辅导员，在全新的辅导员职业生涯中，要做到三个专注。第一是专注职责。辅导员职责多、任务重，如果没有足够的专注力，难以沉下心来履职尽责。第二是专注学生。辅导员是学生成长成才的人生导师和知心朋友，要在日常工作中围绕学生、服务学生，在工作中成为学生的良师益友。第三是专注专业，通过不断学习提升自己的胜任力和专业水平，并将职业发展的目标定位为向专业化、专家化发展，要与学生共学、共话、共成长，积极构建师生成长一体化的育人体系。

第二章
学风建设，打造优良环境

如何加强班级学风建设

一年一度优良学风班级评比如期而至，9 个入围决赛的班级逐一进行风采展示。9 个班级均为 2020 级班级，专业各异、优势各异，从班级制度建设、班委团队建设到班级建设机制的常态化运行，从奖学金、文体/科技竞赛到志愿服务活动，一一进行展示。可以说，经过一年样板班级的培育，班级建设成果丰硕。虽然才是大二年级，但在班级文化和建设成果方面，有的班级已经超过了大三、大四年级。

为何从大一入学的新生始业教育开始，我们即强调班级学风建设？从学风建设的影响力来说，一个班级的学风，不仅关系到学生在校期间的成长发展，也关乎其毕业后在工作岗位上的综合素质和品行。在第二期领航计划活动中，我从三个方面与全体成员一起讨论了学风的相关问题。

首先，要推进学风建设，首先要明确学风建设的重要性。学风建设历来为学校所重视，优良学风与优良班风、校风的形成密切相关，它不仅是一所学校的立足之本，也是学生综合素质的集中体现。优良的学风，会营造良好的学习氛围，能让学生培养自主学习、独立思考的能力，让学生不仅热爱学习，而且能主动学习、善于学习，并在学习的过程中逐渐养成良好的学习习惯，锤炼不畏艰难、愈挫愈勇的学习品格，发扬团结协作、互助支持等品德。学风建设是班风建设的基础，对每位班级成员的成长发展发挥着重要的环境力量。一个学风好的班级，必然有积极向上的精神风貌，其中的成员也有明确的努力目标和坚定的执行能力。可以说，良好的学风是提升人才培养质量、落实立德树人根本任务的重要环境力量，能有效推动学生的成长成才。

其次，要推进学风建设，还要明确学风的内涵。什么是学风？根据实际情况，我们可以将学风分为外显和内隐两个维度。外显维度，即我们能够直观看到的显性指标和数据。比如，在优良学风班级评比过程中，每个参评班级所展示的获得的集体奖项和荣誉，班级开展的活动，班级同学在竞赛、奖学金等方面获得的成绩。学风的外显维度，更多时候是可量化的。与优良学风相对应的不良学风的显性指标，可以是一个班级的缺勤率、违纪率等。用数据说话，学风好不好显而易见。学风的内隐维度则是一个班级状态的综合反映，涵盖了班级氛围、班级整体精神面貌、班级成员个体的思想品德素质和行为习惯等。学风的内隐维度是其核心，代表了一个班级学风建设的质量以及班级建设的动力性和持续性。学风外显和内隐这两个维度是相辅相成的，内隐维度的成果在其外显维度上体现出来，外显维度的活动、举措等又将进一步增强和巩固内隐维度的持续性。

最后，要推进学风建设，还要回答好如何建设优良学风的问题。学风建设是一项系统性的工作，从学生个体到班级集体，从专任教师到带班老师，从学生干部到班级同学，从第一课堂到第二课堂……其间涉及学风建设的主体人员和建设空间呈现出多元化的特点。那么作为学校中的基本单元、学风建设第一站——班级，在建设优良学风方面，应该如何实践？

第一，加强思想教育和引导，强化优良学风建设的重要性。新生第一课，我们花了较大的篇幅向全体新生传达了学校在学风建设方面的制度要求，并展示了高年级学风特优班的风采。从入学开始，就树立起优良学风班的典型，积极引导新生在班级建设过程中向优秀典型学习，在思想层面体会到优良学风对于班级建设的重要意义。

第二，加强顶层设计，树立明确的班级学风建设目标。一个班级中的每个成员在共同的学业目标之外，都有个人的发展目标。如果班级学风建设目标不明确，甚至缺失，就难以形成强有力的班级凝聚力。因此，从新生入学开始，就要充分引导班级学生集体决策，确定班级的学风建设目标。不论是在专业学习还是在第二课堂，不论是在文体竞赛还是在科研创新方面，让班级每一位成员都知晓目标并为班级学风建设的目标付出自己的努力。2020级是学院试点样板班级创建的第一批班级。各班围绕设立的七彩样板班级标准，制订并申报了班级的建设计划，在一年的培育期内，确实朝着预定目标建设并取得了不错的成绩。

第三，建立班级制度，为班级学风建设提供充分的制度保障。在优良学风班评比的现场，超过半数的班级列举了班级公约等班级制度。其中明确规定了出勤、集体活动、专业学习等相关事项的考核制度，相当于给全班同学戴上了紧箍咒，进一步规范了班级成员的言行，确保全体成员能够朝着班级建设目标共同努力。

第四，把握和强化学生在学风建设中的主体地位。不论是个人发展还是班级学风建设，学生都是其中的主体，因此，需要通过强化其主体地位，进一步激发学生在学风建设中的主动性和积极性。从班级建设目标的制定、班级公约的制定，到班级活动的组织策划和开展，再到班级建设的总结，每一个环节都需要学生去参与和设计。而制度制定以及活动开展的出发点则是学生的需求。学生既是班级学风建设的需求侧，也是供给侧。要充分考虑其作为主体在两个角色中的特点，并加以应用。

第五，与时俱进，使用新媒体技术破解空间局限性，提升学习活动的趣味性和吸引力。现在的大学生主体已经是伴随互联网发展而成长起来的“网络原住民”，其群体行为有网络时代的特定特征。班级学风建设应充分利用和把握其在信息化工具使用以及网络平台交流中的特性，有针对性地结合班级学风建设来拓展网络学风建设平台、班级学风展示平台等。越来越多的班级开设了班级微信公众平台，通过公开平台展示班级建设过程和成果。这能够进一步增强班级影响力，同时也符合班级同学使用网络平台的特点，进一步扩展了班级学风建设的网络空间。

第六，群体互助，充分发挥朋辈帮扶和榜样示范引领的作用。许多班级在展示过程中都提到了班级成立微积分、英语等互助学习小组，在学习中实行一对一帮扶，确保班级中没有同学因学习而掉队。此外，许多特点鲜明、趣味性强的班级活动也有助于增进班级同学情感，能够充分有效地为班级同学提供支持。

学风建设是系统性工程，其中任何一个环节缺位都可能会影响整体建设效果。因此，要通过明确学风建设的重要性、内涵以及路径，进一步加强班级学风建设，为整个班集体的建设提供强有力的动力。

如何构建学风建设体系

高校学风建设作为立德树人的重要环节，不仅承载了专业教育的功能，还需完成价值引导、思想引领等重要职能，是一项系统性、持续性的工作。学生作为学风建设的主体及教育对象，其成长需要、发展特点和规律以及个体主动性与积极性是学风建设过程中需要考虑的重要因素。

为更好地了解学生对于学风建设相关问题的认知，我们围绕学生对“学风”“学风建设”“学风不良”以及“个人如何加强学风建设”等四个方面的理解，以开放式问卷的形式面向上课班级的学生进行小范围调查。

调查结果显示，团结和努力是与学风认知相关的高频关键词，同学们认识到学风不仅与群体协作有关，也与个体主观努力相关，两者都是学风的重要组成；共同建设、因材施教、言传身教则是与学风建设相关的高频关键词，师生作为学风建设的主体共同参与具体过程，教材、教学过程等教学元素以及环节在学风建设中也有重要作用；考试作弊、厌学、代写作业等则是同学们理解的主要学风不良现象。

从学生个人层面来看，存在高学业期望与低学业成就的矛盾。不少同学进入大学后，目标缺失、学习动力不足。一方面感受到家庭、社会的期望，另一方面又承受着学业、就业等多方面的压力，尤其当大学生活与个人预期存在落差时，在学业受挫、人际关系受挫等多方因素的影响下，个体在学习动机、学习兴趣等方面也会受到负面影响，导致其在学习过程中表现出消极应付等不良学习心态，甚至出现考试作弊等情况。

尽管我们对于学风建设的重要性已有一定的认识，但在具体的学风建设过程中仍存在一定的问题和不足，影响学风建设的持续性、系统性推进以及建设效果。从学生工作视角出发，当前学风建设过程存在三个方面的主要问题。

学风建设活动形式丰富，但活动成效有待进一步提高。目前高校从示范引领、朋辈帮扶、诚信教育等角度出发，开展契合学生发展需要的形式多样的学风建设活动，在学生群体中有一定的影响力，但成效还有待进一步提升。其中存在一个片面的认知，即将学风建设简单地等同于学风建设活动，并在具体实践中增加活动数量，而鲜少思考活动的内涵。以诚信教育为例。诚信教育作为学风建设的一部分，在新生入学环节、考试考核阶段等节点，学校都会针对性地开展规章制度学习、主题班会等教育活动。但每学期期末考试时，作弊现象仍有发生。作弊行为为何会发生，诚信教育是否都做到了学生心里，是否发挥了警示作用？这些问题需要我们在开展活动的同时，深入总结分析，并及时改进，才能进一步增强活动效果。

学风建设调研总结不足，学风建设基础有待进一步夯实。网络化背景下学生的学习方式、学习环境发生了较大的变化，这对学风建设的制度、环境等基础建设提出了新的要求和挑战。但因缺乏充分的调研总结和及时分析，未能形成针对性的改进措施，不能及时把握大学生在学风建设中的共性及个性需求，不能及时处理和应对新环境下的机遇和挑战。如早晚自习制度实行多年，截至目前既有常规性的班级集体早晚自习，也有个性化的大教室自习，同时在校园环境中还开设了生活区功能吧的自习空间，这些在更大程度上满足了大学生的个性化需求。尽管如此，早晚自习班、集体早晚自习制度在实施过程中还是出现了一些不足，成为座谈时学生较为关注的问题。因此，要提升调研座谈的效果，通过广泛听取学生的意见，总结分析成效和不足，及时改进，从制度、环境等基础建设措施中进一步为学风建设提供保障。

学风建设工作队伍建设不足。学风建设涉及学生个体、班级、二级学院、学校，是一项多层一体的工作，加强各环节工作队伍的建设，能够有效促进各项工作的衔接。从班级来说，加强班干部、党员等骨干队伍在学风建设中的力量；从二级学院而言，加强辅导员专项工作，发挥学生组织和专任教师课堂教育引领的作用。目前在学风建设过程中，缺乏对班级、二级学院学风建设学生骨干队伍的培训和培养，影响班集体系统性开展学风建设实践的实效。同时各环节对于学风建设专项工作的联动交流不足。

针对学风建设现存的不足，应从建构和完善学风建设体系视角出发，以全员、全方位、全过程的“三全育人”理念为指导，充分调动育人的人力、空间载体等多方资源，提升学风建设的覆盖面和影响力。具体可从三个方面搭建学风建设体系。

第一，以专业能力培养为基础，夯实第一课堂，构建学风建设核心层。学风建设有其特定的基础和内核，学生成长成才是其根本出发点。要从专业素养、研究能力、创新和实践能力培养等出发，进一步夯实学风建设基础。因此，要以专业能力培养作为学风建设的基础，以课堂教学、竞赛科研以及各类教学实践作为第一课堂，构建学风建设核心层，进一步激发学生的学习兴趣和学习动力，培养学生的良好学习行为习惯，引导学生主动积极参与学习实践，充分发挥其主体作用，涵育优良学风。

第二，以综合能力提升为动力，拓展第二课堂，构建学风建设动力层。如果说第一课堂是专业培养的主阵地，那么学生组织、课外实践、文化活动等就是提升学生综合能力的第二课堂。学生通过参与各类活动实践，拓宽个人视野，提升个人沟通表达能力、实践动手和问题解决能力、团队协作能力、压力挫折应对能力等，并在专业素养培养的过程中，提升自我效能感、成就感与获得感，获得强大的精神动力。因此，构建学风建设动力层，需要积极搭建校园文化、学生组织及各类活动载体，为学生综合能力培养创设良好的校园文化环境和锻炼平台。

第三，以育人服务为助力，提升内生活力，构建学风建设保障层。学风建设体系有其内核基础，也有动力推进，同时还需要通过激发活力，推动形成长效育人机制，为学风建设提供管理、服务等方面的保障，更好地适应和满足学生的成长发展需要。结合工作实际，将育人功能融入管理和服务中，从心理育人、资助育人、生涯育人等具体工作中，为学生提供“菜单式”育人服务，为学风建设提供有效保障和助力。

如何加强学风建设？根据调查结果，从学生个体角度来看，既要通过完善管理、加强宣传等举措加强其思想教育，也要通过建立相应规章制度加强激励监督，同时还应在丰富的学风建设活动中提高学生参与学风建设的积极性和主动性。

面对当前“无人不网”“无处不网”“无时不网”已经成为描摹大学生学习生活主题词的现实，还需要充分考虑网络育人以促进学风建设。搭建网络平台，积极开展契合学生发展需要的网络文化活动，提升学生网络素养；通过线上线下有效联动，加强对学生的思想引领，为学风建设提供有效动力。系统设计贯穿课内教学与课外教育、理论学习与实践活动等环节的教育活动，充分发挥育人平台的协作效应。

总体而言，学风建设涉及多个环节、多方力量，需要多管齐下、协同育人，才能进一步提升实效。要从核心层、动力层和保障层的建设，进一步构建和完善学风建设体系，推进学风建设长效机制的形成。

辅导员工作视角下学风建设的思考

辅导员作为大学生成长成才的引路人和知心朋友，在班级学风建设过程中既是管理者，也是主导者。从辅导员工作视角着手，思考班级学风建设，不仅要看到辅导员的主导作用，也要看到学生的主体作用；不仅要充分了解每个学生的个体差异和个性化成长需求，也要看到群体的规律和共同需求。

以辅导员与班级学生干部为主的班级学风建设骨干力量通过熟悉个体特点，建立完善学风建设相关制度、构建朋辈学业帮扶机制等措施，落实并定期评估和改进班级学风建设实践，才能促进班级形成良好学风。

第一，深入学生，了解学生个体特点，尤其是学生在学业方面的需求和困难。

辅导员接手新班级，首要任务是尽快熟悉学生。在学风建设过程中，熟悉学生不只是熟悉学生信息，还要熟悉学生日常学习行为特点。具体而言，可以通过学生在日常学习过程中的外在学习行为表现来进一步了解。一方面，早晚自习、课堂的出勤情况，课堂听讲、课程作业完成情况等都能比较直观地反映学生平时的学习习惯和学习态度；另一方面，学业成绩、社会实践、学科竞赛等活动的参与情况也能反映其学习状态。有的学生平时旷课较多，学习态度消极，其日常表现和期末考试的成绩较为一致；有的学生平时学习表现并不积极，但通过期末阶段的突击复习也能够使自己的学业成绩看上去不受影响。对于新生班而言，日常课堂和学业表现是辅导员能够掌握的一手信息；对于老生班而言，过往的学业表现是进行精准化学业指导的重要参考。

要了解学生的个体特点，主要关注他们的学习风格和方式，适时进行学习引导；同时，通过交流帮助学生明确个人在学习方面存在的问题和不足，比如有无薄弱的课程。也有同学因某些客观原因确实在某些课程上存在一定的学习困难，且难以通过主观努力克服。此时，可以通过及时的沟通交流帮助学生考虑转专业等措施确保其顺利完成学业。同时，还要充分了解学生在学习过程中的心理状态，尤其临考前的紧张、焦虑等情绪。只有充分了解学生，才有可能在学风建设的过程中做到针对性帮扶，帮助学生重建学业信心。

深入学生，加强与学生的交流，也是充分了解班级学风建设情况的重要途径。通过与学生的交流获得及时反馈，能有效地改进班级学风建设工作存在的不足。

第二，建立制度，规范学习行为，以主动参与调动学生学习自主性。

制度是学风建设得以顺利推行的重要保障。班集体中个体的学习行为也应在一定的班级制度范围内进一步规范，才有可能帮助学生树立良好的学习态度、养成良好的学习习惯。从制度的建立到具体学习过程的参与，都不能忽视学生的主体性作用。班级学风制度的建立要结合班级实际，在广泛征集班级同学意见的基础上进行。具体班级学风建设相关制度应包括对不良学习行为，如缺勤、迟到、早退、旷课等的惩罚措施，也包括对优良学风行为的激励措施；同时还可以包括对不良学习行为的改进、帮扶等辅助措施，帮助学生明确具体的改进方向。在制度执行的过程中，班级中每个学生都应该作为主体参与。此前，我在所带的一个班级中引导制定了班级的学风建设相关制度，但一直未能实施。其中主要的问题就包括未在制度制定和制度实施过程中充分发挥班级同学的主体性作用，因而未能充分调动其积极性。制定制度的主要目的是解决现实中存在的问题，学风制度的制定应考虑班级实际情况，并在实施过程中进一步完善。

第三，构建朋辈帮扶机制，以朋辈帮扶推动学生自我管理能力的提升。

班级朋辈帮扶形式主要有三种：一是针对学业困难的同学定期开展课程辅导；二是针对全班同学开展期末复习助力；三是在日常学习过程中对于存在旷课、缺勤等学业不良行为的同学开展一对一督促。比如，临近期末，班干部会牵头讨论组织班级期末复习小组。在某些课程上有一定学习优势的同学在班委的组织下，通过线上视频录制或线下专题辅导的形式帮助班级同学做好期末复习。有的班级也会邀请高年级的学长学姐走进班级，开展重点梳理、试题讲解等帮扶活动。对于大一新生而言，尤其是初入大学的第一个学期，这种形式的帮扶能够帮助他们及时缓解考试压力。辅导员在实际工作中，可以通过发起组织、联系资源等方式促进朋辈帮扶的顺利实现。此外，要进一步发挥朋辈榜样的示范激励作用，加强对班级先进典型的选树和宣传。

第四，加强与家长的沟通交流，发挥家校联动在学风建设中的促进作用。

目前，多数家校联系停留在学业困难沟通、突发情况应对、请假等事情上，没有就学风建设形成有效的家校联动。期末考试后是辅导员与家长联系的密集期。辅导员可以结合学生期末考试成绩，将学生的学业表现告知家长，让家长加强对学生学业的督促。家校联系的主要目的，一是增加家长对学生在校表现的了解，二是形成家校育人合力，共促学生学业发展和个人成长。但目前的家校联系以学业困难联系为主，日常的学业表现交流较少，难以形成有效的合力。因此，从辅导员工作角度而言，要尽可能确保家长联系的覆盖面。通过与家长保持及时有效的沟通，家校联动形成有效合力，引导和激励学生结合自身专长和兴趣明确未来发展规划。

建立一人一档动态学业管理和预警机制。以辅导员带的班级为单位，在学院学业预警制度的基础上，在班级中建立分级学业预警机制。将学业预警的覆盖面由学业困难引发学业预警、退学警告的学生扩大至期末考试有 1 门课程不合格、补考未通过、加权平均分低于 70 分等类别的学生。结合学生日常学业表现，如旷课等，以及学生学业兴趣，建立个人学业档案，确保在全覆盖的基础上，全程跟进、动态调整对学生的指导、支持措施。

强化引领，提升学生的学术志趣。定期邀请专业课老师、优秀学子走进班级，与学生面对面进行交流，从学习兴趣培养、学习习惯养成、学习行为激发等角度强化对学生的思想引领。结合学院学科竞赛、科研项目、科研论文发表等科技创新活动，鼓励学生积极参与，并在实践过程中进一步培养和保持学习热情。

学风建设是一项系统性的工程。学生的需求和特点是出发点，思想教育是先导，制度规范是保障，学生自身是主体。辅导员工作视角下的学风建设，应围绕五个方面进行。一育：通过主题班会等活动等强化思想政治教育，引导学生端正学习态度、增强学风建设意识。二正：通过制度建设，加强班级管理，规范学生学习行为。三促：通过学生喜闻乐见的活动形式，开展系列主题活动以促进班级学风建设。四助：通过朋辈帮扶等方式助力学业发展。五合：加强家校联系、联动先进典型等形成学风建设合力，共促学风建设。以此，立足辅导员工作实际，通过思想育学风、制度正学风、活动促学风、帮扶助学风、联动成合力，进一步提升班级学风建设的效果。

学生主体视角下学风建设的思考

良好学风为学生学习、成长营造良好氛围，是学生成长成才的有效助力。当前，学风建设过程中受主体、过程、制度等多方面因素的影响，业已存在的一些悬而未决的问题成为工作难点，进而影响了学风建设的深入推进和效果。明确学风建设的现实问题，找准并破解工作难点是改进学风建设工作、提升工作成效的重要前提。

准确把握学风建设中的现实问题，首先需要明确学风的内涵。学风可简单理解为学习风气，但其本身蕴含多层内涵。从主体而言，既包括教育者，也包括受教育者；从发生环境而言，既包括校园物质环境，也包括由文化沉淀而形成的校园文化环境；从具体表现而言，既有受教育者外显的学习行为、学习方法等，也有内隐的学习态度与认知，还有其在学习成长过程中的获得感。

在学风建设过程中，学校通过有计划、有组织地开展教学活动促使受教育者形成正确的学业认识、养成良好的学习习惯，并使受教育者在学习过程中提升专业素养。总体而言，学风建设是一个渐进的过程，难以通过一两次的活动快速产生明显的效果。结合学风建设现实来看，不仅需要受教育者主观努力，也需要塑造积极的外部环境加以推动。因此，学风建设不是简单的建设活动过程，而是一个以学生的成长需求和发展特点为重要参照，以促进学生成长成才为重点的复杂发展过程。

今天所讨论的学风建设问题，主要从学生主体视角出发。学生作为学风建设的主体，参与到具体的学风建设活动中，并在建设过程中加强对良好学风重要性的认识，逐渐培养良好的学习习惯、创新精神，提升学习能力，同时收获积极的心理体验——即学生在学风建设过程中既有专业知识、个人能力的获得，也有积极心理体验的获得。如何提升学生在学风建设过程中的获得感，是在学生主体视角下探讨学风建设问题和对策的重要议题。

第一，把握不同年级学生的成长需求和特点，开展相应的学风建设活动。

青年大学生是时代和社会发展的重要力量，但其在不同年级有不同的成长需要和发展任务。在学风建设过程中需要精准把握其需求，才能有针对性地给予指导，并有效提升工作的精准度和实效。大一年级，学生的主要任务是适应——适应大学学习生活并主动融入其中。

大一阶段的学风建设，一方面要注重习惯养成，通过规章制度的学习（如“学生手册”学习）、规定性学习活动（如早晚自习）的安排等帮助学生尽快融入大学环境，加强对学风建设重要性的认识；另一方面要引导学生通过课程小组合作等形式逐渐适应大学学业活动的要求，并在积极参与校内多样化的学风建设活动中进一步激发个人的学习兴趣。

大二、大三阶段的学风建设，要以学生自主性提升和创新能力培养为重点。对于处于该阶段的大学生而言，他们不仅面临专业深度学习的任务，还面临人生未来道路选择和能力储备等多重任务。在这个阶段，学生容易因高个人期待与低学业成就、高目标定位与低自律能力等多重矛盾叠加而引发学业困难，产生发展困惑。消极学业行为如缺勤、旷考、作弊等也更容易出现在该阶段。从学风建设角度而言，要充分考虑如何引导学生培养自律、自主能力，问题解决意识和能力，积极应对困难和挫折的能力。该阶段可发挥高年级优秀典型的示范引领、班级先进个人的朋辈互助的作用。同时，还要鼓励学生合理制定个人目标，积极参与校内竞赛、社会实践，考取专业能力证书等以提升综合能力。

大四阶段的学风建设，要考虑学生处于毕业年级，需要完成毕业要求和任务。因此，相应的学风建设活动应将学术诚信教育作为重点。

第二，将生涯发展指导融入学风建设过程。

学生经过四年的专业学习和能力培养，若没有升学深造，就将步入相应的工作岗位，完成从学生到职场人的身份转变。当下不少学生学习目标缺失、学习积极性不高，与其缺乏明确的生涯规划目标有一定的联系。因此，在学风建设过程中，应考虑通过相应的课程、活动等进一步增强学生的生涯规划意识和能力，为未来身份转变提前做好准备。

目前，浙江工商大学杭州商学院面向相应年级的学生开设了职业规划指导和就业指导相关课程，在一定程度上为学生求职创业等提供了技能指导；每年举办的职业生涯规划大赛也有助于增强学生职业规划意识。但因覆盖面有限，且参赛作品要求较高，难以充分调动学生主动参与的积极性。

事实上，学生找准个人定位、明确个人目标，并实施个人计划的过程并不顺利。有同学在求学期间能力提升不足，毕业求职时也未能明确个人目标，这给其带来了不少困惑。因此，从低年级开始，即应通过主题班会、简历制作、分享交流等形式有意识地引导学生尽早进行生涯规划，为未来发展做好基础准备。

第三，分类精准指导，提升学风建设的精准性。

学风建设的顺利推进，不仅涉及体制机制的构建，也涉及具体活动的举办。除了针对不同年级学生需求开展相应的活动，还要把握不同学生个体的需求和面临的困难，以提升学风建设的精准性，确保工作效果。

目前同学遇到学业困难，往往是由多方面原因引发的。如有的同学因专业不合适，学习积极性受挫；有的同学因学习态度不端正，主观努力不够；有的同学因课程学习困难引发学习焦虑以及学习困难泛化；有的同学因目标缺失，学习动机不足……

不同类别学习困难的同学，却有着共性的学习不良表现，如前述的缺勤、旷考、作弊、人际关系疏离等。而对不同类型的同学，需进行针对性的指导才能帮助其解决困难、引导其更好地发展。对于专业、课程学习困难的同学，学校设置了转专业、学分替代等制度；对于目标缺失或学习动力缺失的同学，除了以谈心谈话、主题班会等形式加强思想引领，还应通过职业规划指导、朋辈帮扶等措施实现精准指导。

第四，将学风建设与学生日常学习生活相融合。

除了课堂学习，课外的自主学习是学生日常学习的主要形式，活动发生的主要场域包括宿舍生活区、图书馆、教学区自习室等。结合学生工作实际，不少同学因个人自律能力较差、自主意识薄弱，平时在宿舍的主要时间以刷剧、玩游戏为主。但如果一个宿舍中有 1—2 位同学自律意识较强，也能带动起整个宿舍的学习氛围。

近两年来不少新闻媒体都报道了寝室全员考研上岸等新闻。这也充分说明良好的宿舍学习氛围能够有效助力学风建设，而学风建设对良好宿舍风气的建设也有重要影响。因此，学风建设不能脱离学生的日常生活，应尽可能覆盖到学生校园生活的方方面面。

学生主体视角下的学风建设，需要高校教育工作者把当代大学生的学习特点、学习需求和学习现状作为学风建设的出发点，把握不同年级、不同个体学生的需求和特点，从而引导学生在专业实践和社会实践中明确学风建设的重要性，调动学生学习的主动性和积极性，促进学风建设融入生涯规划指导和日常学习生活，进而有助于进一步提升学风建设的实效，发挥优良学风的辐射力和引领力。

从学风特优班评选看优良学风创建的共性问题

学风特优班评选是学校以评促学、加强学风建设的重要措施。通过评选活动，选树学风优良的先进班集体，一方面较好地发挥优秀典型的示范引领作用，促使好的学风建设经验法在交流分享中得以推广实践；另一方面能够有效激发大学生在建设优良学风的过程中增强主体责任感和集体荣誉感，凝聚班级建设合力，促使班级形成良好的学习氛围。

学风特优班评选在即，班委团队忙于准备申报材料。经过多次的讨论和修改，申报材料有了较为完整的框架。但在此过程中，也发现了当前班级学风建设存在的一些共性问题。这些问题直观表现为申报材料整合困难、个体参与积极性不高等现象。究其根本，则是班级成员个体与班级集体联结不强、班干部队伍与班级成员联系较弱、个体方向与集体目标未形成有效统一。

第一，班级成员个体与集体联结不强，主要体现在三个层面。

一是个体作为班级建设主体的自我管理、自我服务的主体性和能动性有待提升。班级建设离不开每位班级成员的协作和努力，每位成员都应以班级建设主体的责任感和使命感来参与班级学风建设过程。班级建设之初，一般会结合班级实际，经过辅导员/班主任指导，在征集班级成员的意见后，制定契合班级实际、符合班级成员成长需求和发展期待的班级制度，为班级建设提供制度保障，激发班级成员的建设热情。但在建设过程中，班级成员对于制定班级制度的重要性认识不足，有的同学存在“制度就是限制自由的”不合理观念，在制度实施过程中配合度较低，且制度实施的持续跟踪和后期反馈环节处于缺位状态，不仅使得班级制度形同虚设，也影响了班级建设主体性和能动性的落实。

二是个体参与集体活动的积极性与主动性较弱。班级不仅是学校教育教学的基本单位，也是学生学习生活的主要集体，班级成员的成长和发展离不开班级建设营造的良好氛围和环境。引导班级成员积极参与班级活动和建设过程，激发全体成员建设班级的主动性、创造性，能够为班级建设提供强大和持续的驱动力。但是由于大学阶段班级的教学场所存在一定流动性，班级也无固定场所用于组织活动，班级概念趋于弱化，加之网络时代大学生人际交往的网络化、浅层化以及个体呈现的交往边界感和疏离感增强等特点，班级成员参与班集体活动的积极性和主动性较弱。比如，一场班级集体活动从组织、策划到最终实施，可能要经过几次方案更改，即使最终能够如期举行，班级成员参与率以及现场的效果也不尽如人意。

三是个体的集体荣誉感未能有效激发。班级荣誉感为何？进入大学后，班级概念的弱化与班级成员联系的减少，影响了班级成员的集体荣誉感。班级未能从大一开始就营造阶梯式的班级集体荣誉目标，有效组织引导班级成员参与班级荣誉感的建立和班级荣誉的争取，不仅影响班级集体荣誉感的培养，也影响班级成员对班级的认同。此外，班级文化氛围也是班级荣誉感的影响因素，班级集体活动频次和质量对班级文化建设产生影响，并进一步影响班级建设。

第二，班干部队伍与班级成员联系较弱。

班干部是从班级成员中经民主推选产生的，主要通过制定并实施班级制度、组织开展班级活动、推动班级日常事务落实等措施引领、参与班级建设。班干部不仅是老师与班级同学之间的沟通桥梁，也是班级建设的重要力量。一方面，班干部来自班级成员集体，应该更加了解班级同学的基本诉求和需求，在开展具体班级建设实践时应牢牢把握班级建设目标，以班级成员的发展需求为根本出发点，推动班级建设与班级成员发展同向同行；另一方面，班干部要在工作实践中主动提升个人综合能力，以良好的业务能力、友善的协作能力、担当作为的主动意识和奉献精神引领班级成员做好班级建设。所以，班干部要以良好的品行引领班级积极道德风尚，以服务奉献做实班级具体事务。但在实际工作中，还存在因个人能力不足影响工作开展、主动性不足导致工作迟滞、引领力不强弱化班级建设动力、凝聚力不强导致班级建设合力不足等情况。这些情况使得班干部的工作更多地停留在信息通知的机械转发，而且与班级成员沟通交流不足，未能广泛开展调研座谈等方式以倾听班级成员心声，影响班级的情感联结。

第三，个体方向与集体目标未形成有效统一。

优良学风体现为学生对待学习的积极的思想态度和行为表现，在班级建设中主要通过个体的学习目标、学习态度和学习行为等反映出来。从本质上来说，班级优良学风的建设与学生个体专业成才、精神成人的发展目标是一致的。但由于引导不足、激发缺位、需求错位等情况，班级成员个体的发展目标悬浮于班级建设集体目标之上，个体行为游离于班级建设之外。一是个体学习动力不足影响班级学习氛围。个体学习动力不足、学习兴趣缺失，直接影响其课堂表现、学业成绩，更为严重的可能影响个体最终的毕业。二是个性化发展需求与班级群体化建设要求不匹配。班级建设是集体性任务，组织开展的相关活动多以班级集体的建设要求为主要目标。虽然个体发展需求是班级建设的出发点，但在具体实践中，有创新性、有吸引力的班级活动和持续化开展的内涵式活动相对较少，活动主题和形式较为单一，影响学生参与的积极性和主体性。在班级建设过程中，由于个体与集体、动力与活力、建设要求与发展需求等方面存在不适配的情况，班级学风建设出现了动力不足、活力不够、发展力欠缺等现实问题。这就要求班集体在班级建设实践中要注重从意识层面增强学风建设的认同度、从组织层面增强保障力、从行动层面提升胜任力、从发展层面提升持续力。

从学风特优班评选看优良学风的培育路径

学风与学校发展和人才培养密切相关，是学生学习、生活、精神状态的集中体现。加强学风建设、营造优良学风是学生积极进取的重要力量，也是学校教育事业高质量发展和育人实效提升的关键举措。班级优良学风则是推动班级建设、激发学生内在动力、强化学生教育管理和服务主体性、增强学生责任感的积极因素。班级优良学风的养成是一项需稳基础强保障、优内培促外引、增联动激活力、稳机制建平台的系统性工程，具体可围绕四个方面开展优良学风培育工作。

一、建实保障

班级优良学风的养成是班级建设的重要环节和目标，两者是相辅相成的关系。因此，要以稳固的班级建设基础为班级优良学风培育创设保障，并以优良学风的培育推动班级建设，为班级建设增添活力。

要建实优良学风养成的保障，一要加强制度建设，提升班级管理效能。班级制度的建设离不开辅导员/班主任的指导以及班级成员的共同参与。首先要从意识层面提高班级同学主动参与制度建设的积极性和主体性，具体可通过主题班会、座谈会等形式全面了解班级同学的意见和建议；其次要明确班级制度体系，围绕班级建设的主要内容，如班干部队伍选聘管理与工作职责、班级事务日常管理（如考勤、事务通知）、班级发展激励机制、班级重要事务讨论等，从制度层面强化班级成员的责任意识和主体意识、规范班级事务管理程序，确保全员参与制度的制定和执行，增强制度保障效果。二要加强队伍建设，凝聚班级管理力量。积极构建“辅导员—班团干部—班级成员”“辅导员—学生党员—入党积极分子—共青团员”“辅导员—组长—班级成员”三个管理链条，畅通信息渠道，充分发挥班团骨干在班级建设中的示范引领和凝聚作用；通过例会、专题会议、专题培训、述职考核等形式加强班级骨干队伍的考核与培养，提升班团干部的业务能力、工作水平和服务意识。

二、建活动力

班级优良学风建设动力是班级发展和学生成长的重要推动力，也是一个班集体保持活力和创新力的重要力量，主要来自班级学生的主体意识和责任意识，并以目标一致、响应迅速、凝聚有力、全员协同等为主要表征。因此，建活优良学风建设动力要以思想引领为核心、以文化建设为驱动、以成长需求为基点，结合班级学生学期发展需求，分阶段分类构建班级活动体系，引导班级学生将小我融于班级大我，激活班级学风建设动力。

大一年级以适应教育为主，通过主题班会、主题团辅、班级文体活动等形式，拉近班级成员之间的情感距离、促进适应，为班级情感建设奠定良好基础；同时要引导学生集体确定班级建设目标，并结合个人实际尽早树立个人大学发展目标和阶段目标。对于大二年级和大三年级，要引导班级学生将关注点从班级内转向班级外、校内转向校外，在班团建设中，加强思想引领和价值引导，鼓励学生积极参与社会实践、志愿服务、科创竞赛等，全面提升个人综合素质，为求职就业做准备。大四年级要以就业教育和职业教育为主，通过就业班会、简历制作、面试指导等形式推动学生主动融入求职旅程，提前树立职场思维。针对学生考研失利、求职受挫等情况可能诱发的心理问题，要及时干预化解，加强指导。

三、建优平台

班级优良学风创建需要平台载体作为支撑，一方面满足班级发展整体的共性需求，另一方面满足班级个体成长的个性化需求，实现内塑榜样、外引资源的目的。具体而言，可重点加强三类平台建设。

一是建优个人展示平台。由于班级成员交往的疏离以及个体需求的不一致，班级成员之间的情感联结不紧密影响了班级凝聚力建设。而个人展示平台的搭建，一方面能够促进班级成员之间的相互交流，另一方面也能充分发挥班级先进典型的示范引领作用。如针对学期成绩进步明显、班级建设表现突出的个人，可以以学期为单位举行有班级特色的表彰交流活动，能够有效地激发班级成员的积极性。

二是建优朋辈互助平台。针对班级中在竞赛实践、学业发展、人际交往等各方面存在个性化需求的同学，通过动员班级中有特长、专长、优势的学生积极搭设朋辈课堂或开展一对一互助等形式，促进朋辈帮扶。既通过互助满足个体的个性化需求，又促进班级成员的联系和交往。此外，可以邀请学长学姐进班级开展求职备考、大学经历等专题的经验分享交流，为班级同学树立目标、规划行动等提供指导建议，如“学长学姐面对面”等活动。同时，以班级为单位开展跨班级、跨年级、跨学院的朋辈交流，能够促进班级建设先进经验的交流，为班级建设整体目标的明确和具体措施的调整提供有效的参考。

三是建优师生交流平台。师生交流平台既是引领成长平台也是育人服务平台，主要聚焦学生的现实需求，通过邀请老师进班级、进课堂开展专题讲座、座谈等形式，为同学们答疑解惑、促进其成长。目前班级在开展的如“师说”系列活动就是这样的一个平台，每期邀请一位老师围绕竞赛指导、生涯规划、心理团辅等内容开展指导。

四、建稳机制

优良学风的培育，不是孤立的某一个环节或某一个阶段的任务，而是一个多层多元的师生共创共建过程。因此要从培、引、育三个层面出发，建稳其中的运行机制。一是从思想引领出发，健全优良学风培养机制。学风建设要引导学生从主体性视角思考并明确为什么学、为谁学、学什么和怎么学等问题，找准个人目标定位，提升个人主体性、主动性。二是从行动指导出发，健全优良学风激励机制。从制度保障、典型示范等着手，激发个体积极行动内驱力；从班级文化建设、服务育人着手，营造良好环境，引领学生主动参与班级建设。三是从五育并举出发，健全优良学风融合机制。立足学生德智体美劳全面发展，将五育并举融入班级建设全过程，从创新载体平台、优化建设形式、健全工作机制、完善建设体系出发，在优良学风建设中推进五育并举，在五育并举中创建优良学风。

班级优良学风的建设离不开班级成员这一主体的参与。同时，还需要以制度和队伍建设为保障，从需求和活力建设出发增强动力，以平台和机制建设推动班级建设持续发展，才能推动优良学风的培育。

特色早晚自习如何出实效

为加强学风建设，强化学生主体性和自主性，充分调动学生参与的积极性，有效提升整体班风学风，特色早晚自习制度得以推行。大一大二各班级可以立足班级专业背景和建设实际，制订实施方案，并按照计划有序推进特色早晚自习的开展。

特色是否凸显，效果是否明显，常态化、持续化开展是否有力，建设体系、保障措施等是否完善，班级学生体验是否良好？这些都是考查特色早晚自习成效的重要标准，也是特色早晚自习建设的努力方向。

在师生座谈会上，有的班级就早晚自习提出了相关建议和意见。早晚自习的时间安排和开展效果是同学们比较关注的问题。针对特色早晚自习，同学们也提出了一些建议，如在丰富早晚自习形式的同时，要提升其内涵和效果。

特色早晚自习作为学风建设系统性工程中的一个环节和一项具体措施，其开展效果也关系到班风学风建设成效。特色早晚自习是在常规早晚自习的安排中通过丰富内容和形式，以集中学带动个人学，以被动参与激发主动意识，调动同学们参与的积极性，进而提升学习效果、营造良好氛围。从这个角度来说，特色早晚自习有其特定的显性和隐性作用。从显性角度来看，特色早晚自习能够激发班级学风建设活力，调动班级学生的积极性，提升其在学风建设过程中的积极体验；从隐性角度来看，特色早晚自习能够通过相应的活动和制度规范促成班级学生良好学习习惯的养成和自主意识的增强。

但在具体开展过程中，由于对特色早晚自习存在一定的认知偏差、操作偏差，其形式和内涵不匹配，推进效果大打折扣。

一是在开展初期对“特色”存在认知偏差，只注重形式而忽略内涵。如在特色早晚自习的阶段成果展示和汇报中不难发现，每个班级都在形式上下了功夫。有室外集体活动、集中观看学习视频、专题学习、趣味活动等，将同学们喜闻乐见的形式都往上搬，但效果却不尽如人意。如在早晚自习时组织学生集中观看主题视频，可现场抬头观看者寥寥，多数同学仍在低头刷自己的手机。

二是特色早晚自习在养成良好学习习惯、加强学风建设方面的作用发挥得不够充分。早晚自习的主要目的在于引导和帮助同学们养成良好的学习习惯，通过营造良好的班级学习氛围，为同学们创设良好的学习环境。但在特色早晚自习推进的过程中，不少班级只是从程序上完成了一次活动的组织，却忽略了具体的效果。

三是忽略了同学们在实行过程中的主体作用。特色早晚自习的实行没有充分调动全体同学的作用，往往最后只是成了班委团队或某一个班委的工作任务，由极少数人完成策划申报、结果汇报，成果也只是简单罗列班级活动内容。

四是没有将特色早晚自习有效嵌入班级建设和学风建设整体框架中，未能持续性、常态化开展，或在高年级之后没有有效地将特色早晚自习的一些有益尝试转化为可持续开展的班级建设措施。

特色早晚自习的开展是学风建设系统中的重要环节。要提升特色早晚自习的实效，应立足学风建设的角度，从四个方面系统推进。

一是注重全员参与，以自主规划、群体协作、全员参与推进班级特色早晚自习的开展。特色早晚自习是班风学风建设的重要举措，关系到良好班风学风的形成，是营造良好成长环境的重要措施。因此，班委应在辅导员/班主任的指导下，结合班级的实际，通过示范引领、广泛调查、方案设计、效果预估、动员力量等措施引导全班同学主动参与。每一位班级成员都应作为建设的主体，通过意见征集、方案改进、活动参与、效果评估、成果共享、总结展示等建设环节，让特色早晚自习成为过程全员参与、成果全员共享的班级建设措施。

二是注重内涵充实，以搭建平台、丰富形式、构建体系凝练班级特色早晚自习的特点。不少班级在开展特色早晚自习时，并未深刻理解特色早晚自习的开展与班级建设之间的关系，也没有充分意识到早晚自习在学风建设中的重要意义。因此，班级在开展特色早晚自习时可从三个方面着手找准班级特点。第一，结合班级同学实际需要，搭建展示交流、学习互助平台，如由学业优秀的同学主讲的先锋课堂，开展学业帮扶；由具备某项特长的同学主讲的活力课堂，开展技能提升培训等。第二，从活动形式着手，通过丰富活动形式，激发同学们参与的积极性，增强体验感。如以观看视频为例，不少班级会采用集中观看某个主题视频的形式来开展特色早晚自习活动，但真正在观看的同学却很少。这主要是由于同学们的参与感不强，因此，要以良好的互动和参与来保障形式的效果。第三，从体系构建着手，提升班级的特色。虽然特色早晚自习是以学期为单位进行申报，但在申报时，应有意识地从班级建设阶段出发来设计建设方案。如党团建设主题可以围绕红色文化内涵解读、理论宣讲、情景演绎、交流研讨等开展。

三是注重持续发展，以把握需求、嵌入推进、培养培育提升班级特色早晚自习的实效。从目前特色早晚自习开展的情况来看，多数班级开展的早晚自习是阶段性的而非持续性的，是过程性的而非发展性的，没有将特色早晚自习安排嵌入班级建设整体框架和学生主体发展中。因此，要以学生成长发展为落脚点，以学风建设为重要抓手，在把握学生需求的基础上，通过有组织、有系统、有内涵和有形式的活动的开展来促进良好学习习惯养成、自主能力提升。

四是注重素养提升，以素质提升、能力培养、特色培育强化班级特色早晚自习的持续影响。从认知上调整对特色早晚自习的认知偏差，将特色早晚自习作为班级建设、凝聚建设合力的重要平台，作为班级建设成果产出和展示的载体；从行动上将提升班级成员能力素养作为主要目标，以集体参与、先锋引领、成果共享的方式打造班级特色，强化班级成员专业知识素养，涵养班级优良学风。

如何帮助学生跨越学业困难的“难”关

每学期初，都有一些不及格学科过多或重修门数过多的同学申请转专业。一方面是通过重新选择的形式，回避个人不擅长的课程，如有的同学因数学类课程已有多门不合格，申请转至未开设该类课程的专业；另一方面是通过降级的形式，为自己争取更多学习时间以确保相关课程能够在规定时间内达到合格，不至于因不及格课程过多而无法顺利毕业。

转专业或降级是当前应对和缓解学业压力的一种方式。在近年的工作中，我发现一些同学确实能够通过自我调整、努力进取、向外求助等积极应对的方式顺利完成学业；但也还有少部分同学，未能真正从学业压力中走出来，反而以旷课、旷考等消极形式来应对学业压力，并逐渐发展至学业困难的状态。因此，面向学业困难学生开展学业帮扶和教育管理一直是班级管理与教育工作的重点之一。

日常工作中所提及的不良学业行为、不及格学分累积、课程重学、学业预警、情绪困扰甚至退学等都与学业困难有直接关联。何为学业困难？一般而言，存在旷课、学业成绩不合格等外显不良学业表现的个体，或学习兴趣缺失、学习动力不足等内在学业状态不良的个体会被定义为存在一定程度的学业困难。这里的学业困难分为两类：一是虽有能力但因某些原因导致较多课程未达考核标准或存在学业不良行为；二是在某些课程上因基础薄弱等原因而导致习得性无助，并泛化至一般的学业行为，最终导致学业不良。

如何做好学业预警、加强教育管理、开展精准帮扶与助力，是辅导员做好学业困难学生教育管理、推动学生学业发展、促进学生健康成长需要深入思考的问题。尽管当前已有根据不及格学分进行分级学业预警、专题座谈和个别谈心谈话等措施，但面对依然存在的学业困难现状，辅导员还需从四个层面理清工作思路，做实相关工作。

一是做实日常学风建设工作。从学业挫折感的角度而言，学业是学生的重要压力源和挫折源。一般存在学业困难的学生，在入学适应期和低年级阶段，辅导员就能从其日常学业行为表现中把握其不良学习行为和学业困难倾向。从日常学习来看，低年级即出现旷课、旷考等行为的同学一般存在学习目标不明确、学习动力不足、学习兴趣缺失等情况，或因感知到学业难度，遭遇了学业挫折但又不知如何应对，故而采取消极应对的方式。首先，辅导员要从目标引领出发，将生涯规划、挫折应对和规则教育等内容嵌入新生始业教育中，帮助学生尽早树立生涯目标、构建支持系统。其次，辅导员要从日常管理的角度出发，通过完善班级管理制度、开展主题班会、组织特色活动等形式加强思想教育，尤其是联动专任教师力量加强专业教育，增进学生对专业的认同度，激发学生学习的内驱力。最后，辅导员要从建立预警出发，一方面及早将学业考核、学籍管理、毕业条件等要求通过班会、走访谈话等形式向学生进行强调，强化学生学业目标；另一方面，辅导员要及时对出现不良学业行为的学生做好谈心谈话和教育指导工作，实现早发现、早干预、早解决。

二是辨明学业困难的真实原因。学生出现学业困难，背后往往有不同的原因。如内在驱动不足导致的不想学习，这是主观型学业困难；学习能力薄弱导致的不会学习，这是能力型学业困难；过往受挫经历或压力过大导致的不愿学习，这是回避型学业困难；学业行为不良导致的学业困难，这是倦怠型学业困难。不论哪一种类型，都可能出现相似的行为表征。如对待个人学业发展状况存在认知偏差，学习情绪消极，学习行为懈怠；自主学习意识和能力不强，面对学业压力时，缺乏克服困难的勇气和持之以恒的毅力。此时辅导员需通过谈心谈话等方式进行问诊把脉，全面了解学生学业困难背后的真实原因。

三是精准开展学业帮扶和指导。在已有工作实践中，已针对学业困难学生开展了不少的学业帮扶活动。但也存在一些问题，如已有学业困难帮扶主要针对已出现实际学业困难的学生进行；学业困难学生参与学业帮扶的积极性不高，且较少表达个人在学业方面的真实需求。这也导致学业帮扶供需不匹配、帮扶个性化和差异化不明显、帮扶效果有待提升。因此，要从精准适配角度谋划开展学业帮扶和指导。第一，分层分类地开展精准干预和指导，针对不同年级、不同学业困难表征的学生实施精准指导。如针对新生要以学业适应为主，根据往年学业情况的数据分析，加强学业预警和学习引导，同时加强优秀学长学姐在学业发展方面的积极示范引领；针对大二、大三年级学生，要充分了解学生的专业兴趣，以综合能力提升为落脚点，引导学生积极参与竞赛实践等活动，在实践中找到个人兴趣、挖掘个人潜力；针对毕业年级学生，要将学业帮扶与求职就业、角色转变和社会适应相结合。第二，协同联动开展全员性帮扶指导，整合校内外资源，从“朋辈—教师—家长”的角度搭建家校共育平台和联动体系。

四是做好持续跟踪和评估。学业困难学生的指导帮扶要以育人为落脚点，将解决学业问题和解决实际问题相结合，解决思想问题和发展问题相结合，解决心理问题和行为问题相结合。因此，要通过持续跟踪来把握学生的变化和可能出现的新问题，并及时予以解决；要以阶段学业目标强化学生的合理学习行为，通过强化学生的主体性，激发学生对学习的认同感和责任感；要以长远发展目标激发学生的内在动力，充分挖掘个体自主性和能动性，将学业发展与生涯发展相结合，促使学生从被动受助到主动发展。

从大学四年的成长及毕业后的发展来看，一个学生即便出现学业困难也往往是阶段性的，而非持续性的。破解当前谈学业色变或谈学业即畏难的现实困境，充分发挥和调动学生个体的主体性和主动性才是最关键的。现实中，因不及格学分过多而自暴自弃的有之，面对转专业后全新的挑战但迎难而上的有之，大一时放纵自己沉迷游戏却在毕业时顺利补授学位的有之……人生困难有很多种，学业困难也有很多种，只有自己才是克服困难、实现超越的第一责任人和最根本力量。因此，我想对那些目前可能暂时面临学业困难的同学说：相信自己，努力坚持，需要的时候请及时向身边的老师、同学求助，这个难关你能过去。

第三章
班干部培养，助力班级发展

如何培养新生班干部

一个班级班风学风好不好、凝聚力强不强，班级成员之间能否形成较强的情感联结，与班干部队伍密切相关。班干部队伍作为班级建设的骨干力量，其能力培养与建设管理显得尤为重要。

而新生班干部因其个人角色新、承担职责新、面对环境新，在新生班级建设过程中除了承担相应工作职责，还需完成初入大学的探索和适应等个人任务，对其的管理、培养和教育关系到队伍建设质量，需要深入实践和探讨。

当前新生班干部队伍从其选拔到考核已有一套较为完善的体系，但仍存在个体主动性不足、能力不够，考核激励机制效果有限，队伍获得感低等现实问题。因此，结合现有班干部队伍建设实际，应从培养教育、激励提升等方面着手，针对性地破解班干部队伍尤其是新生班干部队伍的培养问题。

一、加强培训，构建培养体系

培训是班干部培养体系的重要环节，也是当前班干部培养的主要形式。当前新生班干部主要为集体专题培训，一般以老师、优秀学生干部代表主讲为主，是一种单向、互动少的培训模式。且此类培训多由学校组织开展，是一种普及式、覆盖广的培养模式。队伍专题培训有助于新任班干部尽快熟悉工作职责、掌握工作方法、完成角色转变。但在相同的工作职责背后，各专业、各班级还有个性化的建设实际和发展需求并未得到全面关注。因此，应构建自上而下的班干部培养体系。顶层由院校进行设计，面向包括班干部队伍在内的全体学生干部，以专题讲座、集中研讨等形式开展，以学生干部职责、素养提升等共性培养要点为准；中层以带班老师为单位，将培训对象缩小为所带班级的学生干部，围绕班级工作的中心和重点，以班级建设的共性问题、思路为主；基层以班级为单位，将培训对象聚焦于具体班级的班干部，结合各班实际情况，进一步细化每位班干部的工作职责和要求、班级事务管理的具体程序、班级建设规章制度的建立等。除了完善顶层—中层—基层的纵向培养体系，还应制订围绕学生大学发展任务，且契合班级实际的以学期、学年为单位的横向培养计划。纵向横向相结合，才能在照顾普遍性规律的同时，兼顾个体化需求，提升班干部培养的针对性和实效性。

二、促进交流，畅通沟通机制

良好的交流有助于及时发现和解决问题，不仅能促进双向信息互通，增进班干部与班级同学之间的联结，凝聚班级力量，也能展现班干部队伍整体素质面貌。因此要尽可能地畅通沟通机制，明确谁来交流、交流什么和如何交流的问题。交流既有班干部和老师之间的交流，也有班干部与班级同学之间的交流，还有班干部之间的交流。班委会、专项工作交流会是班干部之间、班干部与老师之间的主要交流形式；期末述职会、主题班会是班干部与班级同学之间的主要交流形式。以会议形式开展的交流主要停留在解决共性问题的层面，能提高问题解决效率。同时，每位班干部在开展班级工作的过程中都会面临一些个性化的问题，也需要从班级同学中收集对其工作的反馈。因此，除了将开会交流作为主要的沟通形式以外，还需要搭建一对一交流平台，辅之以定期问卷调查、访谈等形式，尤其在开展班级活动后要注意收集班级同学的意见反馈，以促进后续工作的完善。有的新生班干部在开展工作过程中受挫，导致其工作积极性降低，如果没有通过及时的交流进行必要的干预和引导，那么将不利于其成长。

三、搭建平台，提升能力素质

在班级管理过程中，不难发现许多优秀的学生对于班干部的任职并无兴趣，但他们活跃在学校各类组织社团中，而且凭个人的努力，逐渐成长为组织的骨干。一些班干部在任职一学期或者一段时间后，就坚决辞任。问及原因，虽有个人能力限制，但最为主要的原因还是在班干部任职期间个人并无多大的成长，缺乏获得感。这与当前班干部队伍建设重管理、缺培养也有较大的关系。一些学生认为院校组织有更大的平台，能让自己有更大的成长。因此，能否在班级建设过程中积极拓展学生成长平台是班干部队伍培养的重中之重。学生干部锻炼成长的平台，以活动组织、实践锻炼和志愿服务为主。班集体的活动与院校组织的活动有较大的不同，但归根结底两者的出发点是一致的，即都是为了促进学生的成长成才。因此，可以结合班级认同、专业认同、职业发展等角度，设置从大一到大四的阶梯化班级成长计划，开展班级内部先进指数考核，在阶段性稳步推进班级整体建设的同时，促进学生个体目标的实现，并在此过程中将个人目标融入班级建设目标，真正让班级凝聚成一个整体。

四、完善考核，建立激励机制

当前新生班干部的考核没有特定单列的考核制度，主要考核方式与其他年级学生干部相同，都为学期末面向全班同学述职，由班级同学和带班老师进行评议打分。评议分关系到最终的考核等级。作为正在适应和成长中的学生干部，如果不能在成长的过程中接受“定制式”“发展式”的阶段考核、获得必要及时的反馈，那么考核机制的激励作用将大打折扣，且不利于新生班干部动态了解自己的工作表现、及时调整工作方式方法。因此，应结合新生班级的情况，针对新生班干部建立弹性考核制度，对于其准入和退出要建立更为科学化和激励性的激励机制。这样，既能驱动新生班干部主动服务、主动成长，也能推动他们更加投入班级建设中。

新生班干部培养的质量关系到新生班级建设的质量，而对其的培养是一个需要提前规划的系统性工程。应在新生适应发展的基础上，综合考虑新生班集体建设目标，为新生班干部队伍的培养制订阶段性培养计划。

新生班干部成长应坚持“五力”

新生班干部培训结束后，在结业仪式上，高年级优秀班级班干部代表分享了个人工作心得以及工作建议。其中一位发言代表是班级团支书，她的分享让我感觉很特别。

作为班级团支书，每周她都要组织班级同学完成相应的学习任务。在班级日常线下交流频次减少、线上班级群事务通知交流增加的情况下，为了更好地带领班级同学完成相应的工作，她精心选择了活泼搞笑的表情包开启了花式“催学”。当不少班干部还在为群里发通知无人回复、难以调动班级同学参加活动的积极性而苦恼时，她另辟蹊径，用同学们喜闻乐见的表达交流方式打通了与同学们的日常沟通通道。什么样的情境、哪一种时间节点应该匹配哪一种表情包，她也是精挑细选。这既反映了她日常工作的细心，更反映了她作为一名班干部的用心。

受此启发，在结业仪式上，我与全体新生班干部分享了做好一名班干部要做到的“五力”。

第一，保持持续学习的动力。新生班干部素质能力提升培训班的主要目的是帮助新生班干部更快更好地完成角色转变，在最短时间内掌握班干部的工作内容和要求，建立起与岗位职责相匹配的素质能力。从这个角度来说，新生班干部培训班结束，并不意味着班干部的学习之旅就此结束。恰恰相反，这代表新生班干部作为班级建设骨干的学习之旅才真正拉开帷幕。持续学习学什么？学习职责要求的工作技能、学习工作岗位需要的素质能力、学习新时代青年担当责任使命需要的理论知识，并在此基础上坚定个人理想信念。学习内容很多，应该如何学？一是在工作实践中学，逐步积累工作经验；二是在团结协作中学，明确不足、优势互补；三是在自主探索中学，迎难而上、攻坚克难。通过学习，储备理论知识、掌握工作技能，与时俱进地增强个人工作素养，并以昂扬向上的精神面貌引领班级学风建设。

第二，培养务实服务的定力。班干部是班级具体事务的执行者、组织者，也是促进班级实现自我教育、自我管理、自我服务的骨干力量。其职责不仅是完成具体班级事务和信息的上传下达，还应以班级发展与班级同学的成长成才为出发点，做好相应的组织、服务和建设工作。尽管如此，有不少同学是为评优评先、入党等积累条件和能力才参与班干部竞选的，其出发点或优先点是个人，而非班级集体利益。那么在具体的工作中，就容易出现职责不明、相互推诿，或拖延懈怠、缺乏责任心等情况；在面临困难和矛盾时，往往更倾向于选择逃避或退缩等消极方式来应对，难以保持务实服务的定力。因此，作为班干部，要主动培养务实服务的定力以克服工作中的怠惰散漫情绪。一要树立服务初心，明确工作职责，认真完成个人职责范围内的工作；二要担当作为，配合班干部团队完成班级整体工作；三要从班级同学和班级集体利益出发，用心用情、细致认真地做实日常工作。

第三，增强业务精干的实力。业务精是班干部履行好工作职责的关键前提。不论个人具体的岗位是什么，都既要熟悉个人岗位所要求的工作事务，也要能有效参与团队协作，按顺序推动班级事务的开展和有序推进班级建设。具体包含三个层次：一是与个人岗位职责相关的业务要熟练，如担任学习委员，不仅要熟悉学籍管理相关制度，还应全面了解选课、学分互认等与学业相关的手续的办理，能及时解答班级同学的疑问；担任心理委员，要掌握基本的心理健康知识，能够组织班级同学开展心理健康活动等。二是与班干部职责相关的能力要掌握，比如，能够与班级同学、老师进行良好的互动和沟通，能够有效处理和及时回应班级同学的需求；科学有效地处理班级事务，不但能以个人所长为班级建设锦上添花，也能在班级建设和同学们需要时雪中送炭。三是与时俱进地钻研、提升个人素质能力，具备较强的学习主动性和钻研精神，遇到困难和问题能够积极思考、主动作为、有效化解。

第四，提升担当作为的能力。班干部的担当作为体现在深入班级同学、了解同学需求、积极参与班级建设上，在服务于发展的实践中展现青春担当、提升个人能力。因此，要提升担当作为的能力，一要严于律己、勇于争先，在学业、工作和生活中发挥好示范带头作用；二要端正工作态度、提高思想认识，努力克服松劲心态、懈怠情绪，增强服务意识，始终如一地热心班级事务、倾力班级发展；三要立足岗位强技能，加强学习提能力，把专业学习与工作实践相结合，把个人学习与班级建设相结合，把能力提升与务实服务相结合；四要不畏艰辛、奋力攻坚克难，始终以责任之心、服务之心多磨砺、多沉淀，在班级工作实践中练就能说、能干、能落实的硬本领。

第五，增强凝心聚力的引力。班干部来自班集体、成长于班级，与班级同学和整个班级是一个整体的关系，而非孤立的某个团队。班级建设不仅需要班干部的引领、组织和落实，更需要凝聚班级全体同学的合力。因此，班干部还需增强凝心聚力的引力。一是主动深入班级同学，以调查研究思维，及时了解、回应同学的需求和困惑，精准化解各类疑难问题；二是以班级同学的美好期待为出发点，为班级同学办实事、办好事，精心打造同学所愿、班级所需的集体活动和良好氛围；三是始终保有对工作的真心、耐心和热心，做好小事、做精实事，不回避推诿，将个人成长与班级发展相融合。

班干部队伍是班级建设和学生工作管理的骨干力量，关系到班风学风建设，也关系到人才培养质量。因此，班干部应通过持续学习、务实服务、能力提升、主动担当、凝心聚力，以努力学习提升的思想自觉、务实服务担当的行动自觉，推动班级建设。

班干部如何准备期末述职

班干部期末述职考核作为学生干部队伍教育培养的重要组成部分，是班级按照相关程序对班干部工作情况、成果等的考查与评价，也是了解班级同学对班干部工作满意度的主要途径，为班干部的教育、培养、奖励、调整等提供参考依据。因此，班干部应做到思想上重视、准备上认真，从内容、表达、反思等角度着手，认真做好期末述职考核准备。

一、思想上重视，准备上认真

只有在思想上充分认识到班干部述职考核的意义，了解其重要性和必要性，才能在行动上更加认真准备。从述职考核通知发布到召开主题班会实施考核，一般有 1—2 个星期的准备时间。从往年述职情况来看，有的班干部对述职考核思想上不够重视，准备并不充分。具体表现为：在个人述职内容上，对个人学期工作未做系统的梳理和总结，对工作中存在的不足以及具体原因剖析不足，对下一阶段工作的思考和计划不足；在现场展示中，未按照述职时间要求进行限时陈述，展示较为随意等。

因此，要做到思想上重视、准备上充分，可从三个方面进行述职准备。

第一，按照考核要求，围绕考核内容认真梳理个人学期工作，撰写述职稿。尽管不少班干部在述职时主要围绕学期工作不足以及下一阶段工作设想进行陈述，但其对学期工作总结的梳理并不全面。其中存在两个方面的问题。一是工作琐碎导致梳理工作缺乏系统性；二是将班级工作与学生组织工作相混淆。有的班干部同时担任学生组织干部，因此在总结工作时，内容上容易出现轻班级工作、重组织工作，或以组织工作代替班级工作的情况。出现这两类问题的主要原因是个人对班干部工作职责和班级工作认识把握不够。

第二，按照时间要求，精心演练，做好个人陈述准备。述职时，班干部需上台进行个人陈述和展示，讲稿、PPT 等应该事先按照要求准备并做好调试。每一次堪称完美的现场展示都离不开背后的精心准备，班干部作为主讲人也应该在展示前通过反复练习确保现场展示顺利。但从此前述职现场情况来看，除了展示超时，还存在 PPT 出现错别字、陈述逻辑不通等问题，班干部个人现场陈述也未能达到引领、动员和感染班级同学的作用。究其原因，还是个人准备不够充分。

第三，按照班干部能力培养要求，全方位地展示个人综合素质。班干部是班级建设的重要组织力量，承担联系师生、建设班级、服务同学、引领良好班风学风等重要职责，应具备较高的综合素质。因此，不论是现场展示还是个人陈述材料方面，都应该对班级工作进行有效的总结。

二、内容上聚焦，表达上精简

班干部述职述什么？这是每位班干部在述职前都会问的问题。一个班级一般设置 7 个左右的班干部职位，不同的班干部承担不同的职责，同时在具体班级事务中通过团队协作促进班级建设和发展。因此，免不了出现每个班干部工作量有所不同的情况。工作量不同并不代表班干部个人对班级建设的贡献度存在绝对差异。但在述职过程中，往往容易出现单纯从个人工作量出发进行述职，而导致述职内容不聚焦、表达不精简等情况。以某学期优良学风班评比以及样板班级验收工作为例，尽管由一位班干部牵头通知、组织，但具体的评比材料收集准备、现场展示以及总结等工作集合了全体班级成员的力量，班干部团队每个成员均承担了相应的职责。此时，每位班干部不仅承担相应的岗位职责，也共同参与了班级建设的具体过程，这也应该作为重要工作内容进行梳理。

因此，要从四个方面出发确保述职内容的聚焦。

一是述职以述责为主，述“情”为辅，要系统地梳理个人学期工作。要聚焦个人岗位职责，客观陈述个人一学期以来如何履行个人岗位职责以及具体成效。在述“做了什么”以及“如何做”时，首先应该考虑个人在完成这项工作时所承担的工作职责，而不是简单地将这项工作罗列入个人述职报告中。同时对个人工作完成情况进行客观的分析，哪些方面做得好，哪些方面还存在不足，逐一进行针对性的分析，切忌空和泛。而下一阶段的工作计划既要考虑现阶段的工作基础和不足，也要考虑未来工作的目标以及创新性。

二要聚焦班级建设具体事务，主要陈述作为班级成员如何参与具体的班级建设过程、在其中承担的主要工作任务和相应的工作成果。述职重点在“做过什么”和取得的成果，应对个人的学期工作进行系统的梳理，在形成文字稿时，注意表达的逻辑性。有的班干部在述职时，仅仅只是简单罗列，各项工作之间找不到连接点。在总结时需要先回归到班干部的工作职责上，考虑将班级建设目标以及班级同学成长发展需求作为总结时的根本落脚点。

三要聚焦班级工作创新，一学期以来，个人围绕班级建设的创新以及建设成效的提升，如何开展具体工作，并取得哪些具体成效。扎实的日常工作是述职的基础，也是核心。没有踏实的日常工作作为基础，难以在述职时有更好的表现。有的班干部日常工作量不大，也没有深入思考班级建设并积极探索，因此在述职时只能简单讲一讲自己参与或者负责的一些工作，难以引发班级同学的共鸣；有的班干部在日常工作中以班级同学的利益为出发点，通过贴心、暖心的工作表现赢得了班级同学的认可；还有的班干部除了认真完成自己的工作职责以外，还承担了额外的有助于班级同学成长的工作，比如有的班干部主动担任班级微积分、Python小课堂的讲师，助力同学们期末备考。

四要聚焦班干部团队建设，为提升班干部队伍管理服务能力和水平，个人参加相关会议、培训、团队活动的具体情况以及成效。工作内容聚焦，才能进行整合，形成个人班级工作体系，并在此基础上，促进表达的条理性。

此外，述职表达的逻辑也非常重要。述职面向的是班级同学，过于书面化和过于口语化的述职稿都不合适。有的班干部在述职时，在严谨的表达中列举了班级工作中的一些事例，能够引发同学们的共鸣。有的班干部在述职时向同学们表达了感谢。因为在工作中受到班级同学的包容，并在班级同学的支持和配合下更好地完成了工作，向同学们表达感谢没有问题，但这不应该成为述职的重点。毕竟，述职要述责，而不是述“情”。

三、班干部述职还应做到“三有”，即有总结、有反思、有计划

总结是对一学期个人工作内容、成效和不足的总结，考查班干部对个人工作职责的履行和工作成效；反思是对现实工作存在的不足和具体原因的分析，要求班干部能对个人工作以及班级整体工作进行充分把握，及时厘清工作思路，明确个人不足和问题，以便提高工作效率和效果；计划是在现阶段工作的基础上，对班级建设的思考和合理规划，帮助明确工作目标和方向，提高工作效率。尽管这些内容班干部在述职时都会提到，但因其对班级建设目标把握不准、对现实问题剖析不够、对未来规划缺乏深入思考，往往容易出现蜻蜓点水、浅尝辄止的情况，影响工作职责的履行和班级建设实效。

班干部述职考核同时还涉及个人具体考核等级。从近年的考核情况来

看，班干部述职考核结果能较为客观地反映班级同学对班干部工作能力、工作态度、工作成效的评价，在一定程度上督促和激励班干部队伍提升工作能力和服务水平。但因各等级名额有具体的限定，最终的考核将会分出相应的等级。但是考核不优秀并不代表个人工作能力或工作态度有问题，应理性看待考核结果，并以述职考核为契机，进行适时的总结反思，为下一阶段的班级建设和个人成长做充分的准备。

持续深化班级建设，班干部应落实三个把握

期中班委会上，不少班委都提出了相同的问题：随着越来越多同学逐渐明确个人目标、找到未来发展方向，他们除了完成班级通知转发、信息收集等常规工作，感觉“没什么事情可做”，工作量较大一减少很多。

从班级建设过程而言，“无事可做”其实是一种“错觉”。班级凝聚力提升、班级文化建设、班级品牌打造、班级成员对班级的归属感及对班级建设的满意度提升……这些内容和任务贯穿大学四年班级建设全过程，且应在毕业后有所延伸，需要班委协作并带领班级同学共同参与建设才能实现。可见，即使已经大二，班级建设需要做的事情还有很多。

工作时常有，却感觉工作量有所减少或“无事可做”的错觉因何产生？不妨从三个层面探一探究竟。

第一个层面：班级成员个人成长需求发生了变化。大一入学，新生以适应和融入大学为主要任务。班委策划组织破冰班会、节日祝福等集体活动，帮助同学们快速熟识班级成员，在新集体中找到归属感。学校陆续开展系列新生始业教育活动，组织社团也开展纳新等活动，大部分班级成员都能积极参与，在忙碌中体验充实，在充实中逐步适应。班委不仅要发布通知、收集信息，还要组织策划，且自身也在逐步适应和探索，多重任务叠加使得班委

成员“有事可做”。进入大二，班级同学的发展任务发生了变化，自我探索和能力提升逐步取代适应成为主要发展任务，个体化、个性化或小型团队活动参与度有所增加，班委团队协作组织集体活动的积极性和数量均有所下降，因此会产生工作量减少的错觉。

第二个层面：班委个人工作能力和方法发生转变。对于班委团队而言，大一的适应不只是对大学学习生活的适应，还有对班干部职责要求、工作方式方法的适应。从初入大学时上台竞选的紧张，到游刃有余地组织策划一场集体活动、动员班级同学参与某项活动等，班委团队个体的工作能力也在实践过程中得以提升。原本相对费力费时的工作，现在却能应对自如，直接推动了班委工作效率的提升。此外，大学阶段对个体自我教育、自我管理、自我服务的意识和能力有更高要求，相应地促使班委团队主动对照工作要求提升个人能力、转变工作方式方法。

第三个层面：班级建设目标动态调整。结合班级专业背景和班级同学个人规划，班级应从大一开始制定阶段发展目标。比如，大一是培养规则意识的关键时期，大二是增强自主探索和规划意识的关键时期，大三、大四则是为未来发展全方位提升个人能力、综合素质的关键阶段，应分阶段地制定相应的班级建设目标，通过组织主题班会、特色活动等促进交流、加强引导和教育，推动班级成员个体主动将个人发展目标与班级建设目标相融合。班委团队在这些工作阶段应动态调整团队工作重点和模式，辅之以相应的班级活动。而如果无法准确把握班级阶段工作目标，不及时调整工作重心，则容易产生“无事可做”的感觉。

从班级成员个体、班委个人、班级建设目标等三个层面进行分析，不难发现“无事可做”并不是真的无事可做。其中，个体发展需要是“有事可做”的基础和前提，班委个人能力和工作方式方法的转变是必要和关键，班级建设目标的及时调整和变化则为“有事可做”确定了方向。因此，面对班级工作的新要求，“有事可做”“有事必做”“有事能做”应成为班干部在开展班级工作时把握的要点，具体可通过三个把握确保班级发展建设的持续深化。

第一，把握班级同学个体成长和发展需求变化的实际要求。辛苦策划的活动，班级同学却响应寥寥，难免让班委产生受挫的情绪。活动供给与同学们发展需求不匹配是引发此类情况的重要原因。个体的发展需求不是一成不变的，而是动态变化的。这是个体成长的基本规律，也是班级工作开展前应充分把握的重要前提。把握班级同学个体发展需求的变化，要求班干部分阶段制定班级建设目标、制度，开展活动时应结合同学们的实际需求，否则难以调动同学们的积极性和主动性。

第二，把握班级建设目标动态调整的现实需要。在个体发展的基础上，针对性地调整班级建设目标，分阶段明确班级工作重点和要点，不仅能有效提升班级工作效率，也能有效推动班集体建设。大一可将班级建设目标设为促进班级同学适应，大二则为促进班级同学自主探索，大三和大四则为促进班级同学能力素质提升。与之相对应，班干部在开展班级主题教育、朋辈帮扶等班级建设实践过程中，也应适时调整班级建设目标，确保班级建设目标的实现，并最终促进班级个体成长。

第三，把握个体发展目标与集体建设目标融合互促的必然要求。尽管不少班干部对班级建设目标的调整也有一定认识，但在具体工作中，由于班干部也有个人发展需要，也要完成“适应—融入—探索—提升—发展”的个人成长路径探索，难免因个人精力有限等原因影响个人工作投入度和积极性。因此，班干部将个人发展目标与班级建设目标相融，并引导班级成员将个人发展目标与班级建设目标融合共促尤为重要。班干部不仅要认识到个人发展的必要性，还要认识到作为班委承担班级建设任务的责任和意义，通过个人示范引领，引导班级同学主动参与班级建设过程，发挥班级建设主体作用。

班委会上，一位班委提出了分专题、小范围开展讨论交流以提升指导针对性的建议。我们肯定了这个想法的积极意义，并提议可以考虑实施。但最终这个想法能否付诸实践犹未可知。因为每位班委在个人发展上都“忙”，当个人事务与班级事务发生冲突时应如何选择？这也是产生“无事可做”错觉的原因之一。

班委会结尾，结合班委的提议和上一阶段班级工作情况，我向班委提了两点要求：把握班级同学个人发展需要的变化，动态调整班级建设重点；将个人发展目标与班级建设目标相融合，平衡好个人发展与班级工作。若班委工作以为班级建设服务、为班级同学成长服务为出发点，我们会发现，能做的事情还有很多。

班干部需要处理好的四对关系

班干部在学校学生管理工作中发挥着重要作用。为加强班干部队伍建设，浙江工商大学杭州商学院面向班干部开展“领航计划”及系列培训，旨在培养队伍综合素质和促进其工作能力提升。新学期，一批新力量通过竞聘、考查等环节，正式加入这一群体。

曾有班干部与我交流工作中的困惑。他们一方面认为自己的工作岗位无事可做，并因此认为其岗位并不重要，另一方面也在积极探索如何做好班级建设和班级同学的服务工作。这些困惑在后续的工作实践中，有的能够进一步明晰化解，有的却由于最初的认识不足、认同不深而引发后续工作动力不足，工作积极性、主动性不够等问题。在某期“领航计划”的启动仪式上，我与同学们一起探讨了班干部需要处理好的四对关系。

第一，要处理好初心与恒心的关系。班干部的初心是什么？从大部分的班干部竞选词中，我们不难发现，“做好服务工作”“为班级建设贡献力量”是许多同学的共同工作目标。这其实就是工作初心，也是促使学生参加竞选、成为一名班干部的原因。我们常说，路走得远了，不要忘记当初为什么出发。在日复一日看似烦琐又无趣的事务性工作中或在遭遇困难和挫折时，人们往往容易忘记，甚至丢失自己的初心。为同学、为班级服务的初心要求一名班干部不能止步于口号式的演说和承诺，而要将工作落在实处，落在与班级建设和同学成长、发展息息相关的每一个细节里。有没有哪些标准能够检验初心的实践？随着时间的推进，班级建设和发展的情况就是有力的说明，班级同学、老师的评价与认可是其核心指标。

服务不是一时一事的落实，也不是一天半月的努力，需要我们立足工作岗位，坚守工作职责，持之以恒地做好服务工作。这就是工作的恒心。恒心是我们对工作始终如一的热心，是尽心尽力的责任心，也是帮助我们克服困难的韧性，是为践行初心保驾护航的重要力量。

第二，要处理好大格局和小思想的关系。

大是格局之大、视野之大、心胸之大，这与前述服务初心密切相关。大学不是封闭的，而是开放的。我们要紧跟时代发展的浪潮，开展契合时代主旋律的主题活动，通过班集体这个平台来加强爱国主义教育、集体主义教育等。当我们在朋友圈发布状态感叹神舟十三号成功升空、当我们看完《长津湖》感叹和平来之不易时，作为班干部，有无考虑过在具体工作中也可以将这样鲜活的事例融入班风建设中？这就是爱国主义教育生动的素材。班干部要做好贴近同学们的服务工作来促进班级建设和集体发展，积极培养新时代大学生的综合素养，通过自我管理，推进自我教育，并最终实现自我发展。要跳脱出大学校园的空间局限，让自己的工作思路与时代接轨、与社会同步。大格局之大将具体体现在班级建设的工作思路上，并且可以通过社会实践、支部共建、志愿服务等有意义的活动来进一步落实。

小是着眼细节，做好小事，做实服务。对于认为自己的工作岗位无事可做的班干部而言，其困惑产生的根源在于以职位的大小来定义工作的轻重。而工作中大格局的实现也需要通过点滴细节的落实来实现。这是我们开展系列活动的根本。小，具体指的是什么？可以是在班级群发布一则通知。有的班干部发布通知是简单的复制、粘贴，原封不动的通知、未曾编辑过的压缩包，直接转发到班级群，并认为这就算是完成工作了。但这给同学们获取信息、了解情况带来了极大的不便。所以我们可以把“小”理解为是为同学们创造便利。小，也可以是一次活动的筹备和安排，在活动开始前尽可能地做好调研和充分的准备，考虑问题尽可能周全，对于突发情况要做好预案。小还可以是一次材料的收集、一对一解答同学的疑问、细心记录每个同学的生日……事情虽小，却和每位同学的利益密切相关。作为学生干部，我们需要牢记同学之事无小事。

第三，要处理好个体和集体的关系。

每一位班干部都是独立的个体，但是放在一个班集体中、放在整个学生干部队伍中，又是一个集体中的重要组成部分。个体和集体的关系恰恰体现了我们如何看待和处理自己与班级、自己与班级同学之间的关系。相较于其他同学，班干部通过相应的工作能够获得评选优秀班干部等荣誉称号的机会，同时也因工作关系而相对提前获悉一定的工作信息，尤其是重要工作通知的发布。这是对其工作辛苦付出的肯定，也是岗位所体现出的一定优势。当个人利益和集体利益相冲突，或者个人利益和班级同学利益相冲突的时候，我们会做何选择？也许有的同学会脱口而出，当然是集体利益靠前。但个人利益和集体利益并不永远都是冲突的关系，两者也可以相辅相成。有的同学为了班级的荣誉，牺牲个人学习和休息的时间，辛苦准备。当班级收获沉甸甸的奖项时，个人能力也在紧张的准备中获得了极大的提升。个体是集体的一个部分，集体的发展能够为个人的发展带来平台和机会。如果绝对地将个人发展和集体发展割裂开来，势必不利于两者共同发展。所以，作为班干部，除了将个人与集体视为一体，还要立足岗位，充分调动和发挥班级每一位成员的力量，共同促进班级的整体建设。学期过半时，有的班级在班干部的带领下充分利用早晚自习，有序开展班级内的朋辈互助学习工作。这就是个人和集体融合共进的良好尝试。

第四，要处理好现实和未来的关系。

作为一名班干部，要做好班级建设的规划工作，厘清现状、明确班级建设的基本目标和方向。这要求班干部作为班级建设的领头羊，能够具备基本的规划意识，结合班级的专业背景、建设实际，带领班级同学制定班级建设的学期、学年、大学阶段目标，并在此基础上，制定相应的激励和惩罚举措，有序规范班级建设进展。一个优秀的班级，需要一群积极向上、团结友爱的同学，其背后也离不开一支优秀的班干部队伍，他们在班级学风班风创建、特色活动的开展和品牌凝练上做了深度的思考，并带领同学们进行了积极有益的实践。所以我们要以此回答好“班级将要建设成什么样”的问题。当然，发展既包括班级发展，也包含班干部个人发展、班级同学的个人发展。除了树立班级建设的目标以外，还可以立足同学们的学业规划，在制定共性目标的基础上（如每位同学每年要参加一次学科竞赛、写一篇论文、考取一本证书等），也应该结合个人发展目标，制定个人的规划（如考研、留学、考公等），让每一位同学现在的努力都能在未来的发展中得到回应。

还记得我曾在一篇推文中提到一位班干部，她坚持每日在班级群发布天气预报、作业等提醒。这项工作她现在仍然在坚持。就是这些细节上的持之以恒，充分说明了，她是一位尽心尽责有温度的班干部。

班干部需要培养的四种能力

新学期已过半，班级各项工作有序开展。其中，班干部承担了各类工作通知发布、活动组织、材料收集以及协助老师开展班级工作的主要任务。

对于新上任的班干部而言，工作重心已经从适应转为班级建设和发展上来。此前曾听闻有的班干部工作不积极、态度不谦逊，在班级决策上独断行事，倚仗自己是班干部，早晚自习早退或者签到造假，在班级中造成了不良影响，令班风学风建设受阻。在密切观察和谈话后，有不良表现的班干部依然没有改进，带班老师对班干部队伍进行了及时的整顿。

班干部角色的重要性不仅关乎班级建设、学校建设，更重要的是与班级同学的成长成才密切相关。班干部队伍建设除了常规的工作业务培训以外，还需要注重培养几种能力。在有效开展班级常规工作的同时，推动班级创新，为同学们的发展创设平台。

班干部需要培养的第一种能力是沟通能力。这里的沟通不仅包括和老师的沟通，还有和同学们的沟通。沟通内容包括信息传递、事务沟通、情感交流，几项内容是渐次递进的关系。

在班干部沟通工作中，也存在几点问题。如缺少与老师的主动沟通，主要工作职责停留在简单的信息传递和事务沟通上，与同学们的情感交流不够。一个班级氛围好不好，要看其中的感情深不深。而沟通就是加强成员情感联结的有效方式。

那么，班干部和老师应该如何沟通？这需要把握常规化、即时性以及交互性三个特点。常规化是指根据班级建设的进度以及具体工作的时间节点，保持与老师的密切沟通，确保老师充分了解班级情况，同时班级工作能够得到老师的及时指导。除了事务工作的常规沟通以外，还有突发情况沟通的即时性。不是所有同学在遇到突发情况时都会主动联系老师，这往往会影响突发情况的及时处理。因此，当班干部了解到同学们当中存在突发情况或者遭遇困难时，应及时与老师联系，确保问题能够及时干预和解决，避免事态扩大，造成严重后果。在交互性特点上，班干部应与老师就班级建设进行定期的交流探讨，针对班级情况制定相应的制度举措和计划方案等，并在建设过程中及时交流工作进展，做好复盘，确保班级建设能有序开展。

大学课堂不固定，同学们往往下了课以后就以寝室为单位进行活动，所以在班级中，也只是和室友或者周边的几个同学关系较好。这不利于班级凝聚力的提升。所以，在与同学们的沟通上，不仅是发布信息，还要关注和了解同学们的需求，加强日常交流和情感交流，促进同学之间情感联结和提升班级凝聚力。

班干部需要培养的第二种能力是组织协调能力。一场班级活动的组织和开展，不仅包括活动现场的协调，还包括前期方案制定、场地借用、活动用品采购、参加人员通知等工作。如此庞大的工程，需要全体班干部一同协商、协作，才能顺利完成。

就以活动方案制定来说，比如，班级有组织秋游的计划，去哪里、如何去、何时去、去了以后开展什么项目等问题都需要提前考虑。尤其在去哪里这个问题上，往往众口难调。那么在组织活动之前要面向班级同学进行一次充分的调查，了解同学们对于活动的想法，在针对性安排和准备之后，打消少部分同学的疑虑，确保绝大部分同学都能愉快地参与到班级集体活动中来。组织协调还要调动班干部队伍中每一位成员的积极性，合理分工，人尽其才。

我曾在一次班级活动中发现班长承担了现场秩序维护、主持等多项工作，异常忙乱，而同时却有好几位班干部没有参与到具体工作中。活动后我向其了解具体情况，得知原本活动安排了其他班干部来具体负责，但因临时安排冲突，于是班长只能自己担起多项工作。

在这个过程中，必然存在着分工不合理、计划不完善以及没能充分调动班干部团队工作积极性等问题。所以组织协调能力，包括以一个团队的协作来做好整个班集体工作的组织协调的能力，也包括班干部队伍内部的组织协调能力，尤其是在队伍内部存在分歧和冲突时的应对及处理更加考验班干部的此项能力。

班干部需要培养的第三种能力是学习能力。学习能力主要体现在：作为班级个体在专业学习、各类实践竞赛中，积极投入学习，发挥好个人在班级同学中的示范引领作用的能力；作为班干部利用平时的时间，通过学习，提升自身业务能力、工作能力；在平时的学习和工作中与时俱进，主动走出去，加强与他人的沟通交流，跟上时代的要求，学习领悟新理论，再将学习成果以专题分享、微型课堂等形式传达给班级同学，引导班级同学积极向上。一人学并不够，一群人一起学才是班集体存在的意义。一个班级的建设周期并不止四年，也只有通过学习，才能让这个班级的存在更加有意义。

班干部需要培养的第四种能力是创新能力。前述学习能力的培养为创新能力的培养奠定了重要的基础。班干部要有主动学习和钻研的心态。时代在发展、社会在进步，今天的班级建设和十余年前的班级建设已经有很大的不同。信息发布方式多样化，班级同学的兴趣和需求也呈现多元化，人与人之间的互动更多地依靠线上平台进行。作为班干部，如果没有贴近实际又有创新的工作理念、工作方式，没有依托新的技术平台，做的一些工作便很难走进同学们的内心。比如，越来越多的班级开通了班级微信公众平台，有的还有自己的视频号。班级主题班会上，也多了许多让人耳目一新的信息传达方式和教育形式。这些都让我们的班级建设更具活力。同时，为了让班级同学们有更多的展示自我、发展自我的平台，许多班级也创新性地提出了班级建设公约、班级建设四年计划等，引领着全体同学共同前进。这些都是和每位同学的成长发展密切相关的，也是创新的最终落脚点。

当然，创新并不是天马行空的想象，既要能接地气地满足同学们的切实需求，又要能连接其他育人环节以提升育人实效。

不论是对哪一种能力的培养，都是为了确保班干部在以更佳的状态和更高的素质做好班级同学和班级建设的服务工作的同时，能让班干部个人有更好的成长和发展。

不少同学在个人简历上，都喜欢写上这样一句：具备较好的组织协调能力和学习能力。你再深入问一句，他们却不一定能答出来这到底是一种什么样的能力。不妨从现在开始，就在班干部自身能力素质培养上，积极实践，积累经验，用事实说话。

第四章
夯实基础，做实日常管理

辅导员如何走进学生

为了更好地了解辅导员与学生的沟通交流情况，从而为提升师生交流效果提供参考，伴越工作室随机选取了近300位同学进行问卷调查。

希望通过此次调查明确以下几个问题：①师生沟通交流的现状；②学生主动交流的意愿程度以及影响因素；③师生当前交流的主要方式以及学生的偏好；④学生偏好的交流主题；⑤针对老师走访寝室这一交流形式，学生的主观体验和评价；⑥学生对于增进师生交流的建议。

调查显示，本学期以来，有17.24%的学生主动找老师进行过交流，老师主动找学生谈心谈话占比42.15%。相对而言，在师生交流上，学生的主动性有待进一步提升。当然，如果面临困难和问题，还是有60.15%的同学愿意主动向老师寻求帮助。而影响学生主动交流的因素主要有“认为这些属于私事，没必要让老师知道”（63.46%）、“和老师不太熟悉”（48.08%），具备有力的社会支持也是影响学生主动交流的重要因素（44.23%）。此外，学生的性格特点、与老师的接触机会都在一定程度上影响了学生主动与老师交流的积极性。内向、害羞的学生更不愿意主动找老师交流，班干部任职情况以及参与班级活动的积极性也影响学生的交流主动性。任职会增加师生之间关于班级事务的沟通机会，参加班级活动也能增加双方的交流机会。

在师生交流方式上，辅导员会通过走访寝室、早晚自习、课堂，微信/QQ线上沟通、主题班会、一对一谈话、座谈会等形式与学生进行交流，其中以走访寝室更为普遍（69.35%），这与学生工作中一直强调的工作要求密不可分。此外，在线沟通交流（55.56%）和一对一谈话（40.23%）也是老师与学生开展交流的主要形式。

那么学生更喜欢通过什么方式与老师进行交流呢？调查显示，学生偏好通过线上（49.81%）和一对一谈话（47.13%）的形式与老师进行交流。32.95%的学生希望通过走访寝室的形式与其进行交流。77.01%的学生认为走访寝室的交流方式能让老师走进同学们的生活日常；此外，也有不少同学认为走访寝室有时候时间上会不方便，也容易打扰他们的私人空间和时间。这些调查结果对于老师选择以何种方式与学生进行交流有一定的启发。

在增进师生交流方面，同学们也给出了许多建议。比如，注重班级建设，提高班会质量；师生共同参与活动，增进活动交流；也有的同学对辅导员提出了要求，希望辅导员能够更加公正、真诚、切实，不要忽视界限感，希望辅导员能够关注学生的心理状态，解答心理困惑，多和学生沟通学业、就业等问题。

由于本次调查样本量较小，无法全面反映目前师生交流之间存在的具体情况和问题。但我们可以从已收集的数据中，就如何更好地走进学生进行探讨。

师生交流尤其是带班老师与学生之间的交流，为何重要？在收集到的建议中，一位同学表示“多聊聊天吧，熟络一点，只有熟络了一点之后，同学才会敞开心扉，才会把让自己难过压抑的东西说出来”。这是来自我们的教育对象最真实的声音。

师生交流质量影响师生关系，师生关系又影响育人实效，可谓环环相扣。那么如何更好地走进学生，提升交流质量，增进育人实效？结合此次调查结果，可以从以下三个方面着手实践。

广泛开展调研，了解学生需求。从调研结果可以了解到，每个年级的学生最希望和老师交流的内容相差不大，但是不同年级的需求各有侧重。学业规划、生涯发展话题贯穿了大学整个阶段，也是各年级学生共同关注的话题。但对于大一新生而言，他们还关注人际交往话题，尤其面对高中和大学人际交往模式变化、班级概念淡化、同学关系疏离等现实，如何构建积极的人际支持是除了学业以外他们最为关注的话题。而高年级学生则面临毕业论文、求职就业、生涯发展等方面的压力和困惑，容易出现心理压力、焦虑等负面情绪，以及产生思想困扰。此时，及时专业的心理支持和思想引导就是他们最为需要的。因此，面对不同阶段学生有不同的成长和发展需求的现实，辅导员可以发挥网络的便利性，开展具有针对性的专题调研，充分了解学生各方面的需求，为下一阶段的沟通和交流奠定良好的信息基础。

丰富交流形式，加强精准指导。尽管从目前的调研结果来看，辅导员已通过多种形式走进学生，但每个学生有不同的困惑和需求，不一定能够通过单次交流或单一的交流方式就把问题解决。因此，在充分了解学生需求的基础上，我们可以通过一对多的交流形式，如主题班会、座谈会等来解决共性问题；通过走访寝室走进学生的日常生活，拉近师生距离，并在一对一的谈话中，及时解决个性化问题，进一步加强对学生的精准指导。线上交流也是师生交流的主要形式，这与网络时代成长起来的大学生的心理行为特点密切相关。有学生在师生交流上也给出这样的建议，希望老师能够在线上互动时发一些表情包，在朋友圈也能多增加一些生活气息。因此，朋友圈的点赞互动、班级群的表情包斗图以及微信聊天的嘘寒问暖等都能有效增进师生交流，而且更加符合学生的心理，接受度更高。只不过，每位辅导员所带学生人数较多，难以在线上交流上花费更多时间。此外，也有同学提出，通过班级组织的线下活动增加师生的互动也是不错的交流方式。其实，不论哪一种交流方式，其根本的目的都是为了增进师生互相了解，每个老师也可以结合实际开展符合个人特点的交流。

及时回应需求，加强柔性沟通。我接手了一个新生班。为了更好地了解学生的情况，我面向全班学生进行了一次简单的问卷调查。最后一题是让同学们用一个词来形容自己目前的状态。问卷回收后，发现即便是这样一个看起来漫不经心的题目，从各异的答案中也可以看出许多背后的故事。有的同学写了“颓废”，有的同学写了“迷茫”，有的同学写了“小试牛刀”，还有的同学写了“奋进”……我对这些答案背后的每一个个体都保持好奇心，也相信绝大多数的同学在写下这个词的时候，确实对自己近期的状态做了回顾和反思，这个答案对于我和学生的后续一对一交流有很大的助益。我把这样的一种启发视作隐性且柔性的沟通，即大概了解目前该同学处于哪一种情绪状态，可能面临什么样的大学困惑。日常事务的处理过程主要就事论事，对于学生情绪情感的关注较少，难以在最开始的交流时就走进学生内心。有同学在师生交流方面给出了建议：“学生性格都不同，所以主动性也不一样。对待内向的孩子多观察些言行举止方面的细节吧。”这其实就是对柔性沟通的一种呼唤。考虑到还有部分学生不愿意主动交流，辅导员需承担更多主动的角色，主动创造交流机会，打破交流的最初阻碍。

除了常规的沟通方式，走进学生还受到辅导员日常工作方式方法和沟通状态的影响。一个公正、真诚、务实、真心为学生考虑的老师，也将深刻地影响学生的沟通状态，促进双方的沟通。

有一位同学在建议里这么写道：“一个辅导员带的学生很多，无法做到一对一交流，但是一些心理确实有困惑的学生需要长者的帮助，希望心理教育不只有口号、形式，而是真正对学生有帮助。”

除了提升工作的专业水平外，及时回应学生的需求、为学生的成长做一些有益的沟通和努力，亦是我们在工作中应该积极落实的。

师生交流的四个“需要”

学校有两个比较可爱的师生交流平台，一个是“塘塆约膳”，一个是“塘塆约咖”。为什么说其可爱？一是因为其别出心裁的活动名称；二是因为活动形式——学生可以在发起活动的平台上留言，就有机会约自己喜欢的老师或者想要交流探讨的老师一起吃顿饭、喝杯咖啡。当然，吃饭、喝咖啡不是重点，重点是在这样轻松、日常的氛围之下，师生之间的交流能够更加自如、没有压力，两者之间的距离不自觉地拉近了。

上周，有几位同学通过约膳活动约我一起吃午饭。这是我第一次参加这个约膳活动。参加此次活动的有三位同学，有两位是学生组织的同学，还有一位同学则是因咨询而结缘。想象一下平时我们与友人见面聚会的场景，再把我们吃饭聊天的对象换成学生。一边吃一边聊天，让我们在放松的状态下，更易于敞开心扉说一说自己的真实感受。

就一顿午饭的时间，我们聊了些什么？从近期学校举办的“校园优化与管理设计大赛”到校园信息上报与反馈渠道，从第三方公众平台到意见领袖，从个人近期动态到个人长远规划……短短半个小时的时间，我们的交流可以算是高质量的，而且我在此过程中也深受启发，对于工作也找到了新的着力点。不论约膳还是约咖，其突出优势是轻松的交流环境更容易带来高质量的交流。

我们与学生的交流，主要有这几种方式：大型讲座、座谈的交流，上课时的交流，班会一对多的集体交流，走访寝室的一对四交流，一对一谈心谈话交流，路上相遇的随意交流，更加随意化的微信、QQ 等社交媒体上的交流……也有个别同学会专门带着自己的困惑前来。但这样的交流，由于时间、场地或者事务性工作的限制，往往求快、求效，影响后期的效果。但我们还是需要去思考，如何加强和学生的交流，如何提升与学生交流的效果。通过亲身体验约膳活动，我有四点启发。

与学生交流，需要平台。这些平台可以是学校开展的特色活动，也可以是老师个人的品牌项目，还可以是某一类短期开展的专题活动。约膳和约咖就属于学校开展的特色活动。我于 2016 年开始运营个人微信公众平台，平台最初的定位是个人对学习生活和工作的记录与分享。面对学生工作中出现的一些困惑以及职业化、专业化发展的思考，我在平台上推出过“秘密树洞”“红姐周五下午茶”等活动。后来，有同学在平台后台给我留言，咨询关于学业、情感、个人发展等方面的问题；也有一些通过微信平台知道我的学生在线下找到我，预约一对一的咨询。虽然通过这样的形式，我与学生之间的交流增加了，但我依然感觉师生交流平台还不够多，尤其是老师个人自建的线上线下平台不够，学生在出现迷茫或者困惑时难以第一时间得到有效的回应和疏导。此外，现有的平台宣传覆盖面不够广。如果加强平台搭建、加大宣传，我们已有的师生平台应该能够覆盖、服务更多的学生，师生交流也能有所增强。

与学生交流，需要内容。有了平台，师生之间的交流还需要内容，也就是话题。是情感交流、问题探讨，还是答疑解惑？一般通过约膳、约咖活动与老师进行交流的学生，此前都是与老师有一定了解基础的。所以一般的交流能够比较顺畅进行，并且在交流中能够引导启发、有所感触，还能增进师生情感。在一次培训中，有学员提到了这样的一个现状：老师们每周都会走访寝室，而学生对这样频繁地走访寝室并没有特别的好感，相反觉得自己的生活被打扰了。我想这里的问题或许出在师生之间没有实现高质量的交流。试想如果老师走访寝室，每次都问学生“最近怎么样”，这样总是难以走进学生内心的。所以我们不妨建立专门的与学生交流的电子档案，什么时间与哪位学生交流了什么内容，都能随手记录一笔，这样可以提醒自己下次再找这个学生谈话的时候能记得之前和这个学生聊了什么。不至于因为没有话题而一味尬聊，或者因为交流质量不高，无法实现交流“入脑、入心”。高质量的师生交流，并不是普通的交流，而是需要具备扎实的对学生的了解基础，才能储备充分的交流内容。

与学生交流，需要专业。日常工作中，与学生的交流内容看似五花八门，但仔细分析后，不难发现，大学生因其特定的年龄背景和发展阶段，所面临的许多问题和困难都具有共性，因此学生与我们交流的问题也相对集中，主要集中于答疑解惑类型。比如，个人职业发展、生涯规划、学业规划，甚至专业的学习、个人选择，等等。虽然问题具有共性，但因每个学生的情况有所不同，交流时又呈现出各不相同的局面。所以，这些问题不是简单的回答就算结束了，我们还是要从专业的角度给予学生专业的解答，才能真正实现专业的引领和引导，促进学生的发展。交流的专业，即要求老师要专业，既包括学识的专业、职业素养的专业，也包括交流技能的专业，同时要求老师具备引领引导学生的能力。专业，方能传道授业解惑。

与学生交流，需要团队。和学生交流，我们会遇到许多问题。老师自身涉猎广能够解答大部分的问题，但如果一些问题涉及的知识确实非常专业，我们往往需要向学生推荐更具专业资质的老师，请他们来解答。比如，目前学校在运营的生涯发展工作室，同时联动了专任教师、行政干部和辅导员的力量，以个体咨询的方式来帮助学生共同解答现实中的问题和困难。但我们的力量依然较为分散，学生的交流或者咨询一般出现了辅导员处的群聚、咨询中心的群聚，而专任教师的力量没有完全发挥出来，或者没有建立起较为完善的全员动员的师生交流机制。师生交流，不只是一个或者一群学生，也不是一个或者数百个问题，师生交流是一场持续性、发展性的行动，更加需要一个持续性、发展性、联动性的团队来支持。

平台是实现师生交流的保障，也为师生交流提供了契机；内容和专业能够增进交流双方的了解、信任和成长；而团队之力让师生交流能够持续发展。在交流之前，我们需要关注学生的需求，提升交流的针对性和实效；在交流之后，我们还可跟进学生的反馈，并以此改进下一阶段的交流，让师生交流不只是言语上的往来，更成为两者思想碰撞、情感交汇和共同成长的重要路径。

学生退学背后，我们要关注什么

学生工作中，我们有时需要处理学生退学问题，其申请理由各异。既有新生入学后的不适应或不喜欢，希望能通过退学再复读来实现考取理想院校的人生目标；也有老生学业困难、对学习兴趣寥寥，希望到社会上的广阔天地去尽情施展自己的才华；还有学生纯粹只是不愿意在学校这个环境里学习生活，只想要“自由”；当然也有学生因身心原因确实无法继续学业的情况。

这里面，老生的退学主要集中在因学业困难而导致的被动退学上，如果能够及早干预，学生也能充分发挥自己的主体性和主动性，尽早将重心转移到学习上来，采取多种可行的方式补上相应的课程和学分，还不至于到退学的地步。而新生入学即申请退学的理由要更加简单，多数是因为对专业不喜欢、高考失利有遗憾、理想与现实落差大而有了退学的念头。

前段时间，一位辅导员在处理新生退学申请的事情上焦头烂额。

如果学生主动提出退学，带班老师会先与学生谈心谈话，了解学生申请退学的真实原因，同时与家长联系确认。如果学生退学心意已决，难以通过劝说引导改变其决定，同时家长也同意，那么学生将按照相关流程办理退学手续。但在这个案例中，让带班老师如夹心饼干一样为难的是学生与家长双方在退学这件事情上持不同的意见。学生下定决心要退学，家长坚决不同意，双方僵持不下。学生遂以旷课等可能行为作为“迫使”父母妥协的筹码。家长也不愿意过多地与学生进一步充分交流。于是，原本相对比较简单的退学就不再只是退学，而是关乎学生身心健康、家庭沟通与家校联系的问题。

辅导员一边做学生工作，引导其理性处理问题；一边与家长沟通，希望家长能够与学生充分交流。但双方依然僵持不下。

在学生退学问题上，我们需要明确四点内容。即使是退学这样一件听起来只是简单流程办理的事情，其背后还是有多方牵涉的关系的，需要逐一捋顺，才有可能推动问题更加合理地解决。

第一，明确退学的原因：是硬条件的必须退学，还是软条件的可选退学。必须退学，即因不及格课程过多而达到退学条件，或存在违法违纪情况必须被退学。这类硬条件不论被退学者是否主观愿意，其都将被退学。而所谓的可选退学，往往是主观有退学意愿，但客观条件不充分。学生主观上想退学，有的是因为高考发挥失常带来院校、专业选择落差感，有的是因为入学后不适应等。即使在目前的院校继续就读，也仍然还是有很多备选的方案能够帮助其实现人生规划和目标的。退学并不是唯一选择。

第二，明确主观意愿程度：是强烈不可逆，还是刚萌芽能说通。这里主要针对不是必须退学的情况。在以往处理的退学案例中，有的同学坚持己见，一定要退学。如果家长不同意，便以出走等极端行为来应对，试图让家长妥协。该类行为存在极大的安全隐患。这类同学的沟通工作基本没有回旋的余地，也让辅导员产生极大的挫败感。另一种情况是，经过谈心谈话和持续关注，学生在积极配合的情况下，逐渐融入大学生活，并发现个人的专长和优势，退学的想法得以改变。

第三，明确家长的态度：是固执己见式，还是尊重包容式。有申请退学的同学认为，从报考院校到选择专业，都是父母在主导，自己基本上没有参与到这个选择决策的过程中。进入大学后，愈发觉得选择的专业不是自己喜欢的，因而产生抵触心理，无心学习，遂想要退学，通过复读再获得一次做选择的机会。有的家长以经验论为基础，告诫学生不要浪费时间，可以通过其他比如考研、考公等方式来实现新的选择。有的家长能够充分听取学生的意见，在充分沟通后给予相应的支持。

第四，明确辅导员的职责：是协调者，不是决策者。当我们与学生和家长充分沟通，明确双方对待退学的态度后，如果学生和家长能够达成一致，继续学习或退学，那么我们更多的工作重心将放在学生在校的成长和发展上。但如果学生和家长双方意见不一，我们则需要在了解双方的意见后，做好其中的协调工作。比如，在学生或者家长采取回避、抗拒等手段和方式，不与对方理性沟通的情况下，我们需要通过与双方沟通，尤其是与在校学生的谈心谈话，引导双方充分沟通、理性解决，避免事态走向极端化。如果学生想要退学，主要是因为对学校相关政策制度不了解、对个人专业不够认同等，辅导员也可以通过谈心谈话等方式，帮助学生明确自己作为问题的主体，可以通过哪些方式来解决问题，而不只是简单将退学作为唯一解决问题的方式。

那么问题的根本是什么？在沟通退学的过程中，我们也发现了一些问题。

学生申请退学，其根本是对个人现阶段的发展和成长产生了一定的困惑。除了老师要给予及时的引导，家长也应在这个过程中及时回应和关注。但往往，让辅导员成为退学事件主导者身份的原因是学生与家长双方之间沟通不畅和学生成长困惑累积爆发。家长以过来人或者家长身份自居，往往容易忽视学生作为主体的角色和作用。作为学生本人，自身的不自信、缺乏行动力以及抗压耐挫能力不足都容易让其在人际冲突中做出不理性的回避或极端行为。

了解学生退学的真实原因后，我在和学生沟通时首先也是以过来人的身份进行交流的，将某一选择可能引发的结果或后果逐一列举，共同讨论。更多的时候，学生不是没有预见未来的困难和问题，他们只是对于当下问题解决方式的多样性不够了解，或者说本身在问题解决的能力上稍有欠缺。

引导学生发现和探索问题解决的方式，帮助学生逐渐培养解决问题的能力，更应该成为我们与学生交流的重要目的，也应该是家长与孩子沟通的重要目的。

辅导员如何做好家校联系

2023年，教育部等十三部门联合印发《关于健全学校家庭社会协同育人机制的意见》。该意见明确了学校、家庭和社会在协同育人中的各自职责定位及相互协调机制。高校如何发挥协同育人的主导作用，家庭如何履行家庭教育的主体责任，是高校在开展家校联系工作过程中，推动形成家校共育有效机制需要解答的问题。

家校联系是学生教育管理工作的重要举措之一，是深入了解学生个体情况、研究把握群体成长规律、促进学生健康成长以及凝聚学生成长成才教育合力的重要途径。如何密切家校联系，提升家校联系工作实效，推动由家校联系向家校共育转变，是辅导员在日常工作中需要深入思考并着手解决的问题。

在日常工作中，家校联系主要承担了信息沟通功能，是增进家校合作的主要途径。当前，由于大学生群体自主意识的增强以及互联网技术的发展，电话、微信、“云”家长会等线上交流形式因其便利性，成为继传统的线下家长会、家访等家校沟通方式的有效补充。与此同时，高校家校联系也面临着一些现实困境。如联系对象的局限性而非全覆盖、联系时间的临时性而非常态化、联系方式的单一性而非多样化、联系目的的问题性而非发展性。结合目前学生工作过程中开展家校联系的现实，应从把握时机、密切联动等角度着手，完善家校联系常态化机制，密切家校联系，深入推进家校联系工作以实现家校共育。具体而言，要回答好三个问题：一是何时应开展家校联系；二是如何开展家校联系；三是家校联系应遵循哪些基本原则。

首先要明确什么时候应该进行家校联系，具体应落实四个把握。

把握一头一尾。要在新生适应（适应指导）和老生毕业（生涯规划）两个时间节点开展家校联系。新生入学后需从心理、环境等各方面适应融入大学生活，学校一般会从适应指导的角度组织新生始业教育系列活动，以帮助学生尽快完成角色转变、适应并融入新环境。辅导员在此过程中通过学生的学业行为、人际交往、集体活动参与等行为表现密切关注新生的适应情况。当遇到学生出现不适时，应积极开展家校联系，了解学生过往成长经历，帮助学生顺利度过适应阶段。此外，学生在毕业学年，又将面临一次身份角色的转变，在此阶段也会遇到不少发展的困惑和问题，如生涯目标不明确、就业观与择业观出现偏差等。在答疑解惑、问题解决和生涯指导等方面，除了加强对学生的过程化指导和精准性帮扶，还应做好家校联系，联动家庭力量共同促进学生完成角色转变、职场适应，顺利度过就业适应期。

把握从紧从重。在突发危机事件应对中，尤其涉及学生人身安全、心理健康等与学生生命安全和人身利益密切相关的情况时，如突发疾病、意外受伤等，要从“防范—处置”的角度加强家校联系。家庭是构建立体化安全防线的重要支撑，也是危机干预的关键力量。家校联系，一是从思想意识层面着手，增进家庭对学生在校情况的了解程度，增强家长对家庭教育的重视和发挥程度；二是从防范处置层面着手，提升家校联系双向互通的效率，提高家校共育的效果，促进构建完整有力的学生成长发展支持系统，家校合力进行危机干预、风险防范和妥善应对。

把握特殊环节。特殊环节的特殊性在于其可能是学生成长关键点、学生发展需求点、学生困惑集中点，也是家长的关注点和支持点。例如，学生在校期间存在转专业、休学、复学、退学等学籍异动情况，要及时与家长联系。一方面，学籍异动可能存在多个原因，如因学业困难导致的休学、降级，因学业兴趣选择了转专业，因身体原因休学后再复学。针对这些情况进行的家校联系，不仅是信息沟通、情况确认和管理制度告知，也需要与家长及时沟通学生下一阶段学业发展和教育指导重点等，其核心目的还是促进学生的成长。此外，如学生在学习期间请假离校等涉及校园安全的环节也需要加强家校联系。

把握特殊情况。学生在校期间有其共性化发展需求，但也存在个性化及差异化的成长问题或困惑。应针对学生个体出现的心理异常、学业困难、行为失范（如违纪处分）、求职受挫等特殊情况及时做好家校联系。家校联系应按照“协力做好信息沟通、情况交流—合力促成问题解决、学业解难、生活解困、成长解惑”的思路进行。因此，家校联系的重点应落在对学生特定行为原因和问题症结的共同探查、问题解决思路的明晰、成长发展的教育引导等之上。如学生求职受挫，在进行家校沟通时，一方面要使家校在促进学生就业上形成有效合力，另一方面要达成协力帮助学生明确就业方向、找准个人定位、重塑求职信心的教育引导目标，积极动员家庭力量帮助学生构建有效的心理支持系统和问题应对模式。

日常开展家校联系，辅导员往往会陷入一种两难的困境。从学生角度而言，家校联系常被视为个人成长的一种羁绊，不少同学认为自己作为大学生已经成年，可以为自己的行为负责，家校联系是对个人自由的束缚和对个人行为的干预；从家长角度而言，大多数家长理解孩子已经长大的事实，也认可孩子应该有个人成长空间，但同时希望能够更多地了解孩子在校的表现，并能与老师一起助力孩子的成长发展。此时，如果学生、家长、辅导员三者之间的沟通不顺畅、不及时，就容易影响良好家校关系的构建和家校教育合力的形成。

如何化解对立形成共识，如何促进联系增强合力，如何深化沟通提升实效？立足辅导员工作实际，要从如何进行家校联系着手，从联系时间、联系内容、联系频次、联系方式等角度做实做细。

联系时间上要注重家校联系的及时性。家校联系的及时性体现在三个方面。一是苗头性问题要及时联系。辅导员要全面了解所带学生的基本情况，如果个人行为与往常相差较大，可能存在一定问题倾向，要及时开展家校联系。以新生班委竞选落选为例。大一新生刚入学时，积极参与各类校内外实践活动，但由于在班委竞选中落选，情绪低落，且出现了旷课等不良学业行为表现。此时，辅导员要及时与家长联系。班委竞选前，辅导员应就班委竞选与全体参加竞选的同学谈心谈话，做好思想引领。竞选结束后，先与学生及时交流引导，再与家长进行沟通，联动家校合力使学生从班委竞选的失利中重塑自信、实现成长。这才能杜绝学生消极情绪泛化，避免诱发更多不良行为。二是突发性情况要及时联系，以推进突发事件的合理处置和应对，确保转“危”为“机”。如学生意外受伤，辅导员了解现场情况后要第一时间联系家长，及时将相关情况告知家长；如需紧急送医，还需及时将医院相关情况告知家长，促成医院和家长的联系；如涉及过往病史，还需从家长处充分了解学生相关情况。三是涉及学生安全和成长发展的情况要及时联系。及时将学生相关情况、事情处置结果等告知家长。如学生考试作弊后，要及时跟进关心学生的状态，并及时将学生的相关表现与家长进行沟通。

联系内容上要注重家校联系的客观性与发展性。这要求辅导员在开展家校联系之前，要全面了解学生的相关情况，在进行家校联系时将相关情况全面客观地告知家长。一是从时间脉络上梳理事情发生的前因后果，在短时间内让家长迅速了解学生情况；二是从处置过程和结果上告知可能情况，畅通信息沟通和反馈渠道；三是从学生成长角度明确何以可为、何以应为，促进学生有所作为；四是从沟通技巧方面既不夸大严重性，也不避重就轻，不带情绪进行陈述，注意言辞表达。如学生因打架受到相应处分，在学生打架事件发生后，辅导员要将学生打架的原因、经过告知家长，说明打架引发的相关后果和学校规章制度，让家长能够全面了解相关事件，同时在打架事件处理的过程中，要及时跟进并将处理的结果向家长进行反馈，促进家长充分发挥其在学生教育方面的家庭作用。

联系频次上要注重家校联系的常态化。鉴于家校联系的重要意义，辅导员要将家校联系作为一项长期开展的工作进行落实。但辅导员所带学生人数较多，难以持续性、常态化全面落实每位学生的日常家校联系。因此，辅导员在开展家校联系时应从学生成长需求与规律、个性特点与优势、个人现实表现与发展规划等角度着手与家长进行沟通。沟通中应讲清楚是什么、为什么、如何做，即某件事情的发生发展与原因分析，学生个体和家长可以做什么等，这也是一个为家长答疑解惑的过程。此外，辅导员在家校联系时应主动出击。即使最初是由家长联系反映相关情况，但在学生成长过程中，辅导员要及时与家长交流学生的变化，尤其是相较以往的成长和进步，让家长能够更为全面地了解学生在校的表现，也能够感受到学校和老师对于学生成长的关心关注。

联系方式上要注重家校联系的多样性。在一些学生的眼中，家校联系等同于告状、打小报告。因此，在联系的多样性上，一是要注意联系对象的多样性，如在与哪位家长联系的问题上，可以在联系前与学生提前进行沟通。有的学生可能与父母双方中的一方关系更加亲密，这样既不会让学生产生被告状的不良体验，也能确保家校联系的顺畅。二是要注意联系方式的多样性，是采用微信、电话还是实地家访等哪一种家校联系方式？这首先要考虑家校联系的实际内容，如突发紧急事件，可能电话更及时；家长意向来校或家长到校更能促进问题解决，则可以联系家长到校；日常交流可能微信等网络交流更方便；如果想要更加全面地了解学生的实际情况，则可以考虑采用实地家访等形式。

此外，家校联系还有几点需要注意的基本原则。一是要深刻把握家校联系的目的性原则，要通过家校联系实现了解信息、沟通情况、告知处理的目的，更要通过联系实现凝聚家校合力、共促学生成长的目的。二是要深刻把握家校联系的安全性原则，家校联系要以严守安全底线为要，通过充分调动家庭在安全教育中的作用，构筑家校协同的安全防线。三是要把握家校联系的基础性原则，家校联系是高校立德树人的重要环节，也是形成家校共育合力的重要举措，但育人并不能通过偶尔一次家校联系就实现，应通过完善相应的家校联系制度、建立健全家校联系机制、畅通家校联系渠道等形式，构筑坚实的日常联系基础，强化家校共育的良好基础。

家校联系不是简单的单方信息告知，而是双向互动、共促问题解决和学生成长的过程。因此，辅导员要从把握联系时间、明确联系重点和关键的角度出发，注重沟通方式、促进双向交流、及时沟通反馈、做好联系台账，从梳理学生成长脉络着手，构建学生成长的个人档案，实现良好的家校联系，促进家校共育。

辅导员如何做好中途接手班级的教育管理工作

某学期末，我接手了两个大一班级的带班工作，成为第三任辅导员。尽管工作多年，但中途接手带班工作还是第一次，也遇到了许多在过去工作中没有遇到的新问题。比如，班级学生和前任辅导员之间建立起来的信任被破坏；因新任辅导员对班级整体和学生个体情况不熟悉导致工作开展不顺畅；对于班级学生的教育引导未能有效衔接，班级骨干作用发挥不充分等。

高年级班级因班干部队伍和班级整体建设较为成熟稳定，能够给新老辅导员的交接一定的缓冲和适应时间；新生班级往往因队伍建设尚处于起步阶段，班级性格处于发展时期，班级学生需要更多精准及时的教育引导，而对新老辅导员交接的效率有更高要求。

不论是学生的思想教育引领还是班级建设、学生日常事务管理，都是辅导员的主要工作职责。因此，在因客观需求出现班级管理新老辅导员交接的情况时，如何在做好交接的同时，以最快的速度高效促成辅导员、学生与班集体的适应、融合，发挥好辅导员在班级建设、学生成长过程中的引领引导作用，调动班级学生参与班级建设的积极性，是中途接手班级教育管理工作要解决的首要问题，也是关系到班级建设质量的关键问题。围绕师生内在情感联结、常规工作要求以及班级和个人发展的拓展，可以从三个方面着手。

一、强交流，重构师生信任

新任辅导员之于学生和班级而言是新鲜的，也是陌生的，新接手的班级和学生对于新任辅导员来说也是全新的考验。如何在最短的时间内加深对彼此的了解，从信息到性格、从表象到特征，让辅导员—学生—班级之间尽快形成良性的互动模式和沟通默契？需要辅导员加强师生交流，在重构师生信任上下功夫。

通过已有学生信息和与前任辅导员交流初步了解学生与班级情况。交接班级工作时，会从前任辅导员处交接到班级学生和工作的材料，这是新任辅导员初步掌握学生和班级情况的重要信息渠道。学生个人基本信息、兴趣爱好和特长等能够帮助新任辅导员尽快形成较为立体式的班级和学生图像；再通过与前任辅导员的交流，了解班级整体氛围情况，比如学生的积极性与主动性，个体的学业、实践表现等。

作为新任辅导员，要推进班级事务管理，需要班委的支持和配合。通过与班委团队交流，一方面了解班级事务运行的规律，另一方面了解班委团队的建设情况。召开班委会以及与班委进行一对一谈话是重要的途径。在接手两个班级初期，我主要通过召开班委会了解班级的基本情况，把握班级整体特点。

前任辅导员与班级同学之间形成的信任关系在辅导员离任后会受到不同程度的影响，这对于新任辅导员而言是个不小的挑战。辅导员只有与学生形成信任关系，才能有效推动学生和班级的教育管理工作，才能更有效地促进学生的成长成才，并提升满意度和获得感。对于因辅导员调整引发的信任危机，只有通过交流才能得到有效重构。

二、明需求，实现精准引领

在了解学生和班级的基本情况后，要做好精准育人工作，还要求辅导员充分明确学生个性化的成长需求与班级共性化的发展需求。学生个性化的成长需求要通过深入交流才能进一步把握。比如，走访寝室、谈心谈话以及问卷调查，深入开展与学生的一对一交流，有助于更快地了解学生目前的个人状态。

在接手新班级后，我面向两个班级的全体同学发放了调查问卷，从中收集个人目标、生涯规划、当前困难与需求、个人体验等个性化信息，并通过这些信息在后续一对一谈话中进行更为深入的分析和精准指导。这也解决了与学生谈心谈话应该谈什么的问题，尤其是在对学生不够了解的情况下，难以找到谈话的突破口，单纯“尬聊”容易引发学生的负面情绪，进而影响师生之间信任关系的建立。

在精准把握学生个性化需求，并通过谈话加以引导后，还需要看到班级建设的需求。专业特点、未来就业市场的要求等都对班级整体人才培养提出了新的要求。课程学习、专业认同、班级认同等则属于共性问题，可以通过主题班会开展指导以解决共性问题，并加强思想引领。

三、建制度，规范班级建设

班级形象如何展示、主题班会和活动如何组织、班委会议如何开展、班级内部如何实施激励奖惩……这些问题关乎班级整体建设。而要推进班级的规范建设，就需要有制度保障。尽管学校层面有各项规章制度对同学们的言行进行引导，但鉴于每个班级都有其特定的特征与建设需要，班级内部也应积极探索建立与班级成员发展需求相适应的班级制度。

学校某学院近年来面向大一新生班级创新开展班级形象设计大赛。这是新生入学后第一次全班性的集体比赛。由于比赛中需要以班徽、班服、班级口号、班歌等元素来进行班级形象的展示，所以需要集全班同学之力才能完成。这有助于促进班级成员之间相互了解，加强班级凝聚力，对于新生班级而言尤为重要。但不是所有学院都会开展类似的班级形象设计大赛，因此，可以在班级管理实践中，结合班级实际，通过制定班级制度的形式明确班级建设目的、具体举措等内容，进一步规范班级建设。

作为新接手班级管理的辅导员，应在已有班级制度的基础上，通过座谈、调查等形式充分了解班级建设在制度方面的需求，并从学业激励、日常行为规范、第二课堂拓展等方面制定相应制度。规范行为不是制定制度的根本目的，在进一步规范班级建设的基础上，激发学生发展的内生动力才是班级制度建设的根本目的。在新接手的班级中，我们也在商讨制定班级公约、班委例会制度等，在确保班级事务工作的规范性的同时，发挥其保障性和激励性的作用。

日常工作中，不少接手新班级的老师表达了与新班级建立情感联结和信任之难。不论是加强交流，明确需求还是建设制度，其共同目的都是确保新任辅导员能够尽快深入班级、了解学生，高效地开展教育引领活动，并在关注学生、服务学生和引领学生的过程中建立起与学生和班级之间的情感联结。

辅导员中途接手班级管理，对于辅导员而言是挑战，对于班级学生以及班级发展来说也是重要的挑战。毕竟，信任的建立需要双方的共同努力。

辅导员做好大三年级学生教育指导工作的两个着力点

大三年级是大学生从低年级向高年级过渡的关键时期，辅导员承担着教育引导学生树立正确择业观、就业观，帮助学生解决职业发展迷茫和困惑、积蓄职业发展能力和素质的重要任务。辅导员作为学生成长成才的人生导师，应在把握大三年级学生成长和发展普遍需求与规律的前提下，从阶段性发展的角度深入把握其心理行为特点和发展需求，针对性地开展精准教育指导活动，助力学生有效地解决困难和问题，促进个人成长的实现。

第一，辅导员应把握大三年级学生在心理、行为以及发展需求方面的变化与特点。

发展规划趋于明确，但行动力存在差异。进入大三后，绝大多数学生已有初步的个人发展方向，主要集中在考研升学和直接就业等方向。初步目标虽有，但由于个体之间在行动力、执行力等方面存在差异，个体对未来职业发展的准备程度和储备状态也有所不同。具体而言，行动力强的学生注重个人素质能力提升，围绕个人目标，能有序规划自主学习、实习实践，有意识地将学校生活与社会生活接轨，阶段性推进并最终确保目标的实现；行动力不足的学生，参与活动积极性相对较差、学习动力不足，个人能力发展储备意识较为薄弱，难以匹配未来职业发展要求。

个性化发展需求增强，但班集体凝聚力减弱。随着自主意识的增强，大三年级学生将更多专注力转向个人未来发展相关事项上，个性化发展需求增强。较为直观表现为，不少在班级或学生组织中担任学生干部的学生选择淡出组织活动，一些学生参与班集体活动的积极性降低，更倾向于围绕个人规划目标选择性参与学科竞赛、资格证书备考或其他实习实践活动。与此同时，班级凝聚力有所弱化，如班级成员原有情感联结不强，则班级向心力不足，班级成员归属感难以维系。此外，不少学生开始有意识地对照职业岗位要求，关注个人综合能力提升，并将发展视角从校园扩展到社会，如关注就业创业相关政策制度、主动了解就业形势等。

个体危机意识增强，但现实冲突存在。结合对现实就业形势的了解和分析，大三学生有一定的求职就业危机意识。尽管他们还没有直面就业压力，但也存在三种可能引发间接就业压力的情况。一是由于个人学业困难或自觉能力不足，担心无法顺利完成学业或找不到合适的工作，却又不知道从何着手所产生的压力；二是个人兴趣与家长建议、他人期望不同，或在多个就业方向之间难以抉择，无法做出具体选择所产生的压力；三是在实习实践过程中，因个人职业预期与现实相差较大而引发心理冲突。尽管三种压力来源有所不同，但最终都可能诱发焦虑等负面情绪，成为困扰个体的源头。

第二，辅导员应把握个体个性化发展与群体普遍性成长需求，立足实际工作开展精准教育指导。

加强生涯规划与求职技能指导，引导学生树立正确就业观。大三学生能否树立正确的就业观、择业观，关系到其在求职就业过程中能否找准个人定位、树立合理就业目标，快就业、就好业。学生进入大三后，辅导员可从三个层面推动就业指导精准化。一是实行全覆盖式生涯规划与求职技能指导。通过主题班会、简历大赛等专题活动引导学生树立正确的就业观、择业观，强化学生提前规划、积极就业的意识，做好求职技能储备。二是通过调研、座谈、谈心谈话等方式，多渠道了解全体学生的就业意向，按照个人求职方向，分类分层开展一对一精准指导，提升教育指导实效。三是从专业发展角度出发，讲通讲透就业政策，结合往年就业数据，加强就业形势分析，引导学生结合个人实际合理定位。

充分发挥先进典型示范引领作用，引导学生锚定合理职业目标。一是挖掘班级内部求职就业意识强、有相关实习实践经历的学生典型，通过经验技能分享引导班级学生积极尝试。班级中有不少同学积极参与暑期实习，还有的同学有了第一次投递简历、第一次面试等经历，拿到了第一份工作录用通知。在班级内部开展交流时，他们的成功经验带给班级同学极大的动力。二是发挥高年级学生的示范引领作用。大四年级学生即将进入实习求职阶段。真正进入求职市场后，他们也许能一帆风顺，也许需要经历一番坎坷，他们的求职经历对于处于就业准备状态的大三年级学生而言就是非常宝贵的经验，能够帮助大三年级学生获得求职准备的启发，并根据现实问题针对性地改进具体方案或提前做好准备。三是邀请校友走进来，现身说法分享职场经历，让学生了解职场要求，提前做好心理准备，不至于因心理落差过大而导致求职就业压力过大。

有效整合校内外资源和平台，增强学生与社会主动对接的积极性。不少大三的同学也有困惑：不是不愿意求职就业，而是不知道如何开始，更不知道从哪里获得信息或平台资源。因此，从资源整合的角度，一方面，充分发挥校企合作、校地合作的优势，通过建设实习实践基地等举措，为学生搭建实习实践平台。另一方面，通过招聘会、校友资源积极拓宽学生求职就业渠道，引导学生走入社会、走进企业；结合课程实践要求，引导学生深入企业开展走访调研，增强步入社会的主动意愿和信心。此外，还应从加强班级建设的角度，进一步加强班级凝聚力，营造良好的班级就业氛围，让学生在求职就业过程中能够获得班集体的支持。

发挥家庭在学生就业指导方面的作用，形成联动合力。在日常开展家校联系的过程中，除了与家长交流学生在校表现，还应该围绕学生求职就业，引导家庭发挥好学生生涯规划教育引导的作用。同时，丰富实践岗位设置，帮助学生在深入社会开展实践的过程中及早明确个人方向。

加强心理健康教育，培养学生良好的心理素质和就业心态。学生在求职就业过程中容易因高期望与现实之间的落差而导致心理失衡，或者因求职受挫而导致自信心不足。因此，在日常开展求职就业指导工作时，也不能忽视对学生就业心理的教育引导。应通过专题讲座、心理团辅等方式引导学生正确看待求职受挫，坦然面对困难挫折，并在实践过程中逐渐增强个人的抗压、抗挫能力，以更好地应对未来职场的压力与挑战。

鉴于大三年级在大学发展阶段的重要性，辅导员在开展面向大三年级学生的具体教育指导工作时，不仅要充分把握学生所处年级阶段特点，也要立足学生长远发展需求，开展精准、精细和精心的教育指导与服务。

如何发挥朋辈教育在育人工作中的作用

朋辈教育是高校开展思想政治教育的重要途径。在教育活动过程中，学生主体以专题分享、实践示范等形式开展学习、生活和实践等方面的交流分享，实现“学生—学生”的双向交互教育学习模式，有效拓展了思政教育载体。相较于专业课程教育及日常的思政引领，朋辈教育在年龄、经历等方面具备更大的相近性优势，能够有效融入大学生的日常生活，促进第一课堂与第二课堂的有效衔接。

我曾与学生在谈心谈话过程中就当前学生喜欢的活动形式进行交流。同学们表示，他们更喜欢有趣的、有意思的活动，而且与老师说教相比，让身边优秀的同学担任主讲人更能激发同学们的认同感。这正是朋辈教育具备的优势。

朋辈教育由与学生年龄、经历相近的优秀学子担任教育主导者，因其与朋辈教育对象学习生活空间的接近性，或年龄、个性的相近性，更容易通过言行示范引领实现教育效果。一方面，教育主体来自学生又走进学生，充分发挥了学生在自我教育中的主体作用；另一方面，身边人讲身边事，小细节却蕴含大道理，在年龄、经历等方面天然的相近性让学生更乐于接受分享内容中所蕴含的道理，也更容易引发情感共鸣。

综观当前高校朋辈教育实践，在优秀典型选树、朋辈教育课堂创建、理论宣讲队伍建设等方面有多元化的探索，也取得了一定的成果。但在教育队伍资源的整合、教育内容体系的建设以及教育机制的良性循环等方面还有深化提升的空间。具体可以从队伍、课程以及机制三个方面的建设着手加强朋辈教育。

一、加强队伍建设，发挥主体作用

当前高校朋辈教育主讲人队伍主要包括优秀毕业生、优秀学生党员、优秀学生干部、有个人专长或特长的学生个人等，集中在学业成绩、社会实践、文体特长等某一方面或综合素质较强的学生群体中。这与朋辈教育的立意和出发点密不可分。

朋辈教育就是要通过朋辈之间的交流，促进朋辈示范作用的发挥，激发同辈群体学习向上的积极性和主动性。但是目前对于朋辈教育主讲人队伍的建设缺乏系统性的规划和管理。尽管有不少优秀的学生，但并没有将其作用充分发挥出来。一方面因为教育平台有限，教育主体资源缺少分享展示的平台；另一方面，队伍资源没有得到有效挖掘和整合，平时主讲人的邀请以相关专项负责老师为主，或者由带班老师推荐，不仅不容易调动学生的积极性，对资源的利用也较为分散。

此外，主讲人后续的培养提升也缺乏明确的规划。以目前开展的学长学姐领英团为例。活动主要邀请有学科竞赛经验的学生作为主讲人，面向对竞赛感兴趣的学生进行分享。但是分享之后，主讲人是否还有进一步的提升空间，是否能够明确下一阶段发展方向？这些并没有得到充分有效的讨论、规划和实施。

二、加强课程建设，丰富教育内容

目前朋辈教育课程形式以专题分享为主，分享主题涵盖了专业课程（如微积分小课堂、Python小课堂等）、兴趣技能类课程（如舞蹈、PPT制作等）以及竞赛实践、考研经验等。虽然分享主题较为多元，但没有将已有朋辈教育内容进行课程化的整合，影响朋辈教育内容的拓展，也影响朋辈教育课程的延续性和精品化建设。因此，可以按照模块化的方式将目前已有的课程内容进行相应归类整合。

比如，结合学生大学期间的成长和发展需要，将目前朋辈教育课程分为思想引领类、专业发展类、实践服务类和文体技能类等。在前期朋辈教育主讲人队伍建设的基础上，结合主讲人的专长将其分至相应的课程类别中，形成课程建设的项目组或者团队，作为某一类课程建设的主力。在此基础上，以学院或部门为单位配备相应的朋辈教育指导老师。

朋辈教育课程化建设，能有效整合已有资源，打造学生发展与教育类精品课程。

三、加强机制建设，促进良性循环

朋辈教育的高效良性运行需要完善的机制。从指导、队伍建设、课程建设到结果评估以及反馈，都需要较为完善的体制机制。

要确保朋辈教育有匹配的制度保障。目前学院邀请优秀学生代表开展交流分享，每场分享限额。在实行讲座打卡的现状下，听讲座的人数是保障了，但讲座的针对性和实效性却有待提升。有些学生只是因为被要求完成相应打卡次数才参加讲座交流，有的学生确实对讲座感兴趣却因名额限制而无法参与。这使得朋辈教育效果大打折扣。再如，目前书院实行的舍堂小私塾制度也是对朋辈教育的有益尝试，主讲人有后续的评价反馈，学校还根据主讲人的表现给予相应的考核加分奖励。这不仅能够充分调动主讲人的积极性，也能够确保教育的针对性。因此，应结合学校朋辈教育实际制定相应的制度，为教育实践的开展提供切实的保障。

要以不同单元为基础，加强各环节朋辈教育的联动。从寝室到教室，从书院到学院，从个体到组织……朋辈教育可以在多个育人环节和组织中实现。当前，各部门及组织都不同程度地开展了形式、内容相差不大的教育活动，其中以优秀学子专题分享为主。应打通各学院、书院以及学生组织之间的互通渠道，确保同质化的教育资源发挥最大的作用。

要确保朋辈教育的良性循环，还要加强平台建设。我以所带班级为单位，启动班级学生干部素质能力提升培训，即邀请高年级优秀的学生干部来与班干部进行面对面的交流。第一讲主讲人为大三学生，重点讲解了新时代学生干部的基本素质能力要求以及应具备的意识准备。我作为班级辅导员，全程参与并认真学习了其中的内容。其中提到的当前班干部面临的困难以及出现的不足与班干部们正面临的问题十分契合，可以说这一场朋辈教育有针对性地引导参加培训的班干部们如何解决问题。这对于班干部队伍建设而言十分重要。而不论是以班级为单位开展的系列培训，还是由学院、书院层面举办的系列活动，都为朋辈教育搭建了较好的平台。这些平台既要与时俱进地实现线上线下的有效联动，还应短期长期有效衔接，确保朋辈教育环环相扣。

朋辈教育是高校思想政治教育的有益补充，也是大学生开展自我教育、自我管理和自我服务的重要途径。不仅能够进一步发挥学生的主体性作用，提升其自主性，而且能够通过朋辈示范引领促进学生综合素质的全面提升。

因此，在实际开展朋辈教育过程中，要抓好学生主体作用，促进内容课程化建设，通过搭建平台和完善建设机制，进一步拓展其思政教育功能。

班级社交圈层与班级建设

不少同学感叹，进入大学以后，感受不到班级的凝聚力，没有归属感，与班级同学交往有限，甚至存在一个班级的同学相处一两年后，仍无法将人名与人对上号的情况。

有的同学为此困扰，一方面存在人际交往的需要，希望能从人际交往中获得一定的社会支持；另一方面，人际交往有限导致的人际疏离现实，让同学们难以对班级产生认同，无法形成较强的班级情感联结，进而影响班级整体凝聚力建设。

班级凝聚力在凝聚班级力量，为班级成员发展创设良好班风学风方面有着重要意义。

大学班级相较于高中班级，在目标定位、功能发挥等方面都存在不同。

在目标定位上，由高考应试的相对统一目标转化为个性化发展的多元目标。高中班级绝大多数同学将高考升学确定为个人目标，从班级氛围的营造到班级活动的开展基本上围绕着此目标。该目标更为具体，且是下一阶段人生目标的基础和新起点。在大学班级中，学生个人目标与未来生涯发展的关联更为直接，升学深造不是唯一目标，学生可在四年学习中进一步明确个人生涯发展方向，也有更多的时间和更大的自主性发展个人志趣。相对而言，大学班级更强调学生在班级建设中进一步锻炼自我教育、自我管理和自我服务的能力。

不同的目标规划和功能定位，加上大学阶段是自我意识发展的重要阶段，每个学生自我规划意识和能力参差不齐，班级氛围、班级人际关系等也受到一定的影响。其中，也形成了较为突出的班级社交圈层，这是大学班级建设的产物，强化了班级人际疏离的趋势。

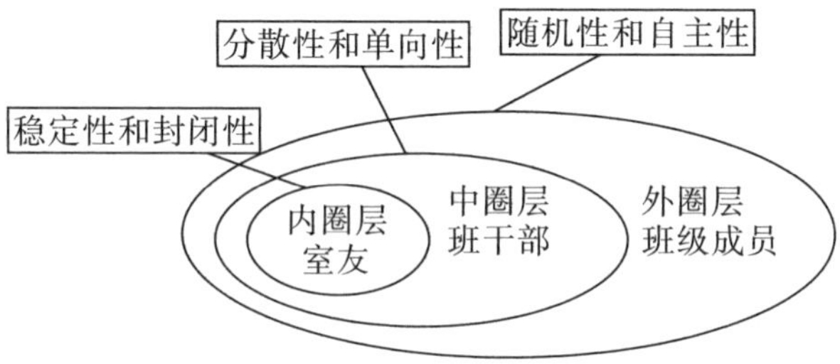

班级社交圈层示意图

班级社交圈层的内圈是以寝室为单位的人际交往圈，具有一定的稳定性和封闭性。寝室是大学的基本生活单元。来自不同地区的学生要在一个生活空间中度过四年大学生活，可以说是同吃同住。也更有可能见证彼此不愿在他人面前展示的脆弱情感或生活中搞怪的一面。生活距离上的亲近产生了心理距离上的亲密。尤其对于初入大学的新生而言，室友的关爱和照料加深了彼此的情感。随着时间的推移，生活和学习也更倾向于以寝室为单位开展。比如上课以寝室为单位就座，吃饭以寝室为单位聚餐，出行以寝室为单位结伴，等等。因此，以寝室为单位的人际交往圈有其先天的时间和地理优势。这也导致一些同学习惯了社交内圈的舒适，而不愿主动向外圈拓展自己的人际关系。

班级社交圈层的中圈是以班干部为纽带的人际交往圈，具有一定的分散性和单向性。班干部相较于班级其他同学而言，有更多与班级同学交往的机会，比如发布通知、组织活动、一对一联系等，也有更多主动曝光的机会，因此能够更快地熟悉班级同学，与班级同学之间具有仅次于室友的接近性优势。尽管如此，不同班干部与班级同学之间的联系紧密程度也有所不同，有的仅停留在浅层社交层面，没有形成有效的情感联结，难以促成深层班级情感的建立。当前班级社交的网络化倾向，使得班干部与班级同学之间的交往更具分散性和单向性。如班级群组通知发布，难以收集到信息反馈；班级建设意见征集，成员响应寥寥。

班级社交圈层的外圈则是班级自主交往圈，具有一定的随机性和自主性。主要为班级成员之间因课程小组、竞赛小组、文体活动等自发组成的人际圈，班级成员的个体化需要和主动性行动是促成外圈层形成的主要动力。相较于内圈和中圈，外圈的交往更具多样性，也是个体社交向外再延伸的重要契机，比如向外延展至跨班级、跨专业、跨院校的人际交往实践。外圈层范围可根据交往实践的拓展而向外延展，同时促进人际关系的拓展，对于大学生人际关系的发展有重要意义。

面对当前存在的三个人际圈层，如何更好地发挥三个圈层的作用来促进班级凝聚力提升？需要在充分把握三个圈层的特征的同时，有效推动三个圈层的联动。

内圈作为新生适应和大学成长过程中的重要人际支持来源，在增强其稳定性的同时，应通过扩大跨寝室的人际交往降低其封闭性，扩大人际交往单元。当然，这样的做法只针对同寝室的室友均为一个班级的同学而言。如果一个寝室的同学来自不同的班级甚至学院，要扩大其交往圈的难度则更大。

针对这类情况，需要发挥好中圈班干部的作用，通过组织同学们感兴趣的、吸引力强的班级活动，搭建更多的班级同学交往平台，适度增加班级同学的曝光率，增进彼此了解，在了解的基础上促进相互之间情感的交流。班干部还应在做好班级事务工作的同时，增加对班级同学的情感关怀。以班级同学生日为例，班干部中有专人收集班级同学生日信息，在同学生日当天采取送上生日惊喜或班级群组生日祝福等形式来加强班级同学的情感联结。此外，组织班级同学代表班级参加院校赛事也是不错的形式。如学院拔河比赛，当同班级拔河代表队的同学赢得院内初赛，并将代表学院参加学校的比赛时，参赛队和啦啦队的欢呼声以及后续班级群、朋友圈的状态和留言都流动着一种强烈的班级荣誉感和集体感。

搭建班级平台，促进班级同学的交往，有利于外圈交往的增加，能够进一步发挥朋辈示范引领的作用。如不少同学组队参加学科竞赛，不仅组织了班级中有共同志向的同学，而且还结识了其他专业、年级的同学，进一步扩大了自己的社交圈。班级社交外圈层与个体的个性化发展和需要密切相关，对个体的主动性也有所要求。但不是所有同学都能够在人际交往中发挥主动性的，因此，通过班级内部中圈层的引导、外圈层的扩大和影响，带动班级同学积极行动，也是有效促进班级凝聚力的重要措施。

班级凝聚力的提升既是班级成员个体发展需要，也是班级建设的要求。班级良好的人际互动能够有效促进班级情感联结，并最终促进班级良好氛围的形成和稳定。把握班级社交三个圈层的特征，明确班级个体在班级交往中的规律，并有效改进现存不足，是班级建设中全体班级成员需要共同努力的方向。

学生工作的系统性

辅导员工作千头万绪、学生工作忙而获得感低，是当前制约高校辅导员职业发展，影响辅导员群体职业认同的直接因素之一。要处理好学生工作，并从事务性工作中脱身出来，将系统性思维充分应用于学生工作中就显得尤为重要。

何为系统性思维？从整体上把握一项工作即系统性思维的一个体现。那么学生工作的系统性有何具体体现？

将学生工作视为一个系统，可对其中各个组成部分进行拆解。学生工作包含工作目标、工作要求、工作环境、工作过程、工作对象、工作者、工作职责等要素。若根据工作实际，可将这些要素大致划分为三类，一类与事务性工作相关，一类与人相关，还有一类是前述两类要素交互的产物。

处理好学生工作，首先要明确其中各个要素的内容以及相互关系。

工作目标明确工作方向，如果方向存在偏差，那么也难以取得预期的工作成效。需要处理好学生工作和思想政治教育工作之间的关系。学生工作不等于思想政治教育工作，除常规的事务管理工作，加强对学生的思想引领也是学生工作的重要内容。进一步提升学生工作的育人实效考验工作者的能力，也考验工作者对工作目标的领会和把握。学生工作不仅要完成相应的工作任务、构建完善的工作体系、建立健全相应的工作机制等，还应将育人作为其出发点和落脚点。

工作要求帮助明确具体工作应该如何开展。既有大方向上，我们如何实现工作目标的明确指向，也有小细节上对于实操层面的指导。从工作系统的角度来理解工作要求，可以从两个方面进行具体把握。一是要把握学生工作系统的动态性和平衡性，这与工作中着眼于长远发展密切相关。一方面，立足工作现实的同时，我们要以发展的眼光来看待工作系统，在制订工作计划时要有足够的前瞻性；另一方面，工作系统各要素的重要性、紧迫性程度有所不同，但在具体工作中各要素缺一不可、环环相扣，要确保各要素在具体工作环节中的平衡性，不宜顾此失彼，使得某个要素从系统中脱离，从而影响整体系统的运作。二是要把握系统内蕴的规律性。系统如何运转，工作如何提质增效？关键就在于能否充分把握学生工作系统运行的规律和特点，这里面既包含工作本身的规律特点，也包含育人的规律，还包括工作对象的特点及其成长的规律，而作为工作者主要涉及自身的工作能力和水平。

工作环境对应我们“在哪里开展工作”的问题。学生工作的工作环境既有时代社会发展的大环境，也有校园内外等身边的小环境，以及伴随互联网技术发展的虚拟环境。该要素考量的是我们能否在具体工作中，充分把握好育人的时机和空间，能否切实做到因事而化、因时而进、因势而新。尤其当前大学生是伴随互联网的发展而成长起来的，天然自带网络时代特定的规律和特点。我们要充分考虑这样的时代背景、社会环境以及家庭、学校、班级、寝室等各类环境，借助新媒体技术和多种育人手段进一步拓展育人场域。真正做到学生在哪里，我们的育人阵地就在哪里。

工作过程是我们实际开展学生工作的过程，在学生工作系统中承担了承“前”（目标要求）启“后”（工作成效）的作用，是对工作目标、工作要求、工作职责等要素的具体落实，直接关系到最终的工作效果。事务性工作往往具有标准化、规范化的操作要求，方便我们在规定时间统一执行；创新性较强的工作则需要充分调动各方力量，群策群力，精心设计工作环节，及时跟进，才能确保工作顺利完成。因此，在具体工作过程中，应认真分析、紧密跟进、及时总结，确保工作过程有序、有效。

工作对象和工作者属于主观性元素，也是主体性元素，在学生工作系统中承担了“顶天落地”的角色。“顶天”既要我们做好科学理论的学、信和用，也要在实践的基础上，总结凝练提升，主动将实践经验上升到理论层面；“落地”是对各项工作任务的落实、检验，与实践融合。工作者—工作职责—工作对象最终形成学生工作系统中的重要环节。

工作对象是我们在具体工作过程中需要面对的对象，帮助我们回答“教育谁”“为了谁”的问题。学生工作的主要工作对象就是学生。该要素关系到我们能否在工作中切实做好精准育人。因此，我们首先可以通过学生的年龄、性别、性格、需求、年级、专业等信息来对学生做一次初步的分析，通过谈心谈话、座谈等形式走进学生、了解学生，并给予及时的针对性教育和引领。初步的分析主要用于新生从入学到毕业的群体性的教育上。而随着教育的深入推进，不仅要关注学生的群体性需求，还要关注学生的个性化需求，这对于提升教育实效有显著的助益。

工作者是具体落实学生工作的人员，主要有辅导员、班主任以及校园内涉及学生工作事务的人员。因辅导员是从事学生思想政治教育、学生日常管理的骨干力量，这里主要对辅导员进行探讨。《普通高等学校辅导员队伍建设规定》也对辅导员的工作职责做了明确的界定，提出了九大工作职责。

围绕九大工作职责，从系统性思维的角度可将其再分为思想性工作、事务性工作、技术性工作、应急性工作、研究性工作等。每一类工作都有更为具体的工作要求。

学生工作者从事的思想性工作就是要在日常教育管理和实践中加强对大学生的思想理论教育和价值引领，即开展思想政治教育，并将其贯穿工作全过程。事务性工作主要指的是日常事务管理，诸如班风学风建设、党团建设、奖助贷管理、各类主题教育等。这些工作的开展有具体的时间节点和要求，可能面向一部分学生，如奖助贷，也可能面向全体学生，如安全教育。

因此具有一定的指向性。开展事务性工作的难处在于，如何在烦琐的事务工作中融入思想政治教育的元素。其中主题教育、专题研讨以及情景剧等创新形式有助于教育实效的提升。技术性工作要求辅导员具备相应的专业素养和技术水平，比如心理咨询与辅导、新媒体技术与媒介素养、生涯规划咨询与指导等。应急性工作主要指对突发危机事件的干预和处理，具有即时性特点，一般有完备的危机干预流程和操作要求，需要通过学习进一步熟练掌握。研究性工作是一项长期性、持续性的工作，既包括理论学习，也包括实践研究。工作职责是对工作者的基本要求，工作者在具体工作过程中，围绕工作目标落实各项工作职责。在了解工作的周期性特点的前提下，要追求工作时效和实效，并形成定期梳理、总结经验的习惯，加强创新突破。

学生工作的系统性要在思想政治教育工作的系统性中去做深入的探讨。学生工作中的许多实践元素是教育效果的检验器和助推器。厘清内环学生工作系统中各个要素的组成和关系，有助于推进外环思想政治教育工作。在分类把握好各个要素落实情况的基础上，还要深究整个工作环节的协调性和工作效果。这将为提升整体工作实效奠定良好的基础。

辅导员如何在日常工作中推动工作体系的构建

辅导员作为高校开展思想政治教育工作的骨干力量，有其特定的工作职责和角色定位。然而，现实中不少辅导员忙于千头万绪的事务性工作，难以深入学生、走进学生开展精准教育引导工作，从而导致了学生精准指导需求与辅导员精细管理、精心教育不足之间的矛盾。自觉忙无思路、忙无所获、忙无所得，事务繁杂、无暇他顾，成为不少辅导员日常工作的痛点。例如，不少辅导员一年到头总感觉很忙，但在年终却受困于如何对工作进行系统梳理和总结：忙于何时何事、有何特色创新？这些问题不仅考查辅导员的工作成效，也考查辅导员的工作职责履行情况。

一方面，工作职责不清带来的角色定位不明一定程度上削弱了辅导员思政育人的工作主责；另一方面，新形势下高校思想政治教育工作面临新要求和新挑战，辅导员的工作对象在思想、心理和行为等方面也呈现出新的特点和规律，对育人手段创新、育人效果提升等方面也提出了更为具体的要求。因此，辅导员应立足实际，从工作时间脉络与内容体系梳理、队伍建设与育人对象特点把握、形式创新与平台搭建等方面着手，在工作中积极推动日常工作体系的构建，以厘清繁杂工作事务与育人主责之间的联系，明晰工作重点和关键环节，确保工作职责落实、工作成效突出。具体为“5W＋F＋P”思路。

一、What＋When：梳理具体工作的时间脉络和内容体系

具体为明确什么时间做什么事。辅导员在三类日常工作中履行工作职责：一是专项工作；二是带班工作；三是贯穿全程的持续性的育人工作。一般而言，辅导员不仅要承担具体职责所对应的某一类甚至多个专项工作，如就业指导、评奖评优、党团建设，还需承担与学生面对面的带班工作。从专项工作来看，什么工作在哪个时间开展有其特定的要求，如奖学金评比工作一般在9—11月，资助工作集中在10月，新生始业教育一般持续一个学期乃至一个学年；从带班工作来看，辅导员需要负责班级建设、学生教育管理等工作，其内容不仅涵盖所有需要完成的专项任务，还有对学生的精准教育引导。此外，一部分事务性工作的结果体现为显性的表格文件，还有一部分隐性的工作则为贯穿学生四年成长周期的教育指导，如班风学风建设、班级文化建设，学生学涯、生涯、职涯教育指导等。不论是哪一种类型的工作，立德树人、助力学生成长成才都是其根本落脚点。因此，构建工作体系的基础性工作即明确工作内容、工作时间以及具体要求。可以月份、学期或学年为单位，梳理工作内容和具体要求，为工作体系的构建夯实内容基础。

二、Who：聚焦工作主体培育、工作队伍建设

工作体系的构建离不开支撑具体工作开展的力量保障，具体为由谁来实施工作举措和完成具体工作任务。辅导员是开展具体工作的组织者、实施者和指导者。但仅凭辅导员一人之力难以完成所有工作，需要在工作中充分挖掘育人对象的主体性，调动其开展自我教育、自我管理和自我实现的积极

性。这里包括三个层次：一是辅导员要积极提升个人职业能力和专业素养，努力将自己培养成思想政治教育工作的行家里手，走专业化、职业化和专家化发展道路，以专业能力驱动工作提质增效；二是辅导员要挖掘育人对象即学生群体的主体性，引导学生积极参与班级建设，并在建设实践中学以致用，实现修德立身，促进个体成长；三是辅导员要加强对骨干力量的培养，如学生干部队伍、学生党员队伍等。三个层次的建设能够为工作体系的构建提供有效的力量支撑。

三、Why：把握工作对象的心理与行为规律、思想与发展特征

辅导员开展思想政治教育工作，不论是事务性工作还是思想价值引领，都有其特定的工作对象——大学生群体。随着互联网技术的发展，当代大学生有其专属“Z 世代”网络原住民的特点。前有“佛系”“躺平”和“摆烂”，今有“脆皮”，大学生呈现出多变、多元的思想行为特征。在开展具体工作时，应加强对该群体思想观念、生活方式以及心理行为特点的研究，为把握其需求、开展精准育人实践提供科学的依据，才能真正地将其团结起来、组织起来、动员起来。而如何走进学生、充分了解学生则是辅导员需要持续思考并积极解决的问题。具体而言，辅导员可以通过广泛调研、开展谈心谈话等多种形式走进学生，倾听学生的意见与建议，以合适、合理、合情的形式加强与学生的对话交流，纾解学生的冲突与困惑，为工作体系的构建提供依据。

四、How：开展工作的具体形式与平台搭建

辅导员通过创新，以学生喜闻乐见的方式开展思想政治教育工作，能够

提升学生的获得感以及育人效果；通过搭建平台，增强与学生的良性互动，推动思想政治教育具象化，让育人工作更加生动。从形式来说，辅导员可创造性开展相关工作。一是规范程序，开展标准化规范化的日常事务管理工作；二是用好新媒体技术，通过漫画、短视频等创新方式与学生对话，拉近与学生的距离。从平台搭建来说，辅导员可立足持续性、品牌化的工作要求，搭建师生交流平台、朋辈互助平台、榜样引领平台、服务学生平台、实践发展平台等，具体可结合班级主题团日活动、党支部主题党日活动、服务品牌打造等工作要求，将具体的活动有效嵌入，从而形成常态化的育人工作机制。形式创新和平台搭建为工作体系的构建提供动力支持。

五、Feedback：效果跟踪、评价与反馈

工作体系的构建需要形成闭环，确保工作有序推进并落实后，能对工作效果进行有效评估。因此，工作效果的跟踪、评价和反馈就显得十分重要。这也为工作体系的改进提供了相应的参考和依据。辅导员应在具体工作后通过问卷调查、随机访谈、座谈交流等多元化方式及时了解工作效果，收集受众评价、意见与建议。具体的调查访谈工作可由学生骨干协助完成，并形成效果评估报告。针对调查结果，分析原因后及时改进，实现提升。

六、Path：形成“实践—经验—理念—模式”的育人路径

工作体系的构建是一个不断实践探索、总结完善的过程。建成具备内容、支撑、技术支持和评估闭环的体系后，还应及时对构建实践进行总结分析，及时调整和完善相应内容，从实践中提炼经验，并通过不断完善而上升为理论，形成一定的工作模式，打通育人体系构建路径。

辅导员日常工作体系的构建，其出发点和立足点是提升工作效能和育人实效。因此，体系的核心应以立德树人为根本，发挥好辅导员的组织者作用，通过推动工作职责的落实，创新形式、搭建平台等路径，推动工作体系的构建，实现思想政治教育工作提质增效。

第五章
因时而进，推进工作创新

辅导员在工作中如何做好调查研究

《普通高等学校辅导员队伍建设规定》明确了辅导员具有“理论和实践研究”的工作职责，要求辅导员“把握学生成长规律”“具备较强的……调查研究能力”。没有调查就没有发言权。调查研究作为解决现实问题的重要举措，也是高校辅导员的工作职责和能力要求，是应对和解决工作疑难杂症时的必要手段。

面对当前事务性工作繁杂、工作内容多样、工作对象需求多元、工作成效亟待提升等学生工作现实情况，辅导员应树立调查研究思维，立足工作实际，开展调查研究，提升做好学生工作的基本功。

辅导员要在学生工作中做好调查研究，应深入思考并回答好三个问题。

一是明确如何开展调查研究。

调查研究的方法有很多，常见的有问卷调查、走访座谈、专题调研、数据分析、案例分析等，但应根据工作问题、场景等针对性地选择相应的方法以提升调研效率。

采取问卷调查前要根据调查目的、调查对象等编制问卷，同时还要确保问卷信效度，相对而言程序较为烦琐。但在样本量较大、探讨共性问题等情况下，能够帮助辅导员在工作中尽可能地全面掌握工作现状。如新生入学后，面向全体新生开展的适应性调查；为做好就业指导工作，面向高年级学生开展的就业心理调查等。除谈心谈话和走访座谈，我在工作实际中面向带班学生用得较多的方式是问卷调查，结合调查目的，设置问卷，全面收集数据，帮助我更好地动态了解学生的需求和情况。

走访座谈调研方式包括实地走访和座谈会。以某学期开展的学生工作为例。为深入学生群体，全面了解学生现实困难和需求，针对性地给予教育引导，学期初学校结合不同月份的工作重点，面向不同学生群体精心设计了十余场走访座谈，安排贯穿整个学期。将在座谈中了解到的学生建议和诉求及时与相关部门进行对接，推动问题的解决，提高工作效率和精准度。

专题调研是近两年在实际工作中开展较多的调查方式，主要通过聚焦工作中的突出问题来开展。如针对学生反映较多的早晚自习安排问题，开展学情调研，较为全面地掌握现实问题，为加强学风建设找准着力点。

谈心谈话和案例分析也是辅导员在学生工作中常用的调查研究方法。一方面，一对一谈心谈话能够拉近师生距离、提升育人精准度和亲和力；另一方面，通过对学生个案或者工作案例的研究，总结归纳某类共性问题的解决办法和应对措施，能有效夯实工作基础。此外，辅导员还可以因时而进地依托大数据技术开展调查研究，强化工作精准性。

二是明确针对什么开展调查研究。

辅导员在工作中开展调查研究，要明确调查研究的对象和内容。大学生是工作对象，新时代大学生新的心理行为特点和成长规律是开展工作的重要依据。因而，辅导员开展调查研究，应聚焦大学生群体，与大学生群体成长和发展相关的现实问题和工作困境都应该进入调查研究的视野。

尽管如此，不是找到一个点就可以开展调查研究的，而是要根据现实情况明确调查研究的目的和关键。我们所看到的问题是个体化现象还是共性问题；是表里如一地呈现还是有更深层次原因；是短期阶段性问题，还是动态发展问题……在日常工作中，辅导员应具备问题意识，在注意到某类现象时多留心观察，从不同行为主体、不同事件发展等条件中找到其内在的联系。辅导员可以结合个人带班、专项工作、日常观察或热点问题找到调查研究的焦点，确保调查研究聚焦真问题、解决真困难。

比如，在走访课堂和早晚自习时，我们发现课堂"低头族"现象——不少学生两耳不听课堂声，一心沉迷于手机，这与优良学风建设的要求不一致。为何他们身在教室、心在手机？他们在想什么？有什么办法可以让他们的心重回课堂？这个现象值得调查研究。再如当前出现的"代"现象：代拿快递、代签到、代上课（自习）、代跑等。其中有哪些因素造成了这些现象，对此我们又该如何开展教育引导？通过调查研究，了解情况、分析原因，解构问题本质，才能促成问题的解决。

三是明确如何提升调查研究实效。

不论是哪一类调查研究，其核心都在于通过调查研究围绕学生、关照学生、服务学生，明确现实问题，找到应对措施，做好育人工作。辅导员要提升学生工作调查研究实效，一看出发点是不是围绕学生，二看调查研究内容是否关照学生，三看调查结果是否应用于服务学生以及服务效果如何。在调查研究工作中，要提升调查研究实效，应从三个阶段来确保。

首先，在调查研究前，要结合实际情况选择合适的调查研究方法，做好充分的工作准备。如结合调查研究主题，确定问卷、调查的范围；充分考虑是否依托大数据等信息技术开展调研工作，以提高调研的效率。

其次，在调查研究过程中，把握调查研究的时机，确保调查务实不走过场。如新生适应调查应在新生入学一定时间后开展，而不是入学后即开展；生涯规划指导主题调研应前置到大二、大三阶段开展，而不是在大四阶段。

同时，在调研过程中，要充分考虑并合理利用不同类型调查研究的优势。如开展班级建设情况调研，可以面向班级同学发放问卷开展调查，也可以开展班干部、班级学生座谈等调查。尽可能地确保调查的全面性和覆盖面。不能简单地把调查研究等同于问卷调查、座谈调查。比如发几批问卷、开几场座谈，调查研究就结束了，这样的调查研究容易流于形式，于问题解决无益。

最后，针对调研结果，要在实践中进一步检验调整。我们一般根据调查研究结果形成调研报告。但具体的工作措施，还有待在实践中进一步检验和优化。同时，在工作发展进程中还会出现新问题和新挑战。因此，辅导员可立足工作实际，选择适当的工作领域开展调查研究，尤其在调研、实践、再调研、再实践的过程中，不断深化和优化工作举措，推动相关工作提质增效、实现创新发展。

辅导员作为高校思想政治工作的骨干力量，也应是高校学生工作调查研究的实践者。在学生工作中广泛开展调查研究不仅是提升辅导员职业能力的必然要求，也是破解工作难点、提升工作实效的重要措施。辅导员应深入思考如何在学生工作中开展调查研究，并积极实践以寻因探路、解决问题、提升工作实效。

辅导员开展调查研究需要把握的两个维度

辅导员在工作中开展调查研究，既是对其职业能力的要求，也是破解工作难题、解决现实问题、推动工作开展的重要举措。要做好调查研究，辅导员需要三个层面的保障：一是技术保障，如掌握调查研究方法、熟练使用相应调查工具，能够开展数据分析；二是思想保障，充分认识调查研究对于学生工作、思想政治教育工作的重要意义，在工作中具备调查研究意识；三是行动保障，针对现实问题和难题，掌握学生特点和成长规律等，明确问题解决思路和对策。

在三层保障的基础上，要做好调查研究，辅导员还需要明确两个方面的问题：调查什么，面向谁开展调查？即调查内容和调查对象的问题。不论是技术、思想还是行动保障，都需要明确调查内容和调查对象，确立基本的问题导向，确保调研有实效。那么辅导员在工作中开展调查研究应该调查什么，调查对象如何确定？

从调查内容来说，应做到三个聚焦。

一是聚焦现实问题，从紧从速。调查研究是全面了解现实问题、找到问题根源的重要路径，因此在确定调查内容时，应立足工作实际，聚焦师生期盼以及反映较多的现实问题。以某学期开展的多次面向学生群体的座谈会为例。结合各阶段工作重点，提前通过座谈会的形式召集学生，收集意见和建议，并在工作开展前将建议反馈给相关职能部门，促成建议从想法到落地，尽可能地为学生提供更好的校园文化环境和成长条件。这是为确保专项工作顺利开展进行的调查研究，通过调查研究以完善工作方案和实施步骤。聚焦现实问题的调查研究以问题解决为主线，关注工作中存在的重点问题和薄弱环节，强调问题解决的速度和实效。因此此类调查研究应从紧从速。

二是聚焦系统问题，由表及里。学生思想政治教育工作是一个系统性的工作，工作内容包括育人在内的多个环节和层面。不论是班集体学风建设、班干部队伍建设等群体问题，还是网络素养培育、正确就业观择业观的树立等个体化问题，都不能孤立地对待，而应将其放在思想政治教育工作系统中进行系统和全面的思考，并针对性地设计调查研究内容。比如，个别班级班干部队伍建设涣散、工作积极性不强、示范带动作用薄弱，如果仅从班干部队伍建设问题出发单纯地开展班干部队伍建设，难免出现头痛医头、脚痛医脚的情况，并不能真正触及问题根源，如班级整体风气、学生思想问题等。再如，班级学生个体沉迷游戏、学业困难，辅导员多次沟通效果甚微。如果仅与学生个体进行交流，就不能全面了解相关情况，还应对其室友、班级同学、任课老师、家长等多方进行调查，从学生学习兴趣不强的表象触及行为的根本，确保能够解决现实问题。

三是聚焦发展问题，前瞻性谋划。调研不仅是为解决现实问题，也是以发展为主线集思广益，为进行前瞻性思考、整体推进相关工作提供思路和对策。聚焦发展问题的调研，既要从大处着眼，也要从实处着手，确保从调研中提炼形成的具有较强针对性和操作性的工作对策及措施，能在具体工作中有效转化和落实。以某次前往其他高校调研交流为例。在交流的过程中，了解到其他高校在人才培养、学科竞赛、实习实践、校企合作等方面的好的做法，引发我对校友工作、学生日常管理、生涯指导以及新生始业教育等方面工作的思考。这些思考来源于学生工作现实和调研启发，但要推进思考落地、推动工作进展，还需要结合实际制订针对性方案。

从调查对象来说，要做到精准和全面。

调查问题明确，则调查对象精准。调查对象的精准强调对象的代表性和针对性。如想要了解学业困难同学在学业指导和帮扶方面的需求，一方面可以通过问卷形式调研了解学生的需求，或面向全体学生发放问卷，从中筛选有学习兴趣缺失、学业规划不清晰等问题的学生，并在后期结合问卷调查结果，组织相关学生开展专题座谈；另一方面，可以结合当前学业成绩等情况，组织相应同学开展座谈调研或者谈心谈话。调查对象的精准能够提升问题解决的针对性和精准性。

调查聚焦发展或者系统，则调查对象需尽量全面。调查对象单一或者调查对象不具有代表性，将影响调研结果，可能无法全面了解问题全貌。如要了解学生干部队伍建设情况，仅面向学生干部队伍开展调研，视角存在一定的局限性。还应面向普通同学、辅导员、指导老师等对象开展调研。调研对象越全面、越广泛，则掌握信息越充分，也越能形成全面客观的队伍建设情况分析和问题原因分析。

调研工作的有效性，最终还是要看调研能否促成问题解决。辅导员开展工作调研，应定位于了解现实、把准问题、措施有效、推动有力。因此，辅导员不仅要在工作过程中学习掌握调研方法，还要结合实际情况确定调查内容，并在明晰问题—聚焦问题—解决问题—推动发展的过程中，逐步探索并形成落实工作的新思路、新方法，切实解决难题、推进工作。

辅导员认人可开展的几项工作

认人作为辅导员职业能力的重要考查标准，以考查辅导员对学生信息的掌握程度来推进辅导员对学生个体学习、生活情况以及成长需求的精准把握，是辅导员提升职业能力的重要举措。结合工作实际，辅导员要更快、更好地认人，具体可开展以下几项工作。

一、问卷调查与座谈走访

调查研究能力是辅导员做好学生工作的“基本功”，问卷调查和座谈走访都是辅导员开展工作时可以采用的调查研究方式。

在确保学生答题认真程度的前提下，问卷调查是非常便捷的帮助辅导员认人的方式。近年来，为更好地了解所带学生的情况，我面向全体学生开展了二十余次专题调研。例如，为了了解学生个人规划，开展精准指导，实施个人发展规划调查；为了了解学生学习生活情况，引导其做好阶段总结和下一阶段计划，实施学期学业生活状况调查；为了了解学风建设现状，调动学生参与建设的主动性和积极性，实施学风建设情况调查；为了了解学生与老师交流的意愿、主题等，实施师生交流情况调查。

总体而言，可围绕四类主题开展调查：一是学生个体成长发展类，了解学生规划情况，便于开展精准指导；二是学生发展现状与需求类，了解学生现阶段学业生活困惑或困难，助力解决现实问题；三是班级建设类，了解班级建设效果评价、个体参与意愿与建议等，推动班级建设；四是师生交流互动类，了解学生期待的交流方式，以更贴近学生需求的方式开展交流，提升交流效果。对于班干部队伍、班级建设情况采取匿名形式的问卷调查，往往能够收集到较为客观的评价和建议。

走访是辅导员工作中采用较多的调研方式，比如学校开展的辅导员“三进三知”要求辅导员进寝室、进课堂、进操场，全方位深入了解学生学习生活情况。以所带班级为单位开展座谈的交流形式，在辅导员工作中采用较少。座谈调研要事先确定主题，如考研助力、学业发展指导、人际交往指导等。在座谈过程中，由辅导员引导座谈学生围绕主题结合个人实际发表观点，交流个人在学习、生活中存在的困惑和问题；辅导员现场就相关问题进行解答和回应，有助于及时开展思想引领和发展指导；同时朋辈交流时的思想碰撞也能带给彼此更多启发。需要注意的是，在日常工作中，应该通过有效引导、激发积极性等措施让学生愿意敞开心扉、坦诚交流，促成情况了解和问题解决，回避座谈中可能出现的响应少的“冷”座谈或不讲实际情况的“虚”座谈。

二、新生入学后的个人分析报告或精心组织的主题团辅

心理健康课程要求同学们期末提交个人成长报告，每位同学结合个人成长经历进行深度剖析。以此为启发，在新生入学后，辅导员想及早全面了解学生情况，可在新生入学两周内通过主题班会、特色活动、信息收集等形式让学生完成个人分析及规划报告（比如优势与不足、未来规划、期待获得何

种帮助与指导等），有助于后期开展针对性的指导和帮助。团体辅导能够使个体通过对团体内的交互的观察、学习和体验，促进其对自我的探索和认识，帮助个体觉察和调整一些不合理的认知或行为。当前，辅导员面向所带学生开展的团辅还较少。团辅开展需要一定的理论知识和实践经验，但当前辅导员未经系统训练，难以通过团辅有效地激发学生的自我觉察。尽管如此，辅导员可以积极联动心理健康中心或邀请有相关经验的老师为班级学生开展相关主题团辅，同时加强个人学习，并在小范围内逐步实践演练、积累经验。

三、简历制作与指导

辅导员工作中存在两个共性的困难：一是学生人数多，对学生认识深度有限；二是工作事务繁杂，对学生个体指导精准度有限。有时和 A 同学刚谈完话，下一次在某个场合再遇见这位同学，脑海里却难以回忆起此前交流的情况；甚或出现张冠李戴的情况，把 A 同学的情况贴到 B 同学的身上，不仅闹了笑话，而且容易引发学生对辅导员的不信任。在近年的工作实践中，面向专升本班级的同学，我要求他们在入学一个学期后制作一份个人简历，之后与每位同学面对面交流开展简历指导。在指导的过程中一方面引导学生认识个人存在的优势和不足，找到个人目标，另一方面深入了解学生日常时间的安排，督促学生把握时间，抓紧实习积累相关经验。面向普本学生，我从大一开始就要求他们定期提交一份个人简历，在不同阶段的简历中及时补充最新的个人实践奖项数据。一方面帮助学生充分认识个人当前的短板，明确努力方向，另一方面引导学生挖掘个人潜力，激发实践热情。我将简历指导与学情分析相结合，在进行简历指导的同时，与加权平均分较低、存在挂科、重修等情况的同学进行交流，帮助明确个人后期学习重心和发展方向。

四、家校联系

提到家校联系，不少同学摇头：我已经是成年人，为什么事事要告知家长？联系家长似乎与“打小报告”“限制自由”画上了等号。且我们对家校联系还存在另一种误解，有事再联系家长，比如存在学业警告、突发情况等。但在工作实际中，要全面了解学生，家校联系也是非常重要的途径，而且家校联系应更加主动。为何这么说？一是因为家长不容易掌握辅导员的联系方式。在我主动与家长沟通的过程中，不少家长都在感叹：多次问孩子要老师的联系方式，但孩子不愿意给。二是家长对家校联系也存在一定的误解，认为孩子长大了，不需要像中学阶段一样事无巨细地叮嘱，也没有必要与老师联系。三是全面了解学生的情况有助于更好地对学生开展精准指导，尤其是为学生个人发展规划的制定以及成长过程中的困难应对等提供帮助，家校联系不是简单的信息告知，而是要有效联动，形成育人合力，助力学生更好成长。

不论哪一种认人方式，其核心都在于全面客观了解学生信息，精准把握学生特征和成长成才规律，加强对学生的教育引导，提升育人成效。辅导员在具体工作实践中可利用的认人形式、可把握的认人时机有很多，在尝试的过程中，还需要结合所带学生的实际情况进一步加强。

辅导员认人可以把握的四个因素

浙江工商大学杭州商学院第二届辅导员认人大赛在轻松愉悦的氛围中落下了帷幕。与第一届不同的是，这一次赛程短，仅用时 1 小时就完成了三十几位辅导员的认人任务；而且辅导员队伍中不乏“表演型”选手，在比赛过程中不时爆出阵阵笑声，极大地缓解了比赛的紧张气氛。

认人大赛主要通过考查辅导员对学生的认识程度（以个人信息为主），推动辅导员走进学生，增进对学生的认识和了解。因此，在比赛开始前，也有不少选手凭借集中和高强度的记忆训练来备赛。但在实际工作中，仅仅停留在认人——能识别学生外表和个人信息的层面，将会影响学生工作的深入和实效提升。

那么，在日常工作中，如何更好地认识学生？结合工作实际以及比赛中收获的启发，我认为，助力辅导员了解学生、走进学生，应该要把握认人的时机、认人的场域、认人的过程以及认人的成效四个因素。

一、辅导员应把握好哪些认人的时机

首先要明确哪些时机能够帮助加深对学生的了解。可围绕学生大学四年的成长，阶梯式深入推进对学生的认知程度。

第一阶段的认人时机为新生入学前，主要通过新生的电子资料简单了解学生的信息，比如姓名、性别、籍贯以及高中阶段的一些经历等，对所带学生形成初步的印象。

第二阶段为新生入学后至大一结束，这段时间是学生适应大学的关键时期。辅导员对学生的了解程度能够确保其有针对性地帮助和引导学生，促进他们适应好并尽快融入大学环境。

第三阶段则主要通过每个学期末的期末考试成绩动态掌握学生的学业情况，了解哪些学生在学业上存在困难，哪些学生在学业方面学有余力等，结合学生的具体表现为学生提供相应的指导。

第四阶段以学年为单位，贯穿不同年级进行不定期交流，比如学期初与学生交流他们的学期计划，学期末则对该学期表现进行总结，并对下一阶段进行计划。

第五阶段是学生大四年级。这个阶段的学生即将结束学业，步入社会，面临角色转变和新的适应压力。辅导员在该阶段的认人能够更有针对性地帮助学生完成身份转变，顺利步入职场。

二、辅导员可以通过哪些场合来加强对学生的认识

除了面向学生开展思想政治教育工作以外，辅导员还有较为繁杂的事务性工作，在忙碌时分身乏术，难以充分与学生进行深入交流。如果能充分发挥不同场合的交流作用，也将加深对学生的认识。

常规班会或者班级活动是辅导员能够快速了解尽可能多的学生的场合。但这样的认人不够深入，难以充分把握每个学生的个性特点和需求。

一对一谈心谈话弥补了一对多交流的不足，能够帮助辅导员深入认识每一位学生。学生日常学习表现和生活表现如何？此时，还需要将学生置身于他学

习生活的场域中才能更好地了解。那么寝室、教室和课堂就是不错的认人场合。

除了日常学习和生活，丰富的竞赛和校园活动等第二课堂也是学生成长和发展的重要场所。不少辅导员成为多类学科竞赛的指导老师，并在指导学生竞赛、实践的过程中，对学生的思维方式、专业基础等有了更为深入的了解，在双方的互动过程中加强了对学生的指导和引领。有一年暑期我带学生参加社会实践活动。脱离校园环境，在村里与学生同吃同住、共同完成实践任务的经历有效地拉近了我们之间的距离。

当然，当代大学生作为网络原住民，网络空间也成为他们生活学习的重要场域，辅导员自然还需要进一步拓展个人在网络空间与学生的交往频率和交往深度，以贴近学生的方式来加强交流才能提升交流效果。

三、辅导员如何完成对学生的认人过程

主要分为两个方面的过程。第一个过程是初步认人。具体包括初步掌握学生的信息、把握学生的个性特征及群体规律，再到深入的思想引领。其中学生的基本信息，也就是辅导员认人大赛各环节的内容，为下一阶段从整体上把握学生个体和群体的特征与规律奠定了良好的基础。第二个过程是“个体—班级—群体”的认识过程。辅导员所带的学生都因相同的专业被划入相应班级中。辅导员认人的时候，既要把握学生的个体信息，也要把握学生在班集体中的信息和情况，比如个体在班级中的人际状况等。同时还应更深层地把握学生个体在当代大学生中的具体特点，如此才能确保认人更为精准。

四、辅导员认人能够实现哪些成效

学生在哪里，育人的阵地就在哪里。辅导员对学生的充分了解，不仅帮

助自身高效应对突发情况，还关系到育人的针对性和实效。从简单掌握学生信息，到熟悉学生特点，再到了解群体成长规律，都是在认人的过程中逐步实现的，有助于以贴近学生的方式开展工作。

辅导员认人大赛旨在以赛促学，既考查辅导员的基本功，也促使辅导员加强基本功的练习，主动深入学生，加强与学生的交流，拉近与学生的距离。同时引导辅导员加强班级管理，有效开展学生学业规划指导工作，有创新性地开展育人实践，切实提高工作能力。辅导员认人大赛重在基本功，功夫在日常，也是工作实效提升的关键所在。

辅导员认人大赛的背后，我们更应该关注什么

高校辅导员有九项工作职责，其共同的工作对象或者说育人对象都指向了大学生群体。不论是班级建设、日常事务管理，还是危机应对等都考查辅导员对所带学生的了解程度。

学校组织了首届辅导员认人大赛。认人如何认？把作为辅导员基本工作要求和内容的认人与比赛的形式搭配组合，又会产生什么样的效应？在比赛现场，我找到了其中的答案。

平心而论，如果你问我，对自己所带的学生，是不是每一个都能说得出班级、姓名、籍贯等个人信息，是否能第一时间说出其寝室成员，等等。我想我不一定能做到。至少做不到像比赛选手那样，在比赛压力之下，对学生的情况不仅如数家珍且还能保持速度。

比赛的“认”是对学生基本信息的认，通过对照片、文字等图文信息的识别，来明确辅导员对学生信息的掌握程度。比赛加强了辅导员对学生基本信息的掌握，从各位老师备赛的状态就可以看出这一点，这无疑是有益的。然而，辅导员认人仅止于此吗？不尽然。

辅导员认人大赛的成绩与辅导员所带学生的多少、所带学生时间的长短都有关联。从比赛的结果来看，所带学生数量一定程度上影响了对学生识别

的精细程度；陪伴学生从大一入学到大四毕业的辅导员对学生信息的识别效果更佳；中途接手或者仅带了一年半载的辅导员在备赛过程中会更加艰难一些。这些是比赛所呈现的直观印象。除此以外，事务性工作多，缺少走入学生的精细了解，是我们不得不面对的现状。

辅导员认人与学生信息的掌握、师生关系的建立、育人的实效等密切相关。而此认人并不仅仅是一次对学生基本信息识别的比赛，更应该是对从基础微观的信息到高层宏观的规律特征的把握。这也是在认人大赛之后，我们更需要去关注的问题。

辅导员认人，也就是认学生，最为基础的“认”就是对学生基本信息的掌握。比如学生的班级、姓名，基本的住宿信息等。掌握这些基本信息有何用？

以开展的安全防诈骗工作为例。工作群里不时会出现学生的姓名信息，要求各位带班老师明确这是哪个班级的学生。一般来说，清楚了解自己所带班级学生信息的老师，一看到某个名字基本能够及时做出反应，这样不至于耽误工作进度。尤其是在紧急寻人的突发情况之下，我们能够第一时间找到想要找的人。再如，期末考试周马上来了。往年，不时有学生会忘记按照考试要求携带证件，必要的时候还需要带班老师出面进行学生的“鉴定”，明确这个学生基本情况是否属实。此时，如果我们“认”不出来基本信息，认不出人来，那么学生的考试可能就被耽误了。

所以，要做好认人工作，首先要确保我们对基本信息的识别已经没有问题，这也是后续工作开展的基础。

在基本信息已经掌握的情况下，我们还需要认什么？对于个体而言，那就是学生的个性特征、学业、人际关系等基本情况，以及个人目前的发展状况、未来规划等涉及学生个体特征和发展的相关信息。

这一层“认”已不是简单停留在对文字、图片信息的识别上了，而是要通过与学生经常性、一对一或者深入的交流来实现。对于集体来说，我们需要“认”的是一个班级、一个组织或者班级中某个群体比如班委、学业困难等特定群体的信息，比如他们正面临的困难和困惑、他们的需求等。这对于我们开展班级管理和建设工作尤为重要。

带班老师应在充分把握特定班级、特定群体的群体性特征和行为模式的基础上，通过管理、引导和引领等举措，开展相关工作，提升工作的针对性、创新性和实效性。不论是针对个体还是集体，加强交流都是增进信息掌握的重要途径。这也是为什么我们一直强调辅导员要走访寝室的出发点之一。

而认人的最高层次，更应该从宏观层面充分把握大学生群体在特定时代和社会背景之下呈现出来的新的心理和行为特征。这是我们精细化和精准化开展工作的重要依据和参考。

以网络时代背景为例，面对大学生人际交往需求增加，但线下交往意愿受阻等现实问题，如何借鉴网络社群运营的经验和理念，利用好班级微信群、QQ群，进一步创新班级管理，加强班级凝聚力建设？这与十余年前的大学时代已有所不同。我们需要充分把握大学生在网络时代的心理和行为特征，并以此为出发点，调整、创新工作方式方法，搭建学生喜爱的平台，开展沉浸式的体验活动，引领学生一起创建成长共同体。

我们在工作中不时感叹，现在的学生和我们以前不一样了。时代在发展，人也在发展，要担好知心朋友和人生导师的角色，我们的思维、工作方法等也需要与时俱进。

要实现认人的这一层次，我们不仅需要走进学生，还需要带着学习研究的思维，就现实问题进行深入的调研和探讨。

回归到工作现实，认人只是辅导员工作职责中非常基本的一项，却是后期各项职责履行的重要基础。

认人，不是简单的对姓名、班级、籍贯等信息的机械匹配，而是对学生个体、班级集体的特点，对大学生群体特征的把握，也是对工作要求的变化以及具体规律的深入把握。

如此，才能在履行工作职责的基础上，应对变化所带来的挑战，实现认人、认需求、认特征、认规律，进一步提升工作效果。

从短视频创作到网络育人进阶的思考

辅导员利用短视频开展大学生思想政治教育工作是网络时代应对新形势和新挑战的有利尝试。网络技术的发展既对辅导员的工作方式和手段提出新要求，也为其工作创新提供了可能性。基于此，青春解茫团队从组建团队到选题，从撰写文稿到拍摄推出系列主题短视频作品，一直在积极尝试如何更好地以贴近学生的方式开展教育引领工作。

由于团队的建设和作品的创作都处于初级阶段，通过短视频开展思想政治教育工作和团队建设的常态化机制还不够完善。在总结交流会上，团队成员共同研讨，对现阶段问题和不足进行了深入的剖析，发现主要集中在五个方面。

一是技能不足导致工作量增加。根据初期团队分工，将团队成员划分为文稿组、拍摄剪辑组、宣传推广组等组别。辅导员日常工作繁忙，主要利用工作之余开展短视频拍摄剪辑工作，日常工作叠加网络育人工作，导致工作量增加，工作压力增大，不利于团队的长远发展。其中，团队成员利用短视频开展思想政治教育工作的技能水平还有待提升。同时，团队成员分工不清，存在工作内容交叉，虽然团队成员积极协作，但在具体工作中存在同质工作的重复性和不同进度的冲突性。

二是内容体系性不足、话语表达单调。分析 13 期作品的主题不难发现，虽面向对象为大学生群体，但不同主题的具体受众群体较为分散，相互之间关联性不足，难以形成体系、产生持续性的影响。且在内容表达方面，模式较为固定，话语不够生动，难以激发学生共鸣。选题未及时结合当下热点，未能充分体现学生关注的焦点问题，话语表达方式未因时而进等是问题产生的主要原因。

三是形式单一、吸引力不够。13 期作品中，只有 3 期采取了情景演绎的方式，另外的主要形式为单人讲述。从观看视频的体验感、共情性来说，视频作品形式较为单一，难以吸引观看者的持续关注和形成持久的影响力。

四是宣传推广不及时、不全面。目前对作品的宣传推广主要采取视频号推送、朋友圈转发、班级群发布等形式，宣传推广渠道较为有限，且未充分把握关键时间节点，如毕业季、重大节日等，难以进一步扩大宣传影响力。

五是视频作品及团队建设的成果孵化和转化不足，目前暂未形成有效的特色品牌和精品项目。因而其发布的作品不仅需要量的积累，还需要质的持续提升。

针对现实问题和不足，团队成员进一步交流改进措施。结合视频作品生成的阶段，将具体改进分为三个阶段。

第一阶段：前期阶段，以确定选题和文稿撰写为主，是高质量网络育人作品产生的关键阶段。选题作为内容核心，关系到后期视频的吸引力和关注度，什么主题是学生喜爱的且具备教育意义的是创作视频之前需要考虑的问题。在选题方面，辅导员可具体围绕九大职责、十大育人体系的内容和要求，立足工作实际，选定具体的方向。在确定具体选题时还需要注意，选题不宜过大、过于宏观，而应从身边人、身边事的小切口着手，以小见大；此外要提高敏锐度，关注新现象、新鲜事，把握时事热点，讲清讲透现象背后的原因和道理，同时还应讲好心里话，将对学生的关心关爱结合具体的案例进行充分的表达。团队中各位老师可结合个人兴趣和工作实际组成不同方向的小组，一个小组就某一个方向推出系列作品，能够确保作品成体系。在文稿撰写方面，除了相互交叉改稿，尽可能完善文稿内容，还需要加强学习和对学生成长需求与规律的把握，尤其是要结合大学生群体的话语表达特点，确保能以契合大学生群体话语的方式完成表达，而不是单一的说教和灌输式输入。

第二阶段：中期阶段，以拍摄剪辑为主，是作品改进和技术打磨阶段。由于当前拍摄剪辑视频作品的技术门槛并不高，为减少工作量、减轻工作压力，团队成员需加强自身网络技术培训，提升网络技能，为更好地开展网络思想政治教育提供技术保障。同时，在视频拍摄过程中，一方面可以丰富视频内容表达形式，如由一人增加为多人，由单纯讲述变为情景演绎等；另一方面，增加视频与受众的交互性，如利用后台留言的形式收集学生关注的主题，在后续作品中及时解答，提升作品关注度。

第三阶段：后期阶段，以宣传推广为主，是育人效果提升和检验阶段。制作视频作品并推广，其主要目的是丰富思想政治教育手段和方式，提升育人效果。因此，如果视频作品未能广泛宣传推广，作品的教育覆盖面和影响力以及育人效果就难以实现。在提升作品品质的基础上，一方面要广开渠道，扩大宣传覆盖面；另一方面要深入学生群体，增强宣传精准性。此外，在成果孵化和转化的基础上，应对标思想政治工作精品项目建设要求以及辅导员专业化、专家化、职业化发展路径，打造思想政治教育精品项目和品牌，并在此基础上促进实践项目以及科研项目的申报以及科研成果的产出。

以短视频开展大学生思想政治教育工作是网络思想政治教育的重要尝试，虽然对于青春解茫团队而言还处于积极探索阶段，许多不足和问题都需要在进一步的实践中解决和改进，但相信在团队协作中，青春解茫团队的网络育人之路会越来越宽广。

辅导员开展网络育人的两点思考

网络思想政治教育是辅导员主要工作职责之一，要求辅导员能够运用新媒体技术构建网络阵地、加强学生网络素养教育，同时对学生开展思想引领学习指导等工作。

互联网技术的发展使得大学生群体的学习生活方式都发生了较大的变化，也呈现出新的心理行为特点。一方面，互联网技术的发展为创新开展思想政治教育工作提供了技术和平台支持；另一方面，网络的便捷性、匿名性和开放性等特点对辅导员开展网络育人提出了新要求和新挑战。网络已然成为大学生学习生活的重要空间，对其成长成才有着重要影响。只有增强网络育人意识、提升网络育人能力，才能扎实做好高校网络育人工作。

辅导员可围绕两个方面积极开展网络育人思考与实践探索。

一、找准网络育人四“点”

找准网络育人要点。从梳理掌握网络育人相关政策文件精神入手，把准网络育人的出发点和方向，回答好“为什么”和“怎么样”的问题。例如，

《关于加强和改进思想政治工作的若干意见》中明确“要积极探索新形势下思想政治工作的规律和方法……充分发挥新闻媒体在思想政治工作中的重要作用”;《关于加强高等学校思想政治教育进网络工作的若干意见》中明确要“提高对思想政治教育进网络重要性和紧迫性的认识……进一步理顺管理体制，扎实推进思想政治教育进网络的各项工作……充分运用网络手段拓展思想政治教育的视野”;《高校思想政治工作质量提升工程实施纲要》中明确了高校思想政治工作十大育人体系，并将网络育人纳入其中，充分彰显了网络育人的重要性。

紧跟网络育人热点。从网络流行语、热点事件及演进势态的捕捉、关注、分析与应对入手，明确大学生群体的思想动态和心理需求，解答好学生问题和思想困惑。以近段时间引发热议的“脆皮大学生”为例。其产生的背景是什么，为何能引发学生的热议和共鸣，并在日常生活中逐渐成为自嘲式的解压方式？其与此前流行的内卷、躺平、佛系、摆烂等网络流行表达有何区别以及联系？紧跟网络热点，既是全面了解学生思想行为动态的主要方式，也是打破师生交流代沟的有效方式。了解学生关注什么、喜欢什么，才能用贴近学生的方式与学生进行有效交流、开展工作，让工作更加接地气，提升工作的精准度和实效性；才能通过挖掘育人元素、充实育人供给、创新育人形式，解析学生的困惑与迷茫，引导其建构意义和价值。

疏通网络育人堵点。辅导员在日常工作中承担了九大主要育人职责，加之事务性工作繁杂琐碎，虽意识到网络育人的重要性和紧迫性，但仍面临阻碍网络育人深入推进的“四无”现实，即没时间、没精力、没想法、没技术。网络育人不仅需要一定的技术支撑，还需要稳定的内容输出和创意，对辅导员的网络育人能力有较高的要求。因此，相较于急难愁盼、固定在任务清单上的工作，辅导员较难集中时间与精力开展专项网络育人工作。此外，虽然当前辅导员队伍中也有不少90后力量，能够熟练使用各类视频剪辑软件完成相应的网络育人作品，但持续性和常态化的网络育人工作仍需要团队协作和专项推进。专门队伍和长效机制缺乏等也阻碍了辅导员开展网络育人工作。

把准网络育人痛点。网络育人作为十大育人体系之一，是应对新时代网络化发展以及培育时代新人的重要路径，应该是一项系统性、持续性和常态化开展的工作。综观当前辅导员开展网络育人实践的现实，以原创网文和短视频作品对话青年大学生为主要的育人形式，此外，有艺术专长的辅导员将育人形式拓展至漫画等。尽管如此，当前网络育人仍存在几个痛点：一是因缺乏高质量的内容供给和单一的育人形式，难以产生较大的影响力，育人效果大打折扣；二是因未形成有效的协作团队，仅凭一己之力单打独斗，难以确保网络育人实践的持续性；三是内容输出时以说理为主，难以引发大学生的共鸣和共情。可以说没内容、没方法、没持续、没效果的“四无”成为当前网络育人中的痛点。

二、聚焦四“力”提升

结合需要把握的网络育人四“点”，应立足网络传播速度快、辐射范围广等特点，充分把握网络育人的根本要求和具体内容，找准要点，跟紧热点，聚焦四“力”提升，针对性地打通及解决网络育人过程中的堵点、痛点，进一步提升网络育人的实效。

一是以快制快，提升即时力。辅导员开展网络育人工作，不仅要利用好新媒体、新技术做好学生的思想引领和价值引导工作，还要在此过程中以快制快，及时把握热点、做好回应化解工作。一方面，可以通过加强对网络化背景下青年大学生心理行为特点的研究，明确网络行为引导对策；另一方面，可以通过加强对心理学、传播学等学科的学习，掌握分析解决问题的学科依据和专业思维。

二是技术赋能，提升创新力。网络育人与传统思想政治教育工作的不同之处，不仅在于其育人场域的扩展，也在于技术手段的丰富。辅导员应与时俱进，加强对新媒体、新技术的学习与应用，熟悉了解各类网言网语，打破与学生的沟通障碍。同时，要利用新技术积极搭建网络育人平台，推进校内外新媒体平台的联动，推动网络育人生态的构建与创新。

三是打造品牌，提升影响力。辅导员应立足专业化、职业化和专家化发展要求，依托思想政治工作精品项目培育、辅导员名师工作室建设等方式，将网络育人有效嵌入具体工作实践中，通过队伍建设、模式构建、路径探索等递进式发展路径有效推进网络育人品牌的打造，进一步提升网络育人的影响力。

四是协同联动，提升持续力。网络育人虽是辅导员的工作职责，但辅导员不是网络育人的唯一力量。要提升网络育人的持续力，一方面需要保持高质量内容的持续输出，另一方面需要多方联动形成合力协同推进。从内容输出来说，以辅导员一人之力，难免因思维束缚、视角单一、专业限制等原因，导致内容输出无以为继，且难以匹配高质量的要求；从技术支撑来说，一个人虽也可以完成作品创作、推广宣传以及具体育人实践的开展等工作，但从效率和精力而言，团队协作、多方联动有益于进一步充实力量、提高工作效率和效果。因此，要使网络育人走得更远，辅导员不仅要发挥教育对象的主体作用，也要联动辅导员团队、专任教师、校内外专家等力量，形成有效的育人骨干队伍，从内容供给、平台维护、项目运营到品牌打造，确保网络育人工作扎实持续有效推进。

第六章
素质提升，实现发展跃迁

辅导员开展案例分析需要把握的三层逻辑

2024 年 3 月，第十届浙江省高校辅导员素质能力大赛在杭举行。赛制相较往年有了一些变化。往年的案例分析环节以 AB 角的形式进行案例研讨，今年则采取选手单人开展案例分析、回答评委提问的形式。

大赛中的案例都是辅导员日常工作中具有典型性和代表性的实例，该大赛是考查辅导员研判分析问题、解决实际问题、提升育人能力和实效的重要方式。通过案例分析，不仅能够了解辅导员理论联系实践、理论指导实践以及以案解困的工作能力，也能考查辅导员从纷繁复杂的工作日常中提炼总结理论经验的能力。因此，做好案例分析对辅导员在实际工作中应对处置具体问题、提升个人工作能力和工作水平有重要意义。辅导员应根据案例分析的步骤把握好分析问题、解决问题、启示教育的三层逻辑。

一、把握分析问题的逻辑，拆解案例实现定性

抓关键，明本质。案例分析第一步是阅读案例材料。在比赛开始前十分钟，选手拿到案例题目。利用十分钟的时间，辅导员要在阅读的过程中把握案例背景中的关键点。例如，你了解到班级中有一位同学本学期经常旷课，平时主要在寝室打游戏，出现多门课程挂科的情况；不愿参加班级的集体活动，和室友关系紧张，和以前积极热情的状态全然不同。在这个案例中，看起来有多重问题，如行为失范、学业困难、人际关系紧张等。那么应该首先关注和解决哪个问题？在该案例的分析中，首先要通过逐层递进拆解的方式抓住前述异常表现，尤其要把握学生前后行为相异之处，通过分析找到背后的真正原因，给案例定性，明确这是什么原因引发的什么问题。

理脉络，明重点。分析案例本质，要按照问题前因后果、发生发展、轻重缓急来厘清案例思路，明确其中的重点环节。比赛中所给的案例很简洁，但每句话的内容都是帮助分析案例的依据，比如事件发展前因后果的确定、问题紧要紧急程度的确定、关键人关键点关键事的确定等，为后续问题解决提供相应的思路。如不同年级学生发展需求和面临的发展任务有所不同，家庭成长环境对于学生心理健康状态有所影响，学生有无完整的社会支持系统，在经济问题、心理问题、学业问题等多重压力叠加的情况下，哪一个是根源，哪些只是表征？对这些重点的把握是问题解决思路的重要参照。

二、把握问题解决的逻辑，促成根本问题解决

厘清思路，确保问题解决有效。案例分析以找到问题症结为主要目的，以解决问题、促进学生成长为根本。因此，结合案例实际、找准问题关键点，明确当前要先解决的是眼前问题还是长远问题，是思想问题还是行为问

题等。如学生因为睡眠问题找到辅导员，提出换寝的申请。此时，就要对学生所提睡眠问题进行分析，睡眠问题是换寝的根本原因还是原因之一，睡眠问题背后有无其他问题？通过分析，能够明确问题解决的关键点，形成准确的思路，促成问题解决。

厘清先后，确保问题解决有序。根据案例中反映问题的轻重缓急划分处理阶段，明确问题解决第一步、第二步等各步骤应该完成哪些任务。如面对突发危急事件，要以学生生命安全为首要，遵守第一时间处理、第一时间上报、第一时间协调联动等原则；面对因学习兴趣不足导致的学业困难案例，要引导学生明确问题症结，找到学习相关的不合理认知，引导强化积极的学习行为、发挥朋辈帮扶力量等做法，持续性开展帮扶支持。

厘清关键人，构建支持联动系统。案例中除了陈述相关时间和事件，往往还会提及相关人员，如父母、室友、班级同学等。在进行案例分析时，要对案例中涉及的人员与学生之间的关系进行分析，尤其应考虑个体与相关人员之间的关系状态。如学生学业困难，在陈述中提及家长对学生有较高的学业期待，学生感觉压力较大，不愿意与父母多沟通。这反映了学生与父母之间的亲子关系处于一定程度的紧张状态，影响学生从家长这里获得必要的社会支持。在解决问题时，家人、同学、老师、学校相关部门等都应该被纳入学生解决具体问题的支持系统，形成促进学生成长发展的合力。

三、把握启示的逻辑，提炼理论经验

案例分析结束后，参赛选手要对案例解决中的启示进行适当的总结。从经验总结和思想升华的角度出发，要从三个方面对案例分析中的启示部分进行把握。

把握深度和广度。案例可能是个性问题，但要在启示中由此及彼、由表及里，将个性问题放在社会现象、时代发展的场景中进行讨论。如个体问题其实具有一定的代表性，那么就要在普遍性的视角中看待问题解决，由个体问题的解决上升至群体思想教育的开展。同时，某一类问题背后的根源可能是理想信念、价值观等深层思想问题，那么解决之道也应该放在解决思想问题的深度上来进行。

把握机制和预防。问题解决过程中还需要思考这个问题的发生是偶然的还是必然的，是否已有成熟健全的机制进行应对，能否通过建立并完善相应的工作机制来提前预防。因此，在启示环节，还应从体制机制建立的角度出发，探讨对问题的预防，所谓防患于未然。

把握体系和平台。在处理和应对问题的过程中，组织协调是否有力、各类交流沟通渠道是否顺畅、是否已形成较为完善的工作体系？这些都是保障问题解决的因素。因此，案例分析启示中要根据对已有问题解决的工作体系和平台建设的深入思考，提出针对性的建议和解决思路。

从案例分析现场来看，参赛选手在开展案例分析时已形成较为成熟的分析思路。如按照“定性—原因分析—应对措施—启示”的思路进行分析，或者按照“分析案例关键点和重点—提出应对措施—案例启示”的思路进行分析。不论哪一种分析思路，根本还是要把握住案例的本质，并通过找准问题症结，针对性地提出解决措施，才能有效促进问题解决。而案例分析的能力则来自工作实际的积累和深入思考总结。因此，辅导员要做好案例分析，需要在日常工作中有意识地练习、不断地思考和持续地积累，所谓久久为功。

辅导员开展案例分析应把握的四对关系

案例分析作为高校辅导员素质能力大赛的重要环节，具有来自现实又高于现实的特点，即处理措施要具有可操作性，而处理后要归纳出可推广的理论经验。案例一般包括个体案例和工作案例两种类型。尽管两者在精细化工作对象上略有区别，但其出发点和落脚点都是分析解决问题、落实立德树人根本任务，因而在应对处理上有其共通性和共同点。具体而言，辅导员在开展案例分析时，应着重把握四对关系。

第一，案例分析要把握表征与规律的关系，做到由表及里。

这要求辅导员能够充分把握案例的本质和大学生群体的心理行为规律，是案例分析的关键步骤。

一般案例文本会陈述学生的背景信息、当前状态以及面临的问题。我们需要在案例分析时通过逐句分析拆解其中的关键信息，比如，学生的家庭背景和成长经历、学生的情绪问题和不良行为持续的时间长短、对学习生活和人际关系的影响以及问题严重程度、学生目前学习生活状态等。通过对案例信息的分析，首先明确学生现阶段的问题表征，是情绪问题、行为问题、思想问题还是其他问题；再结合学生过往经历（如有无负性生活事件）、目前个人应对情况等分析问题背后的可能原因；综合考查现在与过去跨时间表现的异同，在家庭、学校等不同场域中行为表现的一致性，从而明确问题的根源。

第二，案例分析要把握好实践与理论的关系，做到由个性化问题剖析群体性现象。

这要求从相应的理论视角对案例反映的现实和问题进行深度剖析，通过系统分析将结论形成一定的理论模型和工作模式推及同类型的其他日常工作，实现从实践中来到实践中去。

当前网络媒介的发展推动信息获取和传播的便捷性、即时性、多元化，打破了不少信息壁垒和沟通阻碍。但在现实中，我们发现不少大学生在获取信息的过程中，被动或主动地被自己感兴趣的信息所限制，个人的学习生活逐渐陷入“信息茧房”。如圈层化的追星现象，为了自己的偶像在网络平台与他人对骂等。这对高校的思想政治教育带来挑战。作为辅导员应该如何应对该类现象？其中，“信息茧房”是什么，其发生和作用机制是什么，如何更合理地应对以实现从“筑茧”到“破茧”？这些问题就是在案例分析过程中需要进行深入分析的。在分析的过程中，结合“信息茧房”的生成和发展，可从心理学角度深入分析其产生的根源，并结合学生个体的现状制订符合其实际情况的心理疏导方案等。这是从理论层面对现实问题的深入分析，再从个体追星行为延展至群体的不理性追星行为，则要从思想引领和价值引导的角度对案例进行分析，对症下药、解决问题根本，实现教育引导的目的。同时，要在处理问题的过程中及时提炼工作理念和模式，在未来的实际工作中加以推广使用。

第三，案例分析要把握时间与空间的关系，做到由此及彼。

这要求辅导员在开展案例分析时要构建完善的应对系统，形成统一的处置态度，并从中总结出能够在风险研判和危机干预时起到指导和参考作用的经验理念。

首先，要从时间发展的角度构建案例应对的系统性。案例一般会呈现事件发展的先后和经过，需要辅导员从中厘清前因后果以找到问题根源，并针对性地提出应对措施。具体要从“诱因—发生—发展—问题—根源—解决”的思路展开，循着直接诱因解析事件发生发展的过程，剖析问题本质和根源，并提出解决思路。如学生在考试中作弊，不能只就作弊论作弊，而要充分分析学生个体情况，了解学生作弊的原因，加强教育引导，同时还需结合诚信教育进行充分的反思，并提出提升诚信教育的下一阶段工作思路。其次，要从空间变迁的角度构建处置态度的一致性。案例中可能会涉及学校、家庭等不同的社会场所。在不同场所中的相关人员对于问题处理的态度应保持一致，才能推动问题解决并达到相应的教育效果。如学生考试作弊，在学校中违反校纪校规，需要进行相应的处理；在进行家校联系的过程中，了解到家长对于学生考试作弊行为的认知偏差以及对学校处理的不理解。此时要进行充分的沟通，如说明学生考试违纪的深层原因，同时还要引导家长和学生将更多的重点放在后续的成长和发展上，以此提高学生、家长、学校对处理结果态度的一致性。

第四，案例分析要把握全员联动与个体突破的关系，要由解决当前问题到聚焦长远发展。

这要求在开展案例分析时，厘清案例中相关人员的关系，尽可能地凝聚力量、形成合力。

辅导员是案例分析的主体，也是案例中现实问题的解决主体之一。但问题的解决往往需要多方联动、多部门协同。因此，在分析案例时，辅导员要根据案例性质，如是突发危机事件还是日常教育管理事件等，联动相应的力量进行处理。如学生意外受伤，不仅需要联动医务人员、家长，还要根据现场情况进行紧急协调。此外，案例分析不应以解决案例本身的问题为根本，而要以解决案例问题为基础，深入思考如何由解决个别问题到进行模式推广，如何由解决眼前问题到聚焦学生长远发展，如何由解决问题到预防问题的发生。因此，案例分析既要挖掘学生作为主体应对问题的能力和潜力，也要发挥相关人员作为社会支持的作用。

案例分析是一次工作总结，也是一次能力提升，其关键在于通过问题解决促进学生成长发展。辅导员在日常工作中可通过及时总结和集中研讨的方式，弥补工作视角单一、工作思维局限等问题，进一步拓宽问题解决思路、强化育人导向。

辅导员开展谈心谈话需要把握的三个环节

谈心谈话是辅导员开展思想教育和价值引领的重要方式，也是辅导员日常工作的重要组成。这种方式不仅能够增进辅导员对学生心理行为特点和实际需求的了解，促进师生情感交流，也能帮助学生解疑释惑，提升教育的精准性和实际效果。

结合辅导员素质能力大赛的观赛体验以及日常工作中的观察，当前辅导员在开展谈心谈话时主要存在几个方面的问题：一是具体信息了解不够全面，谈话中未能充分把握问题本质，未能在有限的时间内促成问题解决；二是未能与时俱进地更新话语表达方式，难以打动人心、拉近距离；三是理论知识储备不足，缺乏必要的谈心谈话技巧，教育引导效果不足。

因此，辅导员开展谈心谈话需要把握三个环节。

一、做好谈心谈话前准备工作

谈心谈话分为多种。有的是答疑解惑的指导性谈话，如学业发展、生涯规划指导；有的是违纪违规类的教育谈话，如旷课早退、违反宿舍管理制度等事件谈话；有的是思想引领谈话，如入党推优谈话等；还有的是工作事务交流指导，如班干部谈话等。辅导员需要根据谈话对象的不同提前明确谈话目的、确定谈话内容，并做好信息了解工作。

信息了解工作一方面可以帮助辅导员更为全面地掌握谈话对象的实际情况，确保在谈话过程中能够提升教育引导或答疑解惑的精准性；另一方面，更为全面的信息能够帮助辅导员提前做好问题研判，有序推进谈话节奏，确保实现谈心谈话预期效果。在日常工作中，辅导员可以通过三种途径做好谈心谈话前的信息了解工作。一是通过学生的学业成绩、奖项记录、日常行为表现等全方位了解学生的既往表现，以评估在谈话中可能出现的一些问题，提前做好研究分析，便于在谈话时更加精准。例如，在实际工作中，除了学生的日常表现，我还会仔细分析其提交的个人简历，通过对每个学期不同阶段简历内容的对比了解学生一个学期以来的收获、进步或不足。在谈话时，能够有的放矢、精准排忧解难。二是结合以往与学生的谈心谈话记录或观察交流情况全面评估学生的心理行为特点，便于在谈心谈话时选择合适的交流方式、交流场所。有的学生性格内敛，不善言谈，如不了解其性格特点，谈话时未能有效激发其情感共鸣，谈话效果就将大打折扣；平时多数的谈心谈话在办公室进行，有的同学需要在更加私密的空间才能敞开心扉，因此也要结合学生的实际情况选择合适的谈话场所。三是扩大信息获取渠道，加强日常与学生的交流，如在走访寝室、日常交流等场合中尽量全面地了解学生情况，构建学生个体画像；通过与不同群体，如寝室成员、班干部、学生家长等的交流，全方位地了解学生的学习生活状态，为后续的谈心谈话做好信息的储备。

二、谈心谈话过程中要把握引领引导、教育指导、互动启发等具体形式

由于谈心谈话不一定是辅导员约谈学生，也有可能是学生主动联系辅导

员，因此，还要根据学生具体的需求来确定谈话的主要方向。例如，学生违纪违规一般由辅导员约谈，学生存在职业发展困惑则一般会主动寻求辅导员帮助。谈心谈话开始便应直接点明具体问题，即辅导员在谈话中应亮明态度立场，尤其是教育类谈心谈话。谈话过程中也应对谈话的方向进行适度的把握，以免谈到最后发现需要解决的问题并没有解决，效率不高、效果不足。

谈心谈话过程还需要充分运用具体的技术，如倾听、共情等。不论是哪一类的谈心谈话，辅导员都应该对学生个体的情况做到充分的了解，在谈话过程中认真倾听，若在谈心谈话过程中不时查看手机、看看文档等，则显得对学生不够真诚和尊重，也难以在后续的谈话中带领学生进入谈话的状态。辅导员日常谈心谈话一般在办公室进行，由于一个办公室有多位老师，进出人员较多，可能会影响谈话的效果。因此，如与学生约定谈话，最好将谈话的地点安排在较为安静的地方。此外，谈心谈话过程中应允许沉默的存在。沉默不代表谈话进入僵局，也有可能是互动启发的产生，要允许并引导学生在沉默中自主思考，收获启发。

谈话过程中还要注意采用学生喜闻乐见的形式和话语表达方式与学生进行交流。不少辅导员与学生年龄存在差距，如80后辅导员与00后大学生，难免会在兴趣爱好、信息掌握等方面存在差异。如学生提到某个明星的名字，辅导员全然不知并不要紧，但要保持倾听，并主动交流探讨，主动融入学生成长的环境。如因不了解、不清楚而单纯进行说教，则谈心谈话效果也将大打折扣。辅导员在日常生活中可以多渠道了解学生关注什么、喜欢什么，通过对社会热点以及网络热词等的了解，及时把握大学生群体的思想心理动态，并在日常交流中通过针对性的教育引导，提升思想政治教育效果。

三、谈心谈话结束后要做好持续关心关注工作

谈心谈话是一项持续性的工作，有时学生的困惑仅通过一次谈心谈话并

不能彻底解决，如学生学习兴趣缺失，仅仅依靠一次谈心谈话，没有后续持续性的跟踪，难以促成其转变，且学生处在不同发展阶段也将面临不同的发展任务。因此，要分阶段、持续推动与学生谈心谈话的深入，要构建起围绕每个学生成长发展需求的谈心谈话内容体系，通过把握每个阶段学生的不同需求，有序地推进谈话从解析表层问题到解决本质问题。一方面，辅导员可充分利用新媒体技术，定时跟踪了解学生后续的成长情况，如利用微信进行定期交流；另一方面，在评奖评优、求职就业等关键节点上要及时通过谈心谈话的方式精准把握学生的需求，促进学生的成长。

谈心谈话是辅导员开展思想政治教育的重要抓手，也是服务学生、引领学生的重要措施。因此，在谈心谈话前，辅导员要做好信息收集工作，为高质量完成谈心谈话创设良好的背景条件；在谈心谈话过程中，辅导员要善于观察、情真意切、坚守原则、亮剑发声，准确找到谈话切入点和突破口，聚焦真问题、谈到关键点，让谈心谈话真正谈到学生心坎上；谈心谈话结束不代表辅导员的工作就结束了，而是要认真做好谈话总结，及时补充学生信息，为持续性推进谈心谈话工作构建合理、合适、合情的信息和情感支持。

辅导员做好谈心谈话需要把握的“四题”

我有幸到现场观摩浙江省辅导员素质能力大赛案例分析和谈心谈话环节。除了学习参赛选手们在赛场上的专业解析、实战操作以及技能技巧，也收获了不少的工作启发。

谈心谈话是大赛的第三个环节，只有在第一个环节笔试和第二个环节案例分析中脱颖而出的40位选手才能入围决赛。参赛选手提前10分钟抽题，根据题目要求开展谈心谈话。谈话结束后，选手需结合谈话情况进行简短总结。从我对比赛现场的观摩来看，谈心谈话环节基本还原了日常工作中与学生谈心谈话的场景，比赛中的案例也都为日常工作中常见的问题。

谈心谈话是辅导员开展思想教育和价值引领的重要方式，是加强和改进大学生思想政治教育的重要途径。辅导员在日常工作中开展谈心谈话有其广泛性，要求学生全员覆盖；同时也有其深入性和精准性，强调在工作过程中充分把握个性与共性、紧急与长远、思想与实践、理论与技巧、需求与规律等方面的关系。好的谈心谈话能够让辅导员及时了解情况、找准症结、实施引导、答疑解惑和增进情感。从谈心谈话的基本步骤来看，要做好谈心谈话，辅导员需要把握开题、切题、导题和收题等“四题”关键。

一、如何开题

开题即阐明谈心谈话的目的，关键在于建立良好的师生关系，推动后续谈话的深入。一般而言，谈心谈话中有三种开题方式。

一是开门见山式，辅导员把握主动权，尤其在涉及是非判断的原则问题时，应开门见山点明谈话的主要目的，直接亮剑。如在班级管理过程中发现学生存在旷课的情况，要通过谈心谈话来加强对学生的教育管理，在与学生进行谈心谈话时可表述为：最近你好像经常旷课，老师想了解一下是不是有什么事情影响了你上课的状态？

二是倾听共情式，辅导员在工作过程中发现学生情绪低落、与平时情绪状态有所不同，或在谈话过程中学生处于紧张、焦虑、愤怒等某一种情绪状态时，辅导员应以倾听共情为主，肯定学生的情绪和感受，理解学生的情感和需求，引导学生平复情绪，确保谈话能够顺利进入下一个阶段。如学生因失恋而情绪低落，辅导员可以先表达对于学生情绪的感受：我能感受到你现在很难过、很伤心。

三是关心关爱式，辅导员了解到学生与他人产生冲突或谈话时发现学生存在受伤等情况，要及时关心学生的身体健康状态。如学生与他人产生冲突时，辅导员可先关心学生的身体状态：情况严不严重，有没有受伤，需不需要去医院？

不论开门见山、倾听共情还是关心关爱，都只是辅导员在谈心谈话过程中使用的开场方式，归根结底还是要以本次谈话目的为出发点，以了解学生情绪、行为的背后原因为落脚点，探查问题的根本。

二、如何切题

切题即指明问题的本质，关键在于准确把握问题症结，为问题解决搭建基础。因此，在谈心谈话过程中，辅导员应善于辨明真假问题，具体可从两个方面着手：一是尽可能在谈心谈话前做好准备工作，全面掌握相关信息；二是在谈心谈话过程中，要透过现象看本质，通过抽丝剥茧、层层解析，把握表象与实质、外在与内在的深层逻辑，明确问题症结是思想问题还是心理问题、是认知问题还是行为问题等，精准识别学生真正的需求和真实的问题。如学生同时面临学业压力（挂科）和人际关系紧张（申请换宿舍）两个问题，但经过与学生谈心谈话发现这两个问题只是根本问题的表征，学生面临的根本问题是对专业不认同引发的学习兴趣缺失、动力不足，导致学业困难，而最终引发人际关系紧张。因此，在解决此问题时应从专业认同的角度加以引导，从学习兴趣激发的角度加以辅助。

三、如何导题

导题即有序梳理问题解决步骤和应对处置措施，关键在于厘清问题解决思路、解决实际问题。把握学生问题本质后，要根据实际情况，引导学生澄清问题、明确问题解决思路和方向。需要注意的是，不是所有问题都能在谈心谈话中当场解决的。根据学生在谈心谈话中的问题类型，如思想型、心理型、行为型等，辅导员开展谈心谈话应设置不同的思路。引导学生发现问题背后的症结是第一步，强化学生在问题解决中的主体意识和能力意识是第二步，帮助学生明确在问题解决中的支持体系是第三步，引导学生有序规划问题解决步骤并能在谈心谈话结束后着手实施是第四步。因此，要因人、因事、因时实行引导，并就学生的实际问题，开展一次或多次递进式引导、强化、确认的谈心谈话。如学生向辅导员提出换寝室的申请，辅导员了解换寝室背后还存在自卑等自我认知偏差以后，可以从日常行为、能力表现等方面引导学生看到个人优点，帮助学生重塑信心。

四、如何收题

收题即辅导员在谈心谈话结束时对谈心谈话过程以及问题解决思路的一次总结，并对学生努力的方向提出发展愿景，激发学生内生动力。收题的关键在于情感上与学生同频共振、目标上与学生达成一致。由于日常管理中辅导员与学生在情感和心理上存在一定的距离，辅导员要通过谈心谈话与学生构建良好的情感联结、激发价值共鸣并非易事。一方面，辅导员与学生之间情感的建立来自日常教育管理的互动和积累，因此在关键问题中的引导要增进学生的认同，需要在平时下功夫；另一方面，思想引领和价值引导是一个复杂且涉及多方的过程，辅导员在谈心谈话中如只是开展说教说理的教育，学生尽管在行为表现上配合，但却未必真正入脑入心。

因此，在收题过程中，辅导员要在实际问题解决中嵌入价值引导，在答疑解惑中强化思想引领，在发展愿景展望中提供情感支持，做到厘清问题本质与抓住解决关键相结合、解决思想问题与实践问题相结合。如通过谈心谈话找到学生慢就业、缓就业背后的症结是理想缺失，那么辅导员在收题时应该引导学生将个人理想追求主动融入党和国家事业之中，实现思想升华。

大赛中谈心谈话的案例聚焦了当下Z世代、躺平等问题，这也表明时代发展对辅导员谈心谈话提出了新要求。一方面，辅导员应通过主动学习提升个人理论知识储备，增强谈心谈话中开展思想引领和价值引导的硬实力，让谈话入脑、入心、入行；另一方面，辅导员还应注重日常教育管理中的情感联结，掌握谈心谈话的技巧，充分采用倾听共情、问题澄清等技术，增强思想教育的软实力，让学生在辅导员的倾情指导中能动心共鸣，最终实现育人的目的。

辅导员素质能力大赛中谈心谈话需要注意的三个问题

辅导员素质能力大赛中的谈心谈话环节，实则包含两项重要工作：一是谈话，结合已有信息，明确问题和症结，引导学生找到问题解决思路或帮助学生解决实际问题；二是谈心，针对性地开展思想教育和价值引领，使得学生在谈话过程中产生价值共鸣、情感共振，确保教育能够入脑、入心、入行。根据对大赛现场的观摩，要使谈心谈话达到问题解决、答疑解惑、启示引领等作用，辅导员还需注意三个方面的问题。

一、辅导员要能主导谈话并把控现场

大赛中的谈心谈话时间为 10 分钟，要在短时间内找到症结、做好引导，要求辅导员具备主导谈话并把控现场的能力。如未能把控现场，辅导员可能会在谈话过程中跟着学生的思路走、被学生的情绪带着走或被迫打乱谈话逻辑，难以真正解决问题。

主导谈话主要包括两个方面。一是辅导员需要明确问题症结、找到解题方向。因此，要根据梳理的问题逻辑与学生进行对话，双方共同努力直达问题本质，更为重要的是要引导学生识别问题本质。但现实中，由于辅导员自身对于本质把握不清，或未能及时辨别学生问题的真伪，可能出现谈心谈话只停留在表面，未能促成问题解决的情况。二是学生在谈心谈话过程中如有较大的情绪起伏，或出现表达混乱的情况，辅导员应先关注学生情绪，进行必要的安抚和疏导，确保学生能够尽快进入谈话状态，从情绪控制到问题解决，从而实现对现场的控制。此时，辅导员可以引导学生进行深呼吸等。在实际工作中，辅导员事务性工作繁多。为了提高效率和效果，应在谈心谈话前尽可能收集相关信息，明确谈话思路，在谈话过程中把握谈话方向、实现教育引导。

二、辅导员要确保谈心谈话有互动和共鸣

谈心谈话是一个鲜活的双向互动过程，而非单方信息传达的程序性工作。因此，辅导员在谈心谈话过程中要注意转变简单说教的工作方式。良好的情感联结是谈心谈话效果的重要保障。然而在大赛现场双方并不熟悉，无法从平时情感积累入手。因此，辅导员在谈心谈话初始阶段要以信任和情感联系建立为主要目的，从对学生情感变化和心理需求的把握入手，了解学生真实需求，并给予针对性的帮助或指导建议，让学生能够及时感受到辅导员的真诚及其提供帮助的能力。

尽管有一些问题表征具有同质性，但因学生个体差异，每个学生的实际问题和解决重点都有所不同，辅导员在开展谈心谈话时要结合学生具体情况，在“私人订制”式谈话中让学生打开心扉，敏锐地把握学生谈话中的信息和要点，在互动中实现对问题本质的共同探查。现实工作中，不少辅导员往往受谈心谈话无法达到预期效果的困扰。如有时学生在谈心谈话过程中表示认识到自己的错误，并表达了改正的决心，但在后续的学习生活中又恢复原样。这其实是谈心谈话中的共鸣效力不足、后续行为引领效果不强的直观

体现。此时，辅导员应注意谈心谈话不能成为一个只走过场的蜻蜓点水式的工作。一方面要在谈心谈话过程中直面问题、逐层分析，在涉及是非判断、价值引领的问题上深入沟通，让学生充分认识到问题的严重性和后果，同时晓之以理，引导学生制订切实可行的行动方案；另一方面，要动之以情，充分激发学生在个人行为中的主体性和主动性，通过谈心谈话后的持续跟踪确保学生在实践中进一步落实个人的理想信念。

三、辅导员要能充分利用谈心谈话的技巧

谈心谈话中如能使用必要和恰当的技巧，能够给予学生较好的体验，也更容易打开学生心扉，促进问题解决。

在明确问题的阶段，辅导员可以采用开放式提问的方式，尽快锁定问题根源。如在涉及学生理想信念不坚定的问题上，辅导员可以结合学生的回答，这样问："你刚才提到了小时候也是有理想的，老师特别好奇，你小时候的理想是什么？"在开放式提问中，我们更多采用是什么、为什么、怎么办等问题，以启发学生更深层次的自我觉察和表达。

谈心谈话过程中，不是说得越多效果越好。相反，有时候需要适时沉默来帮助学生在一定的时间里自我思考和觉察。一般来说，当学生在谈话过程中因观点不一而情绪激烈或需要让学生进行深层次思考时，可以采用沉默的方式，允许学生在过程中有一定的时间保持安静，而辅导员则可以观察学生在此过程中的表现。如在沉默一定时间后，辅导员可以说："刚刚你没有说话，老师可以知道这段时间里你在思考什么问题吗？"

此外，辅导员还可以使用重复的技巧，如学生表达自己在学业方面的困难是因为缺乏学习兴趣时，辅导员可以重复："老师听你刚刚说，你对学习没有兴趣。"这样辅导员可以帮助学生进一步明确问题症结。谈心谈话收尾时辅导员也可以以重复确认的方式重新帮助学生梳理明确问题背后的症结和

解决途径，强化学生问题解决的意识。

辅导员还应在谈话中共情，如学生表达自己很难过、很伤心或表达自己对某人某事的态度时，辅导员可以说："老师感受到你确实很难过，需要我做些什么吗?"

谈心谈话技巧不足可能导致学生不愿谈、不敢谈，从而影响谈话的实际效果。因此，辅导员在日常工作中要有意识地学习积累并有目的地开展实践训练，掌握并熟练使用谈心谈话技巧。当然，不论是哪一种技巧的使用，其最终的目的都是拉近距离、加强沟通、促进问题解决。辅导员在谈心谈话过程中不能只重技巧、轻内容和引导，或未根据实际针对性地采取相应技巧。

大赛中的谈心谈话是现实工作的缩影，但与真实工作场景有所区别。一是谈话过程中，选手可以根据谈话对象提供的一些信息线索对场景进行适当的延展。如比赛中有选手就顺着谈话对象在沟通过程中表达出的需要，提出自己有一盒巧克力可以让学生带回去和室友分享（帮助缓和与室友的关系），刚好有一个笔袋可以送给学生等。这样的临场发挥，一方面来自真实工作中相似的经验，另一方面也源自选手能够换位思考、直击学生需求的问题解决意识。其本质还是辅导员对于学生问题和需求的关注以及敏锐的觉察。二是选手可以提前准备一些道具（可以是实物，也可以是想象）在谈话过程中使用，便于给予学生情绪上的纾解、行动上的支持或引导其展望生涯发展的愿景等。如比赛中，在谈及大学生恋爱关系的话题时，一位选手就给了谈话对象一颗糖，以此引导学生对亲密关系的思考；一位选手则以"如果现在有一个魔法棒，10年后你想怎么样"为引子，启发学生畅想个人愿景，并从中汲取自我驱动力。这些都是在谈话中非常巧妙的设计，不仅能拉近师生距离，也在一定程度上对谈话效果起到了辅助作用。

大赛谈心谈话给了日常工作重复演练的机会，但日常工作中的谈心谈话却不能再演练。因此，辅导员要注重日常积累、加强理论和技巧的学习，用心用情做好每一次谈心谈话，进一步提升个人谈心谈话的能力和水平。

辅导员工作述职的几点思考

在年度辅导员述职交流学习会上，16 位来自学生处和五个分院的辅导员参加了述职。每位老师负责的具体工作有交叉重合的部分，也有专人专项的内容。参加述职的辅导员中有统筹协调学办整体工作的学办负责人，有负责分院团学工作的团总支负责人，有负责学科竞赛、学风建设、就业档案等专项工作的负责人……所有人都有个共同之处：所有老师都负责具体带班工作，能够直接参与到学生的教育管理和思想引领中。

在述职内容上，每位辅导员都简练却系统地阐述了一年来个人工作的特色与成效，不少辅导员以工作中的酸甜苦辣为引直入人心；在述职形式上，只讲述，没有 PPT 展示。这些与辅导员年度述职考核工作要求相匹配。

一、从述职内容看辅导员对职业的思考与认同

辅导员对自身职业的认同，源自从工作中收获的获得感和成就感，源自对于持续成长与个人发展的主观把握和所接收到的客观反馈，源自作为育人

工作者一种天然的使命担当与责任，也源自个人对于这份职业的基本认知。所以，辅导员要述的是一年来履行个人工作职责的情况，以及从中收获的对职业的思考与新认知。16 位老师的述职较为全面地展示出工作实、苦和急的特点，但也体现了活泼、有乐趣与多彩的可能。

学生工作事务烦琐，要求务实，但辅导员让工作严肃又不失活泼。每位辅导员虽然负责的具体事务有所不同，但都紧密地与学生打着交道。工作再实，最终还是要走进学生，才能实现工作效果。辅导员在“夹缝中求生存”，通过各类创新举措，让活动能够更加贴近学生需求，走进学生心里。比如，以诚信千纸鹤展来加强诚信教育，以情景剧的形式来加强思想引领。

学生工作苦累兼具，要求承担，但辅导员让工作严谨又不失乐趣。不少辅导员在述职中都提到了在一年工作中的糟心事或是伤心事。如果止步于此，可能因负性情绪带来消极的工作状态，进而影响工作推进以及工作成效。在“你们辅导员是谁”“找你们辅导员”的工作压力下，在 24 小时手机不关机、“5＋2”“白加黑”的工作强度下，辅导员依然克服困难、解决工作痛点，急学生之所急、解学生之所需，在严谨细致高效的事务工作中，让工作不只有眼前的安排，还有内心的乐趣。

学生工作急缓不定，要求高效，但辅导员让工作完善又不失多彩。应对并妥善处理突发事件是辅导员的重要工作职责。突发事件往往在烦琐事务中不定期出现，而处置一起突发事件可能要耗费许多的时间精力，引发日常事务性工作与应急之间的冲突。述职中，一位辅导员提及有一次当她在敏锐地觉察到学生的失落情绪后，即使是深夜也带着孩子驱车赶往学校，给予学生及时和必要的支持。也正是带着这样的责任心和应急处置的专业性，在不断完善日常事务的规范化、标准化过程中，辅导员以个人职业情怀让这个职业更加多彩和出彩。

二、从述职效果看辅导员对工作的思考与破题

辅导员述职，其根本落脚点还是在日常工作上。没有一年辛苦工作的支撑，我们很难在年底述职时系统阐述和深入分析成果与不足。因此，从辅导员述职效果上，我们能看到其是否对工作进行了深入思考，是否通过有力举措破解工作难题。

聚焦日常工作，破解烦琐难题。辅导员工作的苦和难，只有这支队伍里的人才有体会。量大、事杂、紧急等工作特点都容易消磨辅导员的职业情感。如何让工作更高效、让成果更突出、让特色更明显？尽管述职的辅导员具体负责的工作事务有所不同，但都立足工作现实，从制度保障、队伍建设、加强联动等方面在工作提质增效方面下了功夫。在辅导员述职中，让我印象较深的是分院兼职组织员的工作思路。面对庞大的党员、入党积极分子队伍的教育管理，复杂的档案管理等工作，经过思考，组织员聚焦规范化、常态化、一体化、发展化，通过前置和后延队伍教育、规范队伍管理等措施破解了教育管理不够实、不够持续等现实问题。

聚焦创新工作，破解效果难题。述职辅导员工作年限从 1.5—9 年不等。尽管年复一年似乎都在重复相同的工作，但针对不同学生的性格特点以及时代发展背景下的教育规律，辅导员积极创新工作形式、丰富工作载体、拓展工作内涵，促进学生工作实现新突破。比如，指导学生党支部与校外相关单位进行支部共建，进一步加强安全教育；指导学生开展系列活动，助力“双减”落地、服务乡村振兴；积极拓展线上育人场域，通过网文、漫画、音频等形式开展思想引领，进一步提升工作效果。在聚焦创新的过程中，辅导员不断积累，也形成了个人的工作理念。比如，有辅导员提及“Pdf”，有辅导员提及“泡茶”，都以生动的形式讲好了自己的工作故事。

聚焦能力提升，破解职业发展难题。把握职业发展专业化、职业化趋势，积极思考如何破除职业发展瓶颈是今年多位辅导员在述职中共同思考的

问题。面对高压、事务性工作繁杂所引发的职业倦怠，辅导员通过加强育人研究、申报思政课题、撰写理论文章等形式进一步把握育人对象特点以及育人规律；通过发挥专业所长，指导学生学科竞赛、科创项目等提升个人指导能力；通过参加辅导员职业类、专业类比赛和培训进一步提升个人的职业素养。辅导员不止步于现实工作，开始着眼于职业发展，着手个人成长，将促进育人能力的提升与整体队伍的建设。

三、从述职准备看辅导员对工作述职的思考与认识

我们一般认为，辅导员述职准备包括两个阶段，即述职前和述职中。述职前，系统地梳理个人一年工作所行、所思、所得，撰写述职材料；按照述职要求加强演练，准备好合适的着装和妆发等。述职中，熟悉自己的述职稿、调整个人状态，聆听其他辅导员述职，从中捕捉启发点，进一步丰富和完善个人述职稿；述职过程则大方展示。这是我们为了一场述职所进行的一些常规准备活动。但实际上，我们可能忽略了述职准备最为关键的环节，也就是述职后，我们做什么？

在述职现场，认真记录下其他述职者的内容以及个人启发的老师并不多，多数人只是听。至于述职结束回去后，会有多少人再仔细梳理所有述职者的内容，进行系统分析和总结，为下一次自己的述职以及拓展工作思路、制订工作计划等提供有益的参考，我们无从得知。但这恰是述职结束后的关键所在。

我一直认为辅导员述职交流会就如高手过招，每位辅导员都很优秀，也都竭尽所能将自己的工作做最为精彩的展示。但我们依然不应忽视述职背后最为关键的问题：我们为什么要述职？述职既是一次全面的总结梳理，也是一个很好的交流学习机会。

现场和几位老师交流时，大家纷纷感叹述职之“卷”。当然，卷有卷的

好处，说明我们在思想层面对述职的重视。但工作形式千千万，脱离了育人的内核，再新的形式也毫无意义。用好新形式，还要讲求好效果。好效果的落脚点则在于坚实的日常工作基础以及饱满的育人实践与思考。

我们要在述职时讲好打动人心的育人故事，更应该在日常工作中写好深入人心的育人故事。

辅导员素质能力提升的两点思考

高校辅导员素质能力大赛既是对辅导员职业能力和专业素养的考查，也是提升辅导员素质能力、推进队伍建设的重要举措。自 2012 年设立“全国高校辅导员职业技能竞赛”以来，该赛事经两次更名。一是 2014 年更名为“全国高校辅导员职业能力大赛”，二是 2018 年更名为“全国高校辅导员素质能力大赛”。基础知识测试、案例研讨和谈心谈话是从设立之初到目前一直保持的赛事环节，其中原来的案例分析升级为案例研讨。从“技能”到“能力”，从“职业能力”到“素质能力”，更名不仅反映了大赛与时俱进地及时调整更新对辅导员考查的内容和重点，也反映了对辅导员素质能力的全方位考查和更高要求。

浙江工商大学杭州商学院举行了第一届辅导员素质能力大赛。虽然辅导员素质能力大赛仅设置三个环节，但从理论知识储备到专业能力和职业素养，考查可谓全方位。结合比赛观摩心得以及日常工作体会，我对辅导员素质能力提升有两个方面的思考。一是当前辅导员队伍素质能力提升困境为何？二是辅导员队伍素质能力提升有何路径？

结合选手们在大赛中的表现以及个人在实际工作中的经历，我认为当前辅导员素质能力现状可用底气不足、引领力不强、育人人气不足来概括。

政治理论素养需增强，“亮剑”底气不足。高校辅导员是开展大学生思想政治教育的骨干力量，思想理论教育和价值引领是其主要工作职责之一。辅导员的政治理论素养和能力不仅关系到立德树人根本任务的落实，也关系到思想政治教育工作实效的提升。新形势下，大学生思想政治教育面临环境复杂多变、教育对象需求兴趣广泛等新特点，要求辅导员以过硬的政治素质和更高的政治站位帮助学生系好人生的第一粒扣子，完成“拔节孕穗期”的成长任务。尽管辅导员在大赛环节能够聚焦学生问题，开展答疑解惑和思想引领，但在解决具体问题时，却更多停留在就事论事，未及时迎“难”而上、直击问题本质，在需要开展思想引领和价值引导时，“亮剑”底气不足，或出现以品德教育或心理健康教育代替思想政治教育的情况。

专业理论素养不扎实导致引领力不强。辅导员的专业理论素养是其核心素养的重要组成，也是辅导员抓问题本质、促问题解决的关键。日常工作中，辅导员虽具备丰富的实践经验，但在运用理论指导实践工作以及从实践经验中提炼理论方面的能力不足。辅导员素质能力大赛初赛环节为基础知识测试，主要考查辅导员的理论水平，具体考查辅导员对思想政治教育相关政策法规、文件精神以及学生管理、心理健康等专业理论知识的储备。不少辅导员忙于事务性工作，缺乏对相关理论知识的系统学习和深入领悟，在开展具体工作和问题研判时，教育引导学生的效果有限，也未能有效解决学生的思想和理论困惑。

实践创新能力不足导致育人人气不足。大赛中的案例研讨和谈心谈话环节的案例均来自辅导员日常工作的真实经历。比赛过程中，辅导员习惯于结合个人工作经历，从事务性工作处理的经验角度开展案例研讨和教育引导，导致处理缺乏具体性和针对性，启示缺乏思想性和理论性，引导缺乏感染力和感召力。具体而言，一是未能与时俱进地更新与学生的交流对话方式，影响教育引导效果；二是说理无据可依，内涵深度不足，难以引发学生共鸣、共情；三是沟通技巧缺乏，难以拉近师生距离，围绕学生、关照学生和服务学生方面的效果大打折扣。

辅导员素质能力大赛要求辅导员在日常工作的基础上，充分运用理论指导、制度规范、技术方法等手段在比赛环节中促成本质澄清、问题解决，实现思想引领、价值引导。这不仅要求辅导员理论强、业务精，也要求辅导员具备思想政治教育工作相关学科的宽口径知识储备和较强的表达能力、教育引导能力以及一定的研究能力等。因此，辅导员要在实践中练强基本功、在学习中增强引领力、在研究中提升发展力。

在深入实践中练强基本功。辅导员素质能力大赛是对其日常工作的考查，也是对个人职业能力素质的考查。仅以一次比赛并不能促成辅导员个体素质能力实现质的变化。归根结底，辅导员还需立足工作实际，在践行工作职责中练强基本功。一是夯实履职尽责能力，做到业务精。辅导员日常工作琐碎，内容繁多，责任重大。要深入学生、广泛调研，全面了解学生真实情况、解决矛盾问题，精准助力学生成长成才；要熟悉工作流程与制度规范，在推动工作规范化中提升解决冲突、化解矛盾的能力。二是依托新技术、拓展新场域，做到形式新。辅导员要因时而进、因势而新，以新媒体技术赋能网络育人能力提升，搭建视频号、公众号等网络育人场域，主动融入学生“圈层化”社交，提升亲和力、扩大教育覆盖面。三是深挖思政育人元素，做到内涵深，把解决实际问题和解决思想问题结合起来。挖掘日常工作的思政元素，做到思想政治教育贯穿全过程，从供给内容和供给形式上着力提升思想政治教育的广度和深度。

在持续学习中增强引领力。辅导员要化解本领恐慌、破解发展困境，其关键在于提升发展能力和专业素质。一要在理论学习中夯实思想政治理论功底。辅导员所需拥有的专业知识跨度大，要在工作之余加强思想政治教育理论的学习，以理论知识武装头脑，同时，要在思想政治教育领域沉下身、静下心，充分把握教育的基本规律和学生的特征需求，因时而进应对时代之变、教育所重、学生所需。二要在专业学习中提升专业技能。辅导员开展学生工作，以及推进工作的持续发展，还需要对标相关政策制度及时更新知识储备，系统地了解与教育学、心理学、学生管理相关的基本理论知识，主动构建多学科理论为基础的宽口径专业知识体系，一方面推动工作专业化，另一方面为辅导员职业发展储备专业知识。三要在工作实践中深化职业认同，对标辅导员的九大职责锻炼综合能力，在学习新知识、开拓新视野的同时，增强育人情怀，提升职业认同和身份归属。

在深化研究中提升发展力。科研是辅导员提升理论素养、创新工作方法、提高办事效率的重要途径，提升辅导员的科研能力是打造专业化、职业化辅导员队伍的必经之路。要在深化研究中提升辅导员职业发展力，可围绕三个方面开展：一是加大对教育对象成长规律和特点的研究，提升教育的精准性和针对性，提升教育实效；二是结合思想政治教育精品项目建设要求，打造工作品牌和模式，促进现实工作中问题的解决；三是通过持续学习研究，进一步提升以专业学习能力、教育教学能力等为主要内容的职业胜任力，赋能学生成长、助力问题解决、构建育人体系。

高校辅导员身处思想政治教育一线，其素质能力不仅关系到队伍建设质量，也关系到高校思想政治教育的高质量发展。辅导员应做实做细日常工作，以不断增强专业素养与职业能力的思想自觉和行动自觉，通过持续学习、积极实践、及时总结，克服本领恐慌，突破职业发展的天花板，提升思想教育和价值引领能力，努力成长为学生“成长成才的人生导师”和“健康生活的知心朋友”。

辅导员如何做好工作总结

临近年终，辅导员要从纷繁的事务性工作中抽出时间进行一项常规性的工作，即个人年度工作总结。即使日常工作勤勤恳恳，在学生工作实践和研究中投入了大量时间和精力，也收获了一定的成效和成果，可不少辅导员面对工作总结时仍感到难以下手。其中主要存在两方面的困难：一是做了许多的工作，但在总结时觉得无从下笔；二是工作确实有一定的成效，但不知道如何提炼和总结。问题的根源或许在于日常工作中对工作主线把握不足、工作体系构建不全、工作内涵挖掘不深。

对于辅导员而言，年终工作总结既是对年度工作的梳理和总结，也是对个人工作成效的一次综合考查。辅导员年度述职就是在年终总结的基础上进行的。从这个角度来说，工作总结并不只是对一年来工作的简单罗列，更不是流水账式的工作记录。年度工作总结应该是在充分把握工作主题的基础上，对年度具体工作实践的总结、对工作特色的凝练、对阶段不足的分析以及对下一阶段改进的探讨。因此，要做好工作总结，需要把握好“一三五”要点。

一、把握一个主题：思想政治教育与价值引领

高校辅导员既肩负传道授业解惑、教书育人铸魂的职责，也承担大学生思想政治教育的重要使命。其作为大学生成长成才的人生导师和知心朋友，应在日常工作中充分把握思想政治教育和价值引领的主题，做好大学生思想政治教育工作。因此，辅导员的工作总结首先需要回归到辅导员的工作职责，在总结的过程中认真审视工作职责的践行情况。只有全面深刻把握工作职责，并在工作实践中全面落实工作要求，才能更好地履行职责、发挥功能，有效地促进学生成长成才。

尽管在实际工作中，辅导员具体的工作任务和内容跟随时代和社会发展而有所变化，但其所具有的思想政治性等特点是不变的。因此，在进行工作总结时，辅导员要把握好在具体工作中对“思想政治教育与价值引领”的落实情况，自查大学生思想政治教育工作的实效性，如是否对班风学风发挥了促进作用，是否对学生的思想行为发挥了规范引领作用，是否提升了班团组织建设质量等。如对主题把握不足，容易导致总结“神散”，而成为简单的工作内容罗列。

二、链接好三大工作内容：带班工作、专项工作、能力提升

从当前辅导员的工作现实出发，绝大多数辅导员的工作内容可分为三方面：直接面向学生的带班工作，具体负责学风建设等专项的二级学院统筹性工作，个人职业能力和专业素养提升。带班工作是辅导员直接践行九大职责的重要途径。在具体的带班工作中，每位辅导员要面对少则几十，多则数百的学生，具体负责这些学生的思想政治教育工作，如班团建设、奖助贷管理等常规性工作，就业指导等教育服务工作以及思想引领等工作。在专项工作

中，负责具体专项的辅导员主要负责统筹整个部门或者学院相关工作的通知发布、信息收集、具体事务工作的开展等，同时也包括对学生干部队伍的教育培养、活动品牌的打造。所涉及的工作对象更为复杂，但精细化和精准性不如带班工作。辅导员个体在带班工作和专项工作中实现个人能力提升，同时利用学习培训、比赛科研等平台提升个人专业素养。每位辅导员的年度总结基本都离不开这三方面主要内容。如何有效链接三方面内容是做好工作总结的关键要素。在以往的工作总结中，不少辅导员仅围绕几个角色、几项工作职责介绍个人工作，未厘清各项工作之间的内在逻辑，未细致梳理核心、基础、支撑、保障等要素之间的内在关系。要实现工作内容的有效衔接，首先需要把握工作主题，明确工作主要任务，找准各项工作在育人工作中的角色和作用。

三、聚焦五力提升：脚力、眼力、脑力、笔力、心力

不论是带班工作、专项工作还是能力素养提升，都要求辅导员在具体工作中利用好并有针对性地提升个人的脚力、眼力、脑力、笔力和心力这五类工作素养。首先要明确“五力”的具体内涵和工作要求。

脚力指辅导员深入学生、开展具体工作实践的程度和力度。当前学校层面实施辅导员“三进三知”，要求辅导员进宿舍、进班级、进操场，深入学生，就是提升辅导员脚力的重要措施。提升脚力为何？学生思政工作只有深入学生、倾听学生，才能及时了解学生的思想、心理状况，把握并及时回应学生的需求、解答学生的困惑和问题，提升工作的有效性。

眼力指辅导员要善于发现、排查问题和风险，要求辅导员能够在工作实践中敏于发现学生成长与发展的规律和特点，提升思想引领的及时性、针对性和有效性。

脑力指辅导员在工作实际中要积极思考、主动创新，通过改进工作方

式、创新工作方法、拓展工作平台等方式，与时俱进地开展思想政治教育工作，提升思想政治教育的吸引力、亲和性，弥合思想引导的力度、深度和效度之间的差距。

笔力指辅导员不仅要扎实、创新地开展工作，及时解决问题，还要及时总结提炼经验，一方面多读原著和经典来提升个人理论素养，另一方面要及时对工作经验进行总结，整理典型案例做法，加强工作实践研究，积极改变理论研究与实践相脱节甚至滞后的现状。

心力指辅导员在工作中要秉承耐心、细心和爱心，真切关心关怀并助力学生成长成才，践行辅导员的责任与情怀，同时也要增强自我心理关怀和调适能力。

围绕“五力”做工作总结，需要深入思考这几个方面的问题：这一年深入学生的脚力够不够扎实？发现问题和解决问题的眼力够不够及时？创新开展工作的脑力够不够应时？是否通过笔力积累了一定的工作实践和理论研究成果？有无全身心地投入工作，履行工作职责？如围绕这“五力”都能给出肯定的回答，那么这份工作总结必然将言之有物，不至于落空。

围绕“一三五”要点进行工作总结，有助于明确主题，系统梳理工作脉络，让琐碎工作有内核；帮助明确带班工作、专项工作等各项工作的内在逻辑和关系，让工作不易陷入忙而无序的境地。

辅导员成长是一项系统性工程

我与其他辅导员交流职业发展，不少老师受困于目前职业倦怠、职业发展路径不清的现实。一般而言，在辅导员岗位上工作 3—4 年，甚至 2 年左右，就有可能产生职业倦怠。此时如果没有较为稳定和畅通的职业路径，以及及时专业的干预与指导，那么势必会导致辅导员队伍的流动，从而影响队伍职业化、专业化的发展。而思政教育工作对辅导员职业化、专业化，乃至专家化的发展又提出更高的要求。现实与需求之间产生了一定的矛盾与冲突。

与职业发展困境相对应的问题，是辅导员队伍建设以及辅导员的成长。从工作现状来看，辅导员成长也是一项系统性工程。有实践积累作为基础，有经验总结作为提升，有专业学习作为动力，有交流输出作为检验，还有理论研究作为保障和外在驱动。

有实践积累。从工作对象角度来说，辅导员工作有明确的指向性，学生群体是辅导员开展具体工作的对象。从九项工作职责角度来看，辅导员工作有思想高度要求，也有对事务性工作的实操要求。辅导员工作的现实是辅导员目前从事的主要工作还是事务性工作，在学生的思想引领和引导上力道不够、积累不足、探索不深。但不论是带班工作还是专项工作，辅导员都有非常丰富的工作实践积累。辅导员文能写报告、做汇报，武能做防诈宣传、一线宣讲引领……更不用提和学生在课堂出勤、晚归未归、请假销假等事件中的“斗智斗勇”。每位辅导员在几年的工作实践积累下，都能磨出一套专属于自己的工作方式方法。

有经验总结。辅导员工作实践丰富，在处理具体事务时确实也有清晰的程序。但相当一部分辅导员的工作更多停留在实践层面，鲜少对工作实践进行再加工，即进行经验总结。有的时候，并不是因为缺乏经验总结的能力，恰恰是因为低估了工作实践的系统性和重要性，没有从系统性层面进行把握，未及时对宝贵的工作经验进行总结提炼。那么如何对辅导员的工作实践进行经验总结？以开好主题班会为例。辅导员每年开的主题班会不在少数，从各类主题教育到专项活动的开展，平均每个月至少有1—2次的班会。但是所有的辅导员都认真总结了主题班会的实践经验了吗？实际上，少有辅导员会对主题班会的实践加以认真总结。我们更多按照往常惯有的程序开展简化的主题班会——老师讲，学生听。而辅导员的工作实践并不只是开主题班会，还有比如奖助贷管理、班级建设、心理健康教育等。仅从九项工作职责就可以看出辅导员工作实践类型很多，我们可以总结凝练的经验也很多。为何要对工作实践进行经验总结？一方面，可以为同类工作提供经验参照，进一步规范和完善相关工作程序；另一方面，经验总结是后期理论研究的重要基础，有助于发现和明确工作规律，为下一阶段的工作提供有益借鉴。那么如何进行相关工作经验总结？撰写工作案例、申报育人项目等过程能够帮我们进一步理顺工作思路，对工作实践进行总结。

有专业学习。一方面，由于事务性工作繁忙，辅导员无暇参加相关培训学习；另一方面，学校能提供的培训学习机会有限，无法同一时间覆盖整个辅导员群体。这两方面的原因影响了辅导员的专业学习情况。辅导员容易陷入事务性工作繁忙的现实与专业学习提升需求之间的矛盾，进而影响职业成就感和获得感。但现实中，有一部分辅导员突破了工作时间、工作事务的限制，每天挤出一定的时间用于专业学习。所谓专业学习并不局限于外出的专题培训学习，还包括内部交流、个人自学等。尤其现在网络学习资源非常丰富，我们可以根据自己的实际情况选择相应的学习素材进行学习。所以，从专业学习这个角度，应该积极扩展专业学习的路径，增加自身主动学习的积极性，充分利用好各类网络学习资源。

有交流输出。我在家里找书，翻到《态度改变与社会影响》。这本书是之前专门买来学习的，我以为自己还没有阅读过。谁知翻开后，发现里面做了不少的标记，才知道原来自己已经看过这本书。我仔细查看了标记的内容，大部分都用于备课或者写文章时的补充素材。但为何我仍感觉这本书自己没有阅读过？我想有两个原因：一是没有对阅读学习过的内容及时总结梳理，形成自己的知识框架；二是阅读之后没有找机会进行分享，主动输出交流。现实工作困境促使我们主动学习，而交流输出的被动压力又倒逼我们深入学习，两者之间形成了有效的循环。纵观目前辅导员队伍现状，主动交流输出是少数。有的高校以辅导员工作室或学生工作项目为支撑，自发组织国内优秀的辅导员代表或专家学者利用线上渠道面向更广大的辅导员群体进行专题分享交流。

我曾在一次学生工作论坛听到一位辅导员做的工作报告。他在开场前表达了对于在公开场合做专题分享的惶恐。但从他的分享中，我听到了在扎实实践基础上的专业经验总结。交流输出环节在辅导员成长系统中，既是对前期工作的总结，也是对工作成效的检验，同时能够通过交流倒逼自己主动输出，帮助克服不自信、拖延症等问题。事务性工作的忙碌让我们吝于坚持每天腾出一点时间来开展专业学习，对自身专业的不自信又影响我们主动交流分享。因此，从外在而言要积极搭建辅导员的交流分享平台，从辅导员个体而言要通过自我加压学习增强主动分享交流的积极性。

有理论研究。理论研究能力不足是目前制约辅导员队伍发展的重要因素。尽管辅导员具有丰富的实践经验，但在理论研究的成长环节中有所欠缺。目前对于辅导员队伍的研究更多集中在辅导员职业素质能力的探讨和路径研究上，而辅导员基于工作实践开展理论研究的能力则没有更多的提及。

辅导员在烦琐的事务性工作中难以脱身开展系统性理论研究、个人研究能力不足、研究方法掌握不够等都制约了其理论研究能力的发展。因而，许多实践经验也只是停留在经验层面，辅导员没有采用研究视角深入探索工作规律、学生成长规律。从长远看来，这对于辅导员队伍的建设、工作的深入推进并无益处。辅导员可以在工作实践的基础上进行工作规律的研究，可以对工作对象的心理和行为特点进行研究，并在此基础之上通过课题申报、竞赛指导和论文撰写等方式形成相应的成果。

辅导员成长，是个人职业能力的提升，是职业化、专业化到专家化的发展。其系统性不仅仅涉及辅导员个人的主观意愿和努力程度，还涉及学科与职业建设、制度与平台建设等外在因素。

在工作趋于精细化、工作要求精准化的背景下，如果只是从事带班工作、专项工作，将个人成长简单等同于工作事务多面手，那我们最终仅仅只能成长为事务型辅导员。要将辅导员的成长看成一个系统性工作，不仅从实践层面进行积累，从经验层面进行总结，从专业层面进行学习，还要从输出层面主动交流，从理论层面主动开展研究工作。这样，辅导员才不仅仅只是学生事务的管理者，而是新时代的教育者和学生成长成才的人生导师与知心朋友。

第二篇

对话青春促发展

第一章
青春成长的锦囊妙计

老师，我不知道自己以后能做什么

能让我们的想法成为现实的，是我们自己。

——红姐

“老师，我突然发现我不知道自己以后能做什么。”

抛出这个问题的是一位大三的同学 L。暑假结束后，他们就是准毕业生了。

前两天他把简历发给我，希望我能给他一些修改建议。坦率地说，这并不是一份合格的简历。核心的问题在于内容，经历少，看不出他的核心竞争力；直观上的比如排版、基本的文字表达，都稍显粗糙。

我把修改意见向他进行了反馈，他当晚又将修改后的简历发给了我。内容依旧乏善可陈，只是版式稍做了调整。于是就有了文首他提出的这个问题。

对于专升本的同学们而言，他们的发展困惑有相当一部分来自他们专科和本科专业的不一致。比如与我交流的这位同学L，专科学的是会计，本科学的是工商管理。也许在这之前，他已经默认了自己以后可能就是要从事会计这个行业的，包括一些短暂的实习经历从事的也是会计的工作。

“但是我发现自己不喜欢会计，我感觉这样的工作没有挑战。”谈到这里的时候，我们发现，原来L同学并不是不知道自己以后能做什么，只是他对所接触到的、了解到的关于会计这个职业的一些看起来枯燥乏味的工作模式提不起兴趣，他认为自己并不喜欢那样一成不变的生活。

“那么，你发现自己喜欢做的事情了吗?”这个问题背后，带来的是一次主动的自我探索。L同学思索了一番，做出了肯定的回答。他确实找到了自己喜欢做的事情，画漫画、给一些设计做插画等。而这个工作目标的实现需要一些条件，最为基本的条件就是他现在已经具备完成工作的专业能力。

我认为L同学目前的状态有两点值得肯定：明确了自己不喜欢从事会计类工作和喜欢从事漫画类工作。他并不是在简单空想中对喜欢或不喜欢的职业进行简单的挑挑拣拣，而是通过对招聘信息的搜集、了解、对比等环节，逐步明确了自己在众多职业中的兴趣点。所以我们共同肯定了这样的前期尝试。尽管如此，通过进一步的交流，我们也发现了一些问题。也许就是这些问题，让L同学希望通过和我聊一聊来明确自己未来的职业选择。

L同学对于会计这个职业的理解和认知还不够全面。L同学曾利用假期时间在一家小规模的会计师事务所实习。接触到的工作或者眼睛直观能够看到的会计的工作更多停留在抄税、申税、报税、记账等事务性工作上。当然，他仅仅是兼职实习性质，不是全职的会计。所以他目光所及都是这些琐碎的和日复一日的简单重复的工作。这样的工作对于L来说太过单调无趣，没有挑战性，难以激发他的兴趣，也不能让他有成就感和获得感。而成就感、获得感是L一直在强调的东西，说明他更加看重工作能带给他的主观体验。

除此以外，L 没有针对会计这个职业去做更多的调查或者了解，对于这个职业可能的发展路径和提升方式更是无从谈起。所以 L 对于会计这个职业的看法稍显狭隘。

而在好不容易确定有那么一些兴趣的漫画家、插画师职业上，L 同学目前也还是主要停留在想法的阶段。“为了实现这个职业目标，你具备它所要求的专业能力条件吗?”我向 L 抛出第一个问题。L 的回答是否定的。“那么为了实现这个职业目标，你现在是否开始进行相关的准备，包括专业的学习和储备?”对于这个问题，L 的回答也是否定的。

对某个职业了解不足，导致认识狭隘，以及自身专业储备不足，暂时无法独立从事相关工作是 L 目前面临的两个主要问题。所以我们将讨论聚焦到 L 目前能做什么上来，因为这对于 L 来说才是最为重要的。

L 作为即将步入社会的准毕业生，下半年就要开始实习与择业。在这段时间里，他还有暑假两个月的时间来进一步尝试、积累和思考。但 L 对于自己一边工作一边备考或者学习显得不够自信。“如果我从事的是会计的职业，从我以前的实习经历来看，我不时还要加班，每天上完班回家还要学习……”L 欲言又止。

我大概知道了 L 的想法，L 对于自己的自制力、自主学习能力并不是那么确信。也许他抵挡不住外界的诱惑，中断了自主学习，也许他承受不住工作、生活和学习的无缝对接，自愿放弃，选择接受现实……我们结合 L 的顾虑，针对这些可能也进行了探讨。最终得到的结论是：对于这些未知，暂时无法把握，能掌握的就是当下，也就是应该将重心放在“我现在能做什么”“我应该怎么做”上来。

关于“我能做什么”和“我做不了什么”的问题，并不是在我们毕业前才会遇见。相反，从我们开始制订计划、对未来有所设想，或者对现状有所不满的时候，这些问题就有所萌发。只不过，当这些问题出现时，我们把更多的时间花在了自问自答式的自我探索上，或者并无实际意义的设想上，而没有真正把更多的时间和精力花在能够带来现实改变的行动上。

所以，如果你还在纠结自己未来能做什么，不如反向思考，先问自己“我现在能做什么”“我现在能做的第一步是什么”“我什么时候开始迈出第一步”“我打算什么时候实现我要做的事情”……问完这些问题以后，果断迈出行动的第一步，远比还在原地纠结自己能做什么要来得更切实际。

在交流的最后，L 说出了他接下去的计划：现在能做的是多做一些积累和尝试，利用好暑假两个月的时间。L 笑着离开了办公室，希望到暑假结束时，他能收获预期的成果。

我不是真正的快乐

来信："老师，我有时候觉得白天笑嘻嘻的，但是那些笑不代表真的快乐……"

亲爱的同学：

你好。由于看到私信距收到信息超过了 48 小时，我无法在后台回复。很抱歉，没有在你留言后第一时间回复，没能在你需要回应时给予及时的支持。不知道这段时间以来，你的状态是否好转？

看到你的来信，我想起五月天一首歌的歌词：你不是真正的快乐，你的笑只是你穿的保护色。我想对于你而言，你的笑也许就是你的保护色。也许是因为觉得身边没有人能看见你内心的忧伤，没有人能理解你；也许希望尽力给大家呈现一个乐观的自己，让大家能够认可你；又或者，你只是担心自己会成为别人的负担……不论是哪一种担心，你的心墙正在筑高。或许你认为帮助别人比帮助自己从这些情绪中解脱出来还要容易。在这样的保护色下，我想你应该很辛苦吧？

我想，在难过和压抑时，在感觉生活没有盼头时，你的内心是想要从这样的境遇中挣脱出来的。只是陷入这些情绪困扰的时候，人的认知往往容易变得狭隘。面临的问题和当下的情绪成了主要的认知内容，且难以从中分出一些注意力去关注要如何解决问题，又可以向谁寻求帮助。无力感、无助感渐渐弥漫……

此时，没有什么比寻找到帮助挣脱现状的力量更为重要的事情了。那么这些力量在哪里，又应该如何找到？这其实就是个人所具备的内在与外在资源。

内在资源是自身所具备的问题解决意识和能力。人在身陷实际困难和情绪困扰时，难以觉察到自身所具备的资源，在面临问题时容易退缩和回避。一方面，这加深了个体面临问题时的负面体验，容易引发更为消极甚至全面否定的自我评价；另一方面，个体积极应对问题的动力逐渐减弱，解决问题的主动性降低，直至放弃躺平。而这种问题解决意识和能力，尤其是战胜困难的信心需要在一些成功和正向的体验中得到强化。如果我们只放任自己沉浸在负面情绪中，那么自然无法看到自身的内在资源。

我们的难过和压抑并不是没有缘由的。它们或许来自日复一日无效的尝试，来自内在需要和现实状况的矛盾冲突，来自苦苦追寻又不可得的意义缺失……但我们的人生并不都是由失败堆砌而成的，而是有得有失、有胜有败。当我们陷入消极情绪的时候，不妨回忆那些美好的积极体验，让自己找到应对当下的动力和勇气。

要相信，我们并不是没有能力战胜目前的境遇的，只是内在的资源还未充分被唤醒而已。所以给自己一点时间，从身边的一件小事、一件小物品出发，去寻找过往积极体验的力量；并从现在出发，做一些积极的行为尝试，增加自己的积极体验。

请记住，不要放任自己在负面情绪里徘徊太久。

外在资源来自个体身边亲朋好友的支持，也就是个体的社会支持系统。这些支持来自家人、朋友、身边的同学，有时甚至是过路陌生人一个善意的举动。

当我们陷入困境，体验着消极情绪时，他们会给予我们及时的安慰、鼓励和支持。有时，来自身边朋友的一个拥抱都能让我们从低落中振作起来。要探寻外在资源，首先我们要坚信自己是被爱的，身边的家人、朋友是一直在关心和支持我们的。只有抱持这样的一种信念，在面对困难时才知道应该向谁去寻求帮助与支持。

我不知道，你有没有尝试着与身边的朋友或者家人聊一聊你的悲伤，有没有在某件事情戳到你的时候去找一个人倾诉一下你的感受？如果从未尝试过，那么或许你可以去试一试。从表达自己当下的情绪开始，而不只是简单陈述某件事情。

你愿意在后台给我留言，诉说你的感受，我想这就是很好的尝试。

内在和外在资源的觉察、调用需要反复练习和实践。但首先，不要否认自己目前的状态，不要拒绝负面的体验。任何一种情绪都自有其意义，比如发出我们需要被关注、需要被疗愈的信号……因此，坦然接受目前的状态，不论是悲是喜，不论因何而生。

其次，给自己一点时间去体验情绪，但请不要放纵自己沉浸其中。一味地退缩在负面情绪之后，并不能帮助自己彻底根除引发负面情绪的问题。主动的情绪体验能够帮助个体更好地认知情绪和需求，并在后续出现类似情绪体验时更好地应对。

最后，主动调动内在和外在的资源，相信自己的自愈力。当我们受困于自己的情绪时，往往容易主动切断自己与外在的联系，将自己隔绝起来。这其实并不利于我们调动外在资源。将自己主动融入与他人的关系之中，是我们获得外在资源的重要途径。

每个人在生活中或多或少都会给自己披上一层保护色。也许是害怕受到伤害，也许是对身边他人不够信任，也许是一直以来习惯了……不论是哪一种原因，都是希望通过一些努力让自己的内心能够获得片刻的舒适。但在难过、压抑甚至悲观失望时，都请坚持相信，我们本身就是最佳疗愈者，我们的身边还有一群爱我们的人愿意帮助我们开始这场疗愈之旅。我们要做的，就是适时褪下这层保护色，让自己真正开心时笑、悲伤时哭，尽情体验那些曾被我们压抑的情绪。

亲爱的同学，谢谢你的信任，愿意来这里倾诉。希望你独一无二的疗愈之旅顺利！

我挂科了，是不是就不优秀了

每到学期初，一批期末考试挂科的同学都会提前返校参加补考。提前返校，总让一些同学对假期生活意犹未尽。但不参加补考将按照旷考处理，课程就得直接重修。相比于重修，补考的成本要低许多。除非特殊情况，比如自我放弃或者客观条件限制，大部分挂科的同学都会按时返校参加补考。

有一位要参加补考的同学，返校后就找到了我，想要和我聊一聊。聊什么呢？就聊补考这事儿。我们以这位同学的问题开始了这场对话："老师，我不知道我为什么会挂科。"

她觉得挂科这事儿发生在自己身上，挺莫名其妙，甚至有些委屈。再深入聊，就发现了这里面的原因。原来，这位同学平时在课堂上基本坐在前排，认真听讲，期末考试前也认真地做了复习。按理说这么努力学习，不应该以挂科收尾。

"我不知道自己的卷面到底哪里失分了。"这是这位同学提出的第二个问题。在任何一场考试中，如果我们认为考试结果与我们预想的相差过大，难免会生出许多猜测来。这些猜测主要源自对平时个人努力情况的反思和对卷面答题情况的评估。

“期末考试挂科，再补考，最坏的结果是什么?”我问她。

“重修。”

“那么这个最坏的结果你能接受吗?”

“不能。”

“为什么?”

我们的谈话进行到这里的时候，她落泪了。仅从其前期个人简历来看，我了解到这位同学在以前的学习阶段中表现优秀，是省级优秀毕业生，也获得过不少奖学金和奖励。正是鉴于个人以往的表现，加之前期个人学习状态并无松懈，因此她对于自己挂科的事实不能完全接受。

“所以你认为挂科就意味着自己表现很糟糕，不优秀，是吗?”我问。

她掩面抽泣，算是默认了。

谈到这里，我们应该已经找到了症结。那就是把挂科甚至还没有发生的重修与个人评价等同了起来。补考了，重修了，就意味着自己很糟糕不够优秀，甚至彻底否定个人以往的优秀表现。从艾利斯的认知情绪理论来看，这位同学存在认知绝对化和糟糕至极的不合理认知。

接下去的谈话，我们围绕三个方面进行。

考试挂科和平时的学习表现是否绝对挂钩。上课认真听讲、期末认真复习是否意味着期末考试一定能过?这里其实还隐藏着一个问题，就是大学学习既要求自主性，也不能完全死记硬背。这位同学在学习的自主性上做得很好。但在对知识点的理解、拓展上可能还停留在表层。这就可能导致复习的方向出错，方向错了，那么路也就走错了。虽然考试不一定会挂科，但也不一定就能获得理想的分数。这是学习方法层面。

考试成绩是否是衡量一个学生优秀与否的标准。在一些课程考核中，考试成绩确实作为衡量课程学习情况的一个标准。所以我们的学业奖学金评比把学业成绩作为主要的考评依据。但我们同时也应该知道，评价一个人是否优秀，应该是从多方面、多角度综合看待的。现实生活中，我们身边的同学会有不同的表现，有的同学学业成绩一般，但是实践能力很强，能够组织协调及策划大型活动，能够管理好一个学生团队。还有的同学热爱钻研，喜欢研究，在论文发表、学科竞赛和科研课题方面均有斩获。还有的同学学习习惯良好，乐于助人，品德优良，虽然期末课程考试成绩不一定是班级最高，但个人良好形象也是深入人心，能够影响和引领身边的同学。所以，仅凭考试挂科是不能断定一个人不优秀的。人各有差异，优秀也有多种，关键在于，我们内心是否对自己的表现认同。这是考核标准层面。

当所处环境发生变化，身边的参照对象也发生了变化，我们应该如何面对由此带来的心理落差？一个在前期学校生活中表现突出、拿奖无数的同学，在进入一个新环境后，优秀的人越来越多，对比之下发现自己不如他人优秀，是否就意味着自己不优秀了？一个人的优秀与否，既有外在参照后得出的结论，还需要自我的认同，更重要的是个人在新阶段是否还保持前进的状态。有的同学进入新阶段，眼看身边的同学似乎都比自己优秀，就失去了继续努力的想法，原地踏步；还有的同学则尽快调整状态、奋起直追。不论是哪一种状态，在我们的身边可能都存在。所以如何调整状态，正确看待外在环境的变化很重要。

我们一起讨论了由补考延伸出的这三个方面的问题。讨论结束，这位同学与我告别，表示自己哭了一场后，状态好了很多。

补考结束，这位同学给我留言，表达自己考试结束了很轻松。她同时告诉我：“以前就光死记硬背了，一知半解。年轻的时候应该吃点苦头，但我不想以后在这不该吃的苦头上摔跤了。”

我想对于这位同学来说，她的人生体验又增加了。下一次再遇到类似的问题，必定能更加沉稳应对。

补考成绩陆续出来，同学们的反应也各有差异。侥幸通过的同学暗自庆幸，但很有可能下一个阶段的学习还是会依照原来的行为方式继续。有的同学痛定思痛，幡然醒悟，能够从中吸取教训，提醒自己要认真学习。还有的同学不得不面对重修的现实，甚至多门重修，学位岌岌可危，也因此产生了心理压力，影响了下一阶段的学习生活。

若补考、重修已成既定事实，无法改变，不如对自己的学习态度、行为方式进行实质性的转变和尝试。不知那些一边喊着压力大，一边还宅在宿舍玩游戏、睡懒觉，虚度光阴的同学是否在认真应对自己的压力，又打算如何去消除这些压力呢？

学习这件让我们“痛苦”的事情

生活中，我们希望自己能更多地被听见、被看见、被回应。学习中，我们也应保持这样的心态。学习是一个更多地看见和发现自己的过程。

——红姐

心理课的“大学生学习行为”调研小组通过调查，分析了网络时代大学生的学习心理和行为特征。代表小组做主题报告的同学一边表达了自己对那些能够静得下心来认真学习的同学的赞许，一边也发表了自己不够自律的观点。

“我不爱学习。”他说。他的不爱并不代表平时不学习。他也积极参加各类竞赛实践，只是从中感受不到学习的乐趣。他的学习行为更多地受外在压力的驱动，而非内生动力。

前段时间，有同学找到我，表达自己深受学习压力的困扰。不想或者不去上课，又担心自己未来不能顺利毕业。但是他找不到改变和行动的动力。情况就这么一直僵持着。

这些其实也是当下一部分同学面临的学习困境：不爱学习，也不行动；不爱学习，但被外界压力驱动着学习，感受不到学习的乐趣。这样的困境只能增加其学习的痛苦。

学习从来不是一件轻松、容易的事情。哪怕辛辛苦苦熬过高考，步入自己理想的高等学府，那种成就感也不会维持很久。因为接下去我们将面临新一阶段的考验与挑战，那里充满了未知，而且可能荆棘密布、困难重重，需要同学们有所付出才能取得新阶段的成果。

学习让我们痛苦，这些痛苦从何而来？不是那个让我们体验到成就的高峰时刻，而是学习的过程。学习过程需要我们调动许多资源来参与，需要去思考、记忆。比如，我们要花费时间、精力去学习，相应的娱乐、交往或者其他休闲的时间就会被压缩。我们在学习中还要克服自己的惰性，用意志力让自己尽可能地保持专注，在学习的过程中尽可能地调动各个感官去参与学习。

尽管学习的过程对于一部分同学来说是痛苦的，但相比于毕业后的学习，校园中的学习要具备更多的优势。最为直观的优势就是拥有比社会人更充足的时间。走出校园后，想要继续学习难免会遇到各种困难。其中的第一个困难就是时间不足。前段时间，我在培训学校报了一个成人中国舞的体验班。四个课时教会成人跳一支中国舞。上课的学员大多已为人母，她们平时将更多的时间投入工作和家庭中，对于自我的学习，哪怕是这样四个课时的短期课程都要多次协调时间。其中一位家长数次与老师沟通上课时间，但发现都不合适后，最终放弃了这次培训。

走出校园，我们要承担多重角色，每一个角色职责的履行都会占据一定的时间。周末有一个线上讲座，时间是下午。但听讲座的老师们纷纷表示自己没有时间参加直播，只能会后再看回放。不能参加的原因大多是因为工作，比如监考、安排学生打疫苗、考试等。离开了学校，如何腾出专门的时间去学习也成了我们需要学习的一项内容，就是时间管理。

在学校的学习所具备的第二个优势是支持。有来自父母的经济支持和精神支持，有来自同学的朋辈支持，有来自师长的教育引导和知识支持。而在离开学校以后，要想获得支持，必须事先协调好多方面的事情。我想在这个维度上，我获得的支持应该比那位最终放弃上舞蹈课的家长要更多。来自家人的支持让我没有后顾之忧，可以腾出时间去参加自己喜欢的学习活动。

学习中两个来自个体的因素也很重要，它们关系到学习行为的持续性和学习效果。一是自制力，二是坚持。自制力帮助我们抵御外在的诱惑，合理安排自己的学习时间，克服拖延。但是自制力也会耗竭，所以需要我们有意识地去储备。坚持则让我们能更坦然应对学习过程中出现的困难和挫折。心理学家把坚持的品质称为韧性，认为我们可以在平时做一些练习来提高自己的心理韧性。比如，对成功与失败的合理归因，关注结果时更多关注的是是否取得进步，而不是是否得到他人的认可。

当发现自己并不是那么热爱学习时，也没有必要慌张。要知道，学习也是一项通过练习和主观努力就能够掌握的技能。继续坚持，一次一次品尝努力学习后取得的成果，慢慢品味其所带来的成就感和获得感，相信彼时的学习已经成为一种习惯的行为模式，而不需要外在压力来推动。

自制力和坚持可以帮助我们取得预期的学习效果，但仅有此还不够。如何让自己学得更快呢?

美国学者埃德加·戴尔提出了学习金字塔理论。他以语言学习为例，对不同学习方式的学习效果进行了研究。在初次学习两个星期后，不同的学习方式能保留的学习内容相差较大。其中能够让我们保持更多记忆的是主动式学习，比如通过作报告的形式将自己所学教给别人；参与讨论、发言的学习方式效果次之；学习效果最差的是被动学习的阅读和听讲。

我们日常的学习以课堂听讲为主，主动参与较少。所以往往过不了多久，我们就会产生“东西都还给老师了”的感觉。有的同学在学后就教别人这件事情上还存有疑虑：自己刚学还是新手，如何能教得了别人？恰恰就是自己刚学，一方面趁热打铁，另一方面也能带着压力帮助自己更高效地梳理知识，逐渐地将所学知识转化为自己的东西。

当然，学习是一件比较主观的事情。如果自身学习的主观意愿不强烈，任凭外在压力有多大，也很难取得预想的结果。学习是输入，同时说出来、教给别人的主动输出能够让我们更加明确自己的不足在哪里，进而考虑如何改进。这对于我们下一阶段的学习也大有裨益。

学习对谁都不是一件容易的事情。如果只停留在不愿、不想、不学的状态上，或许就真的只能滞留在学习的“痛苦”里了。

如何应对大学里的“浅社交”

“老师，我觉得大学里找不到可以交心的朋友。”“我觉得没有必要和其他同学有很深入的交往，见面能够打个招呼的交往就可以。”“我社恐，人一多讲话就脸红。”……

作为社会适应的必修课，并非人人都能在人际交往中应对自如。有的同学因习惯独处、享受独处而不愿交往，有的同学因自卑、焦虑等而不敢交往，还有的同学因交往能力有待提高而不善交往。后两者往往容易引发个体更深层次的心理困扰。

大学是培养人际交往能力的重要阶段，而人际交往是我们获得社会支持、自我认同的重要途径。良好的人际交往过程形成的人际关系将促进个体的社会适应，对于个体的身心发展有重要意义。尽管如此，由于网络社交新模式的冲击、个性和能力弱点，部分同学正面临着人际交往困扰。

人际交往困扰来源较多。比如，自身交往能力与交往需求、现实要求不匹配，难以应对当下的人际交往，尤其是缺乏必要的沟通技巧和沟通方式，引发个体在人际交往行为受挫后，产生社交回避。在人际交往过程中，如频繁感受被拒绝或者不被认同也会引发压力和焦虑等消极体验。如在人际交往中不能使归属和认同的基本心理需要获得满足，那么我们将难以在个体与某一个群体或组织之间形成积极的社会联结，容易引发内心的孤独感，进而影响个体的自我认同。

多方原因促成了目前的“浅社交”，即交往停留在表层的简单问候，双方没有深层次的思想交流或者情感表达和依赖，彼此的信任水平较低。不同个体有不同的人际需要，有的能满足于当前的浅社交状态，有的认为还需要寻求更高质量的人际交往，以应对个体从人际交往中获得归属和支持的心理需求。

客观看待自己以及他人的人际交往需要。需要明确的是，尽管人际关系对个体发展意义重大，但不是所有个体的人际交往需要都在同一水平。这也是为什么有的人希望能时时拥有亲近的朋友，有的人则禁得住独处；有的人希望空间距离能再接近点，而有的人则享受适度边界带来的安全感。因此，当我们在表达自己的人际需要，并出现类似“我希望能和他/她走得更近，但他/她却好像一直在回避”的情况时，就需要问一问，是否自己的需要水平与对方并不一致。此时，及时的沟通有助于调节个体在交往中的抵触或排斥情绪，引导个体更加全面地看待不同交往行为背后的人际需要，并在实际交往过程中做到兼容并包。

注重人际交往的深度，而不只是广度。“我想有很多好朋友”和“我只要有三两好友就足矣”对应的是两种不同的人际交往需求，前者针对的是交往的广度，追求量；后者考虑的是交往的深度，追求质。这除了与前述人际交往需求有关以外，和个体对于人际关系质量的认知也有密切的关系。一些同学身边并无好友时时相伴，这些好友却总能在他/她需要的关键时刻挺身而出，给予安慰和支持；一些同学身边不乏朋友相伴，但夜深人静之时依然倍感孤独，总觉得身边的人都无法走进和触摸自己的内心。两相比较不难发现，交往的广度并不是衡量人际关系质量的绝对唯一因素，交往的深度更应被视为人际关系的重要趋向。试想“好友众多”，关键时刻需要寻求社会支持却苦于无人倾诉，这样的人际关系并不能让我们产生深度社会联结，获得被接纳的体验。

全面评价自我，对于人际挫折正确归因。人际交往受挫具体表现为在人际交往过程中遭遇的被拒绝、被否认的实际，以及在交往过程中体验到的不被认同、被拒绝的负面感受。以往的交流中，不少在人际交往中受挫并引发心理困扰的同学对此归因往往集中在两个极端：“都是别人的错”和“都是自己的错”。“都是别人的错”将人际矛盾和冲突的出现归结为他人性格或者交流的问题，未能全面客观地评价自身在能力、交流技巧等方面的局限性，不利于后期交往能力的提升和人际关系的改善。“都是自己的错”则将问题症结归因于自身，容易产生自我贬损和否定心理，挫伤个体人际交往的积极性和自信心。不论哪一种归因，都可能引发个体在社交过程中的消极回避行为，令其难以维持良好的人际关系。因此，要全面评价自我，正确看待自己的不足，并在实践中主动探索和发掘个人优势，逐渐完善并提升自我；加强个体的认知训练，从积极正向的角度对人际受挫的现实进行正确归因，逐步建立起合理的认知和归因方式。

人际交往是人的基本需要，而良好的人际关系能维持和促进心理健康与自我实现。在人际交往中，我们不仅能收获认同、归属和爱，还有自我意识的发展。当前的浅社交让部分同学面临心理困扰，影响其社会适应和社交能力的发展，并可能改变其体验、认知世界的方式以及社会交往与实践的选择、表达和体验。因此，在充分认识人际交往重要性的同时，还应通过主动的认知调整、行动调整等来促进积极有效的人际交往，确保良好人际关系的形成。

人际关系中的边界感

不少同学进入大学后发现，在新环境里人际关系有了一些新变化。一方面，可以通过各类实践活动结识到不同班级、不同专业的同学，交往面更广了；不少同学在互动过程中结识了志同道合的同学，并收获了友谊。另一方面，也有同学发现班级同学之间交流不深、关系较为疏远；即便是室友关系也有亲疏远近；因生活习惯、性格等差异，或沟通不及时、不顺畅等原因，即使平时看起来形影不离、亲密无间的朋友也可能会产生矛盾冲突，甚至关系破裂，再见面即是陌生人。

人际关系是个体发展过程中的重要支持。美国社会心理学家乔纳森·海特就在《象与骑象人》一书中提及："我们需要跟他人互动并紧密联结；我们不仅要能施，也要能受；我们需要一份归属感。"每个人内心都希望能够拥有良好、和谐、亲密的人际关系。人际矛盾冲突可能对交往双方造成一定的负面影响，比如受负面情绪困扰，自我怀疑甚至自我否定，在后续人际交往中持消极态度与行为等。长此以往，则影响个体心理健康。

在过往的咨询或与同学们的交流过程中，我们发现引发交往双方人际困扰的一个主要原因是"边界感"。边界感即我们平时所说的人际距离，人际距离实际是一种心理距离。在现实生活中，心理距离越近则意味着关系越亲密。但心理距离越近并不代表双方即是不分彼此、零距离的亲密无间。在与他人的交往过程中，我们需要与他人保持适度的距离，留给自己一定的个人空间与时间，保持适当的自我心理边界。

尽管如此，并不是所有个体都有清晰的心理边界。现实生活中，不少人际冲突的导火索恰恰是心理边界不清或者个体心理界限感薄弱而引发的。我们常见的心理边界不清的冲突情况有两种。

第一种情况是“为你好”“为你付出这么多”与“我从来没有要求你这么做”的冲突。“为你好”是亲子关系中最为常见的，可能引发亲子冲突的类型。父母在与孩子沟通的过程中，往往以“为你好”为由，帮助孩子做选择、做决定，小到天冷添衣、饮食起居，大到高考志愿填报、结婚嫁娶等。孩子一旦有不同意见，父母就苦口婆心，极力劝导。这非常容易引发孩子的反感，甚至导致激烈的家庭冲突。在友谊关系中，也会出现因“为你好”而提建议、干涉决定等情况。再想象一下，我们一般在什么情况下会听见“为你付出这么多”的说法？有同学说处于恋爱关系的情侣在发生争吵时更容易听到这样的说法。其实在普通朋友关系中也会出现这样的情况。自认“掏心掏肺”、牺牲所有的一方认为“我为你付出这么多”，但却收不到所期待的回应或同等对待，内心失衡，由失望到愤怒，产生被背叛的感觉，从而引发关系危机。而冲突的另一方则可能以“我从来没有要求你这么做”作为对“为你付出这么多”的回应。

第二种情况是“不分彼此”的亲密需求与自我空间需求的冲突。生活中，我们见到不少形影不离的朋友相处模式，并将此作为判断关系亲近的一项显性指标。但两个形影不离的个体对于人际关系的需求却可能千差万别。以前有同学曾倾诉：如果没有同学陪伴，自己轻易不会去食堂吃饭。因为看着身边三三两两的同学相伴，自己却孤家寡人，顿觉形单影只，内心容易产生孤独感。但有的同学非常享受独处的状态，他们能够在有朋友相伴时与朋友结伴同行，也享受自己一个人去食堂吃饭、去图书馆自习，甚至一个人旅游。还有的同学认为，“关系好”就意味着两个人应该无话不说、无事不谈，不分彼此。然而友谊关系中的另一方却可能觉得两个人应该保有一定的私人空间，不必事事都与对方交流。此时，双方对于人际关系的不同需求及其产生的冲突就十分明显。

为何会有上述两种冲突的发生呢？

在心理边界背后，实则是个体对于人际关系的需求。不同的需求会产生相异的行为。尽管心理边界是一种看不到、摸不着的存在，却以其特定的方式引导我们去构建和认知我们与他人、与世界、与自己联系交往的方式，并形成个性化的交往模式。因此，我们对于不同的人际行为所赋予的意义也有所不同。

当然，需要明确的是，心理边界清晰、心理独立的个体不是完全不需要他人支持的。相反，心理边界清晰的个体十分清楚自己的人际关系需要，也能够在需要时向他人求助，在他人需要时适时给予支持；他们也十分清楚什么时候应该勇敢地对别人说“不”，又不会因为说了“不”而导致内心承受担心关系受损的忧虑。而边界不清晰的个体却往往容易因被他人拒绝或自己的要求未被满足，而产生愤怒、不被信任等情绪。同时，面对他人的不合理请求，心理边界不清晰的人更不容易说出“不”。比如，答应别人的请求，去完成一项超出个人能力范围的任务，或者帮助别人去做一些力所能及但在对方眼中却是理所应当的事情。

我们已经了解，人际冲突以及人际边界不清会对个人心理状态和生活状态都产生一定的消极影响。那么我们应该如何更好地应对因心理边界不清而导致的人际冲突？可以考虑通过四个方面的尝试来改进现状。

一、适时充分的沟通能够解决绝大多数的人际关系问题

冲突并不是突然发生的。我们总是在多次的失望累积后，并在某次导火索的刺激下突然将对彼此的不满以攻击性语言或冲动行为全部倾吐出来。此

时冲突的伤害性尤其大，大到足以让一段原本亲密无间的关系彻底毁灭。如果我们能在交往过程中及时交流彼此的感受，让对方充分了解你的需要和心理边界，双方及时调整交往的节奏，则更容易促成和谐关系的形成。“我觉得现在的状态也挺好，我可以坦白地和对方沟通自己的想法，不用再像之前因为担心对方可能会受伤而多有顾虑。”我与几位同学交流他们的人际关系状态。其中一位同学曾因与朋友之间缺乏充分的沟通，双方在学习和生活习惯中都过于考虑对方感受，而打乱了自己的学习生活节奏。时间一长，双方都感觉在这段人际关系中特别疲惫，而且个人的学习状态也受到了一定影响。经过双方的坦诚沟通，彼此了解了双方对于人际关系的边界和需求，并及时调整了自己的不合理认知，逐渐建立起了双方都能适应的边界感。

二、相信说“不”也是一种沟通，而不是伤害

许多人在人际交往中不敢说“不”，不敢拒绝他人合理或者不合理的请求。有时是因为“面子”，有时是因为担心对方不开心进而影响到双方关系，有时寄希望于通过“讨好”的方式来维系双方关系。不论是哪一种原因，其背后都存在不合理的认知：拒绝他人意味着拒绝、破坏这段关系，或者自己并没有能力拒绝。一般而言，多数人都十分乐意为他人提供自己能力范围内的帮助；但当外界要求超出了我们的能力范畴时，应如实将情况与对方进行沟通。被拒绝者也应调整个人对于被拒绝的不合理认知，不简单地将拒绝等同于背叛。

三、换位思考在人际关系中永不过时

每个个体在考虑问题时都倾向于从自己的角度出发。即使换位思考，受

限于个人经验、生活经历，我们的认知也有一定的局限性。因此，应在充分沟通的基础上，站在他人角度去理解个体言行背后的真实原因。

四、通过练习，让自己成长为“安全型”依恋个体

人际交往中存在三种依恋关系类型：安全型依恋、逃避型依恋、冲突型依恋。这三种依恋类型在日常人际交往过程中会影响个体与他人的交往沟通方式以及对人际关系的解读。安全型依恋的个体能够根据环境的变化自如地调整个人的状态，而逃避型和冲突型依恋个体则倾向于在人际交往过程中或冲突应对时采取回避等消极态度。我们可以在生活中通过有意识地觉察和人际互动中的练习，让自己成为一个安全型依恋的个体。

乔纳森·海特在《象与骑象人》中提及：“所有关系在一开始时，都处于非常微妙的阶段，付出过多（似乎给人一种不顾一切之感）或付出太少（你好像有点儿冷漠且拒人于千里之外），都会毁掉彼此的关系。健康的关系来自平衡的施与受，尤其是适当地互送礼物、互相帮助、互相关心、互吐心声，都是培养彼此关系的重要技巧。”

这正说明了我们在人际交往的施和受之间既要注重其中的互动性，也要把握好边界。而这能让我们与他人形成有效的和有力量的联结。

群组发布消息，无人回应怎么办

网络普及的今天，我们习惯了在各类网络社群内开展学习工作的讨论交流。一方发布主题或者议题，群成员围绕主题开展讨论，并以发布线上即时消息作为个人观点表达的主要方式。网络社群的交流打破了时间、空间的阻隔，方便、快捷。

在大学生群体中，网络社群也是学习交流的主要渠道。有班级群、班委群、项目群、学习打卡群、兴趣群、学生组织群等。比如，参加学科竞赛成立一个项目群组，开展一次专题调研成立一个小组……群成员可以随时在群聊中交流项目进度。但当同学们享受着网络社群的便捷时，一些新问题也随之产生。

“老师，我已经连发好几遍了，但是都没有人响应。”

“老师，我发出去的消息半天没有一个人回复，我也不知道我发布的内容对不对，我还应不应该再继续发布。”

不少同学在群聊中遭遇了“挫折”。作为项目负责人，在群聊中发起项目或者方案讨论后，群里静悄悄，无人回应，甚至连发多遍也无人响应。

“哎，发动不起来。”一位作为团队负责人的同学略显沮丧，“下次再组团队，得找一些更加积极主动的同学。”在群里发了方案后，没有人对方案提出修改意见，负责人在沮丧之余不知应该如何推进这项工作。

为何线上群聊交流会产生无人回应的情况?

想象一下我们在线下开展主题讨论的场景。参与人围坐在一起，能够在讨论过程中及时看到发言人的表现，所有人都专注于现场的讨论，也可以随时调动起积极性。相比线上的交流，线下交流能够更有效地实现控场。而当开展线上讨论时，我们并不清楚群成员此刻在做什么，他们可能忙于其他事情而无暇顾及话题讨论，或者根本没有时间注意到话题的发布。从这个角度来说，我们要改进线上交流无人回应的现象也就有据可循了。

除了对讨论场域的把控，群成员主体也是影响回应及时性的重要因素。如讨论的话题具有一定的难度，超出了群成员的解决能力，则群成员可能会因对个人答案不自信，而不愿意在群中公开个人意见和看法。还有的群成员在线下日常交流中本就不太愿意发表个人观点，更不愿意在群聊中没有他人发言的情况下成为第一个回应和发言的人。不愿主动发言和交流在其互动过程中存在一定的一致性。

还有的人则属于个人习惯问题，在平时的群组交流中基本不发言。不只是在这个项目组中不言不语，在其他群组中也是一样的表现。当然，还有的群成员在加入团队初始，学习动力就不足，加入某个团队，只是希望借助团队的力量获得自己想要的东西。有此想法，则难免在交流中不会真正地去投入。这与课程小组中有的同学在小组作业完成过程中很少付出，甚至零付出的情况相类似。

当对发出的议题表述有疑义，团队成员难以理解时也有可能造成集体失声。这样的现象更应该通过充分的团队沟通来解决。

曾有人说，靠谱的人应是“事事有回应、件件有落实”。群聊里得不到预期的回应，发起人不仅是心中不确定、失落，对于整个群组的凝聚力、对于问题解决也并无益处。

在群组中发表回复，是表明自己已经接收到信息的最直观反馈，表明群组成员都在共同关注群组的议题，表明关注和必要的重视，也是作为团队成员的一种责任。

针对不回应问题，我们应该如何改进？

规则先行，进一步规范群成员的行为。在项目组或者群组成立之前，先“约法三章”，制定明确的群内交流规则，确保每个成员都能做到事事有回应。同时，对于回复内容的质量也可做适当的规定，便于群组讨论主题的聚焦性。此外，为了确保主题讨论的时间能够兼顾到绝大多数群组成员，应该提前约定好群组定期交流时间。若线上交流质量不佳，则应适时转移至线下，并利用线下交流的时间强化线上交流的规则。

责任到人，强化群成员的责任意识。许多群成员在看到群内消息时仍选择不回复，是因为责任意识淡薄，没有将这类主题或者这项工作议题划归为个人责任。因此，在群组成员分工上，应进一步明确各成员的分工和职责，议题由谁发起、由谁记录、由谁总结等都应该提前责任到人，这样不至于在议题发布后，大家都处于观望状态，不愿意做第一个发言的人。

及时干预，尽早解决问题苗头。有的同学并不是第一次在群组交流中碰壁，相反短期内在群组中发布不同主题都没有得到有效的回应。事实上，应在发现群组交流消极回复情况的第一时间就及时对此问题进行干预处理，以免群组交流消极回复习惯化，让群组成员产生一定的惰性，从而进一步扩大群内消极回复的负面影响，最终导致群组无法运营，项目难以推进。干预处理方式不局限于明确责任和具体要求，还可召开线下专题会议讨论以及劝退多次劝说均无积极改进意向的成员。

团队协作，让群组成员更有获得感。团队建设终究无法仅以团队负责人一己之力来落实推进，相反，应充分调动每一个群组成员的积极性。线上群组交流和线下团队活动要形成有益补充，而不应在缺乏团队建设的基础上，将所有群组的交流简单等同于团队建设。团队负责人应做好群组的统筹协调，确保所有成员都参与项目讨论和推进过程，定期总结交流。

如果经历系列整改建设措施，不回应、不讨论的情况依然难以改变，规则没有发挥应有的作用，则整个团队都应重新明确小组的问题，成员共同讨论达成下一阶段问题的解决方案并认真落实。

5·25，谈一谈爱自己

5月25日是心理健康日。“525”谐音“我爱我”，提醒我们要关爱自己。但是现实并不完全如期望那么美好，不是所有人都能真正做到爱自己。

有一天，在医院的输液室，一位正在做雾化治疗的小男孩在调机器上播放的动画片。他一手握着面罩，一边回过头喊“妈妈过来帮我调（动画片）”。坐在不远处的家长原本低头刷着手机，听到小男孩的声音，抬起头来，不耐烦地说了句“你自己调”。小男孩不依不饶，家长怒气冲冲上前来一巴掌就呼到男孩身上，嘴里絮絮叨叨。小男孩因为这一掌被镇住了，瞬间安静下来，一边做着雾化，一边自己摆弄着机器上的按钮。家长也坐下，重新回到手机的怀抱中。

家长将那一掌甩在孩子身上那一刻，我是震惊的。同为人母，我想大部分的家长都应该是爱自己的孩子的。至于这位家长对待孩子的不耐烦甚至怒气冲冲的行为，应该有多方面的原因。也许她最近事情太多、压力太大，也许和谁产生了冲突，一时难以消化；再或者她没有时间停下来稍做放松调整……于是情绪越积越多，终于在孩子的“无理取闹”中彻底爆发了。但我同时感受到了家长作为个体的不快乐。如果要给这位家长一些建议，那么我想建议她：请多爱自己一点。因为，一个足够爱自己的人应该是更加柔软温和的人，更加懂得收放自己的情绪。

在接触过的许多心理咨询案例中，我见过一些与这位家长相似的来访者。他们沉浸在愤怒、挣扎、不甘、抱怨等各类负性情绪中，在相当长的一段时间里都找不到自我存在的价值和意义；他们将个人的存在与他人捆绑在一起，将外在的评价作为自我认知的主要甚至是唯一来源，逐渐迷失了自我。这些来访者，还有那位突然发怒的家长，他们不爱自己吗？不是不爱，是爱不起、爱不动，也不会爱，缺乏爱自己的能力。

关于爱自己，我们有许多类型的解读：有“爱自己是终身浪漫的开始”似的浪漫，“爱自己才能更好地爱别人”似的写实。它们都将爱自己的重要性和意义明确表达了出来。我们为什么要爱自己？在我们以往所接受的教育中，对于爱的关注和爱的表达都较为含蓄，更不用谈将爱自己明确为一项特别的能力了。因此，在成长的过程中，我们爱自己的能力在一些被动的对比、茫然的努力和一些外在强加的关心关注中渐渐消磨。其结果是，我们对自己形成不了正确的认识，过于注重外在环境而不是内在世界所带来的力量。随之而来的是我们的敏感、不自信……

为了消除这些影响我们爱自己的阻力，提升爱的能力，在了解为什么要爱的前提下，明确爱自己是爱什么，爱自己应该如何爱，能够帮助我们更好地爱自己。

爱自己，我们要爱自己什么？如果把“爱自己”的主要成分进行拆解，我们要爱自己的外在躯体和形象，爱自己的内在素养和精神世界，爱自己的优点和不足，爱自己的完满与残缺……总之，就是爱自己这个整体以及构成这个整体的所有相关组成。我们爱这些由不同部分合成的自我的形象，并带着对这些自我形象的认识和认同，以自我呈现的方式在人生这个舞台上表演属于自己的剧目。

但是，因为我们对自我形象的认识和认同可能存在偏差或者不一致，所以我们在爱自己这件事情上产生了台前幕后不一致的自我呈现。我们会因为未知的可能而自信满满，也会因为亲历挫折而自我怀疑，让爱自己也在两者之间不时摇摆，难以平衡。要解决这个问题，最关键的就是我们应该在爱自己这件事情上学会如何去爱。在现实中，即便我们了解爱自己的重要性，了解爱自己的内容，但如果我们做不到，还是无法启动“爱自己”。所以，要爱自己，我们要回答好几个问题。

爱自己，爱的对象是自己。要谈一场与自己的恋爱，就像与别人恋爱先要了解对方一样。所以我们要回答的第一个问题是：你了解自己吗？有同学曾因不自信的问题前来咨询，希望能够获得增加自信的速效良方。在反复的确认中，我们找到了不自信的根源：没有真正了解自己，与他人进行不合理的对比。要了解自己，既是了解自己的可能，也要看到自己的不可能。了解自己的可能，我们能够尽力而为，实现突破；了解自己的不可能，我们不至于期望过高，定位不合理。了解自己是爱自己的第一步，也是爱自己需要回答的第一个问题。

第二个需要回答的问题是：你能接纳自己吗？爱自己，我们要学会接纳自己，并不仅仅是接纳自己的完美或不完美，还包括接纳自己的需求、主观感受。但在现实中，我们往往会因为一些情绪而自责，甚至产生羞耻感。比如我们常提到的一个词“放不下”。我们会因为已经发生的事情、已经产生的结果而自责，将不好的结果归因于自己，并因此产生持续性的愧疚、自责甚至羞耻等情绪。我们也会因为现实利弊的权衡或者为了维持现状，回避、否定、压抑自己的真实需求和感受。这些都在损耗我们爱自己的热情和能力。接纳自己还关乎我们的自我认同，对我们与他人建立良好的亲密关系、维系正常的社会关系都有重要的意义。所以当我们觉得不能或者不会爱自己的时候，问问自己：我真的做到接纳自己了吗？

我们需要回答的第三个问题就是：你有没有给自己留一些时间和空间？在校园里，我们的身份是学生，没有承担太多的社会角色，压力相对要小。步入社会后，面对多重社会角色的交错、转换与责任，有时候会觉得难以喘息。当我们的忙忙碌碌暂告一段落，偶尔静下心来时，猛然发现自己似乎不知道应该做什么，也享受不了一个人的独处。我们更多地选择刷剧、打游戏等方式来打发这些独处的时间，也没有定期对自己进行审视。爱自己，其实是需要时间和空间的。我们需要时间来反思自己，通过自我觉察增进对自己的了解，也能帮助更好地接纳自己。我们还需要一些独处的空间，跳出平日所处的圈子和习惯的模式，看看身边的这一切，去思考、去品味，只专注于自己。当我们同时承担多种社会角色时，难免出现承受过多的情况，对自我的怀疑和否定都成了爱自己的阻力。此时不妨按下生活的暂停键，给自己哪怕短暂的数分钟的时间和独处来进行自我调整与自我探索，让我们能与新的自己相遇、整合。

除了以上三个问题，在如何爱自己这个问题上，我们还有许多的问题需要去回答。比如，你爱自己的身体吗？你会说“不”吗？你愿意多一些自我发现的尝试吗？……我们的身体让我们拥有了活力、精力，让我们有了丰富的经历、认识自己的机会，所以我们要爱自己的身体。合理的拒绝并不会带来冲突和矛盾，不合理的接受却可能带来不甘与自卑，所以我们要学会说“不”；积极主动的自我探索要有充分的行动才能保障，爱自己需要即时行动。

我们的痛苦多数来源于自我需求的无法满足以及因期望过高、能力不足而产生的现实落差，也来源于那些因内心世界不够充实而带来的空洞。

而爱自己能让我们正视自己的需求，调整期望，并通过积极的行动来提升自己的能力。

最为重要的是，爱自己和双向奔赴的恋爱一样，最为理想的状态就是：我们从中收获了持续的成长。

第二章
如何跨越青春难关

凡事不能只想着好处

“老师，参加竞赛有什么好处？”

有意向参加竞赛，但却不知从何处着手的同学前来咨询，开口便问竞赛的好处。这一问倒是把我问住了。要说竞赛的好处，那可太多了。比如，通过撰写竞赛文本，并在不停的修改、完善过程中提升个人的笔力；在准备竞赛的过程中，由于需要开展调研、进行数据分析，从零起步学习如何编制一份问卷，了解如何开展调查、如何利用 SPSS 进行数据分析，如何制作图表；在团队协作中通过沟通交流习得如何与他人合作、如何统筹完成多项任务……不论将哪一点好处拎出来讲，对于同学们的能力提升都大有裨益。

谈完了好处，我反问咨询的同学：好处很多，你打算什么时候开始参加？对方颇为迟疑，先列举了许多目前个人参加竞赛的阻碍，比如零基础、没队友、找不到资源等。听完以后，我内心也有了谱：多半只是问问、想想“好处”，最终却未必能得到这些好处。

新学期，和同学们聊一聊新阶段的计划很有必要。一方面是帮助同学们明确目标，另一方面是明确我作为辅导员能够为同学们提供哪些帮助，应该聚焦学生哪些需求来开展工作。不少品尝到竞赛获奖之喜悦的同学依然坚定地冲刺更高级别的奖项，还有一些拿了奖的同学却俨然偃旗息鼓，不打算继续在竞赛这条道上“走到黑”。

G 同学则属于后者。原本想着在大二学年彻底告别挂科，在前期竞赛获奖的基础上，冲刺本学年的能力奖学金。无奈计划赶不上变化，还是意外地挂科了。这就意味着：不管通过竞赛获得多少第二课堂能力分，他也与本学年的能力奖学金无缘了。虽心有不甘，但 G 同学明确放弃了竞赛这条赛道，转向兼职等选项。这样的选择让我颇为意外，但也能尊重和理解。只是我又重新晓之以竞赛的“好处”，希望他能在能力提升等方面有更大的坚持。

竞赛的好处，G 同学是知道的。但结合个人经验，他认为竞赛前期投入太大，产出却与收获难以成正比，因此希望通过其他见效更快的方式来实现自我提升的目的。投入与产出不成正比，眼看着到手的“好处”却因种种意外未能如愿，即使还有一些“好处”，还是无法支撑克服困难、继续坚持的信念……这些问题困扰了不少同学，成为制约学生主动尝试和坚持努力的重要原因。

不论是前来咨询竞赛的同学，还是铁定了心放弃竞赛、另觅赛道的 G 同学，都被困在了“好处”二字当中。有没有“好处”，有什么“好处”，得到这些“好处”需要付出什么、需要坚持多少时间是我们在准备开始某项活动或做出某一个选择时经常进行的权衡利弊环节。如果“好处”不多、不明显、见效慢等，那么开始或坚持则无意义，不如暂不开始或直接放弃这个选项、另觅他法。这样对于“好处”的理解则难免过于单薄。

“好处”是眼前就能看到的知识技能收获，也是经年累月才能体现的能力和品性。生活中许多事的好处是在日积月累的坚持中才能得以显现的，而坚持的过程可能并不顺畅，甚至是痛苦的。这也是让许多人对“好处”望而却步的关键原因。

大学校园中，“好处”不少。比如，参加某项服务实践，深入社会走访调研，提前了解和熟悉社会，将所学知识融入对社会的观察中，深化对知识的体认和对社会的责任；为了班级荣誉，牺牲个人时间，全程参与班级形象的设计与展示，将个人对班级的情感、同学的情谊升华为对集体荣誉、友谊的思考和维护；成为某个团队的一员，与团队成员齐心协力，为了共同的目标努力，遇到困难也不轻言放弃；自觉坚持运动和阅读，磨砺自我，培养良好的生活习惯、自律精神和善思明辨的能力……不论哪一类活动和实践都有其“好处”，非到亲身体验，则难以品味。

有的同学最初是奔着某一项具体的“好处”去的，比如评优评先或者能力提升。但这些具体的“好处”却不一定都能实现。那些在竞赛中坚持下来的同学，也并不是最终都能将奖项收入囊中的，毕竟奖项名额有限。那么，他们真的没有收获任何“好处”吗？在此过程中，他们自然还是有所获得的，而这些“好处”却不是一张证书、一项荣誉这样显而易见的收获，而是在团队协作中锻炼的协作能力，是在困难面前坚持不懈的毅力，是面对问题如何思考和判断的能力……如果只是为了“好处”而关注好处，或是不在个人纵向成长发展轴上与过往的自己进行比较，未必能即时觉察到这些隐形的“好处”。

凡事不能只想着“好处”，尤其是眼前明显的“好处”。生活中显而易见的“好处”往往是吸引我们确定目标的参照，但在行动过程中我们所收获的“好处”却超出可量化和可衡量的范围。如果只将目光锁定在即时、看得见的“好处”上，看不到或自觉难有“好处”，则免不了错失一些机会和选择，或者难以排除万难、坚持到最后。如此说来，凡事确实得想着“好处”，将眼光落于长远的发展和获得上，认真投入，不计“好处”才能获得持续发展的动力。

纠结于“回报”，其实是因为缺乏行动力

“我想考一些证书，就在图书馆看书备考，却总是看不进去。”X同学表达了他的困惑。

“为什么想要考这些证书呢？”

“觉得可以给自己增加一些东西吧，说不定以后能用上。”

“那你觉得自己看不进去又是为什么？”

“觉得看不到回报。”

这并不是我第一次和同学们谈及“回报”的话题。但是这次与以往的谈话有些许不同，以至于我觉得需要对此做一个分析，并把它记录下来。

目标不够明确，行动力不足——听完X同学的回答，我对他的情况做了一个初步的判断，但在明确其症结之前还需要进一步的交流。

我请这位同学谈一谈他所理解的回报。获得心仪的工作、高薪、好的发展等都属于他所理解的回报。

“你还没有付出，没有行动，回报从哪里来？”我直击这场谈话的关键。

“老师，其实我想要谈的就是自己行动力不够的问题。”原来，对“回报”的纠结只是一层幕布，将其揭开后展现出来的是个人行动力的问题。

在一些自律能力较弱、目标不明确、兴趣缺乏、内在动力不足的个体身

上，更容易出现行动力不足的问题。

对于X同学而言，他目前面临的初步问题是个人目标不明确。要毕业了，面临就业的压力，可毕业论文还没有着手撰写，却总觉得似乎并不是那么着急。因为没有明确的目标，看着身边的同学都在投递简历求职、积极准备考试、忙于作业和论文，再看看自己的状态，一忙一闲成了鲜明对比。心想“我得做点什么”，所以考证成了一个选择，并希望以备考来充实自己，考下证书后能给自己带来预期的回报。

尽管每天准点到图书馆备考打卡，翻开书本，字都认识，但是却无法入脑，又陷入“我到底为什么要考证”这样的疑问中。考取资格证书能带来最直接的回报就是求职上多了一本能说明个人资格技能的证书，但至于长远的回报，目前似乎看不到，这也成了影响X同学备考状态最直接的因素。

但最根本的，其实不是考不考一本证书的问题，而是当“我”确立了考取资格证书的目标后，“我”是否为实现这个目标，排除一切艰难险阻或诱惑而积极努力。尽管X同学确立了考证的目标，但他纠结于“回报”的问题，且个人行动力较弱又影响了备考，在“确立考证目标—备考—行动力不足—备考状态不佳”之间形成了恶性循环。

那么，如何提升个人行动力？行动力是实现目标的有力保障，也是影响个人自我认同的重要因素。

行动力与目标确立及个人动机密切相关。行动力产生的基础是我们有一个预期能实现的目标。对于X同学而言，他确实具备了这样的一个基础条件。但这个基础条件并不稳固，因为X同学要实现这个目标的主观意愿并不强烈。这与他确立目标的过程也有密切关系。

期末考试周已不远，不少同学铆足了劲希望能够在期末考试中有更好的表现，一是检验自己的学期学习成果，二是为后续的评奖评优做准备。为了取得理想的考试成绩，许多同学会提前为期末考试做准备，比如，在平时的学习过程中按照老师的要求做好基础学习，在课后及时巩固学习内容，期末复习周认真复习，让那些知识点真正入脑、入心。在这种情况下，明确的目标基本确立了。该目标引导同学们进一步规范日常学习行为，并克服学习过程中的困难和问题，尤其是克服最后阶段高强度的复习压力。

因此，确立一个目标并不是随口说一个目标，或完全听从他人意见随意做一个选择。只有结合自己的实际情况，认真分析现实条件，科学确立的目标才更有可能让我们的行动力持续。

除此以外，实现目标的意愿程度也关系到行动力。适当的动机水平能够帮助我们提升行动力。如果对于这个目标没有抱着必定达成的信念，而是持不置可否的暧昧态度，那么从资源配置的角度来说，人们更有可能选择不去行动。

行动力与个性特征密切相关。平时经常说的“懒癌”“拖延症”并不适用于所有人，学习、生活和工作中有不少行动力强的高效人士。总结起来，他们身上除了有明确的目标以外，还有一些与之相匹配的人格特质，比如主动性。美国心理学家贝特曼等人提出了主动型人格的概念。具有主动型人格的个体，能够积极行动以应对外界环境的压力，而不是被动接受环境的影响。主动性强的个体更倾向于主动利用自身行动对外在环境进行积极探索。相较而言，主动性弱的个体更为被动，不能很好地把握机遇，也更多地寄希望于借助外界力量来解决问题。另有研究表明，大学生主动型人格与主观幸福感正相关。这也是为何当我们陷入行动力不足的困境时，容易产生自我怀疑、自我否定、焦虑等负面情绪。人格特质对个体行为的影响深远，但不代表我们就必须完全受此特质的控制或局限。在明确自身性格特点的基础上，我们应注重主动性人格的培养以提升个体的行动力。有意识的训练能够帮助我们更好地克服此类问题。

行动力可以通过有意识地锻炼得到提升。要把一个目标缺失、行动力弱的人改造成为一个行动迅速、务实高效的人是否具有可行性？答案是肯定的。这可以通过习惯的力量来进一步明确。网络时代衍生出许多习惯养成的社群，比如英语学习群、运动群等。社群的一个重要作用就是为我们创设一个行为、节奏相似的外在环境，并在环境的影响下，引导我们改变以往的行为模式。当然，这里面还有同伴监督的成分，也能够帮助我们更快地养成行动的习惯。所以，如果你希望自己能够在一个学期内提高自己的学习成绩或养成良好的学习习惯，那么可以考虑加入一些学习社群，或者邀请有良好学习习惯的同学帮忙监督。在这个过程中，需要把握一个原则：不要放过任何一个通过锻炼提升行动力的机会，不要忽视任何一件小事。锻炼行动力，可以考虑从坚持小事开始。

行动力的锻炼，不是一蹴而就的，也不是身边人三言两语就能够做通工作的。除了个人有明确的、契合实际的目标，日常行为中有意识地锻炼和积累也是重要的方式。如果自身自律性较差，那么可以借助外在力量的监督，尽力为自己创设一个能够督促自己及时行动的外在环境。

和 X 同学交流的最后，我问他走出我办公室后第一件要做的事情是什么。他给出了一些关于论文写作的回答。刚好第二天学校有招聘会，我建议他带上个人简历参加招聘会后再来找我，再聊一聊。

当然，这位 X 同学后来没有再来找我。我在最近一次走访寝室见到他时，他正在看电视剧。问及他的毕业论文进度，答曰：还没有完成。当时距离论文初稿提交期限不足一周，不知他有否按时完成。

构建积极情绪体验从记录每一天开始

我在心理课上给同学们布置了一项作业：记录自己的一天，以及其中的情绪体验。

作业收上来后，我发现了几个比较有意思的现象：一是有的同学单纯只是流水账式记录了一天的行程安排，没有涉及任何情绪的言语表达；二是有的同学同时记录了行程和情绪，但作为读者感受不到其中情绪的张力和变化；三是以“不愿”“不想”“累”等主观感受词语替代了不少的情绪表达，但没有对这些主观感受所代表的情绪以及其背后的根源做进一步的思考和分析；四是较清晰地记录了一天当中事件的进展、情绪的变化，同时也记录了自我对消极情绪的认知和调整。

同样的主题，却有不同的表达呈现，这与个人情绪觉察、表达和能力调整密切相关。同学们虽身处大学校园，但同样需要面对因学业压力、人际交往、发展迷茫等内外在因素所引发的情绪困扰。有的同学能够很好地觉察并调节自身情绪状态；有的同学则陷于消极情绪困扰中，无法也无力应对随之而来的问题，进而可能导致情绪失控，并最终对个人成长和发展产生负面影响。

在快节奏的工作和生活中，拥有稳定的情绪能够帮助我们更好地应对外在环境的变化，以及各类困难或不适。我们也希望自己能保持稳定的情绪，不因外在世界的运转或者某一类刺激的存在而难以专注于当下，失去耐性和坚持，并使得自己陷于消极情绪中却不自知或难以自拔。

要调节和管理情绪，需要明确情绪为何物，是如何产生的，对我们而言又有什么作用。情绪是以主体的愿望和需要为中介的一种心理活动，由主观体验、外部表现、生理唤醒三种成分组成。比如，一个小朋友很想吃棒棒糖，父母及时回应他的需求，给他买了棒棒糖，那么这个小朋友会体验到需求被满足的喜悦感，会以微笑、手舞足蹈等方式表达自己的愉悦情绪。再如，一个面临考研备考压力的大学生，陷入对个人备考是否充分、未来能否顺利上岸等多重忧虑中，并在考试临近前愈发体验到焦虑等情绪，表现出夜不能寐、食不知味、复习状态不佳等情况。但在现实生活中，情绪是一个更为复杂的问题，其外显的线索有时具有一定的迷惑性。一个大笑不止的人可能心有悲伤，一个面无表情的人也可能内心狂喜。这种情绪表达的表里不一会影响我们对情绪的准确觉察。不同个体对于情绪的觉察能力不一、表达各异。如何觉察、认知、调节和管理情绪也是生活中需要深入钻研的一门必修课，能够帮助我们更好地认识和完善自我，更为理性地看待生活中的困难、挫折与不如意。

觉察情绪，并给情绪命名，这是自我认知的重要环节。觉察情绪不仅包括对自我情绪的觉察，也包括对周围他人情绪的觉察。能够更好地觉察自我情绪的个体对他人的情绪更为敏感，相对低自我情绪觉察的个体而言能拥有更好的人际关系。美国心理学家莉莎·费德曼·巴瑞特在《情绪》一书中指出，人构建（觉察、命名、分辨）情绪的能力是情绪粒度。情绪粒度高的人能“构建出更细致的情绪体验”，因此他们拥有更加丰富、细腻和具体的情绪体验；而情绪粒度低的人构建情绪体验的方式相对有限，他们的情绪体验较为简单、粗糙。高情绪粒度不仅可以帮助我们获得丰富的情绪体验，提升生活满意度，也有助于保持良好的心理状态。要学会更好地觉察情绪，可以尝试用三个步骤来提升个人情绪粒度。第一步是尝试命名个人情绪：当我们觉察到自己处于某一种情绪状态时，积极尝试使用所掌握的、已知的词语对个人情绪进行命名，充分了解个人目前的情绪状态。第二步是尝试丰富对个人情绪体验的表达：有时候我们无法准确定义当前的情绪状态，如不与时俱进地去积累和体验，则难以获得更为深刻的情绪体验。不少同学喜欢通过网络语言、表情包等表达个人情绪，这种方式可以帮助我们激发更多的情绪感受。第三步是通过丰富经历来增加情绪体验：我们可以通过阅读、观影、旅行、实践、交往等途径丰富个人经历和情绪体验，并通过及时总结形成个人情绪词库，以此丰富情绪表达。

调节情绪，需要追问情绪产生背后的根源，这是情绪调节成功的前提。根据情绪 ABC 理论，对同一件事情产生不同情绪，主要根源在于个体对事件的认知不同。对外在客观事物或事件的不合理认识和解释会引发消极情绪，而合理认知则有助于积极正向情绪体验的形成。情绪的产生实则是我们对事件相关利益的权衡和个人需求是否得以满足的判断。情绪可以帮助我们趋利避害，促成决策以及行为。如恐惧情绪在人类进化过程中帮助我们避免更多外在威胁所引发的生存危机；人际交往中协作带来的积极情绪与体验引导我们在人际互动中积极寻求支持和志同道合的朋友；等等。因此，除了识别情绪背后的认知，我们还可以通过练习养成每天记录积极情绪体验的习惯，保持对积极体验的敏感度，强化认知模式中某类行为刺激与正向体验的关联。让同学们在课后记录自己的生活，并记录情绪体验即是一种积极的尝试。这样觉察情绪的积极性会有所提升，并促成情绪调节。

“在谈到你的体验和感知时，你所拥有的控制力远超你的想象。你会预测、构建，然后采取行动。你是你自己体验的建筑师。”情绪并不只是简单的喜怒哀惧，我们也不是完全被动地接受情绪的控制。相反，我们是“构建”情绪体验的主体，也应该把握情绪调节的主动权。构建情绪体验，不妨从记录每一天的积极体验开始。

我们要面对的问题不只有毕业论文

“在我的不懈努力下，熬了几天夜，写完了，搞定了。”凌晨 12：08，我收到一位毕业班同学的消息。

三天前，他因毕业论文而“对生活失去了信心”，认为自己大概率是交不上论文，打起了退堂鼓，将延期毕业视为退路。三天后，他对通过主观努力按时提交论文的结果总体上还是满意的，也认可了自己的付出。

毕业论文成了部分同学大学里遇到的第一个，可能也是最后一个难关。毕业论文难在哪里？主要集中在两个方面：一是个人基础；二是撰写态度。个人基础薄弱，这个问题有三年的时间来解决；撰写态度不认真，既需要长期的习惯养成训练，也需要当下的及时改正。此外，基础弱引发的焦虑情绪有可能给撰写态度带来消极影响，而积极态度则可能带动及时行动以弥补基础弱带来的问题。

为何说毕业论文的个人基础弱问题有三年的解决时间？毕业论文答辩一般在大四进行，从大一到大三，同学们有三年的时间进行专业的学习和知识能力的储备，其中就包括了撰写毕业论文所需的基本的逻辑思维训练和专业知识积累。

但现实却比预想的要困难许多。在毕业论文上栽了跟头的同学在撰写毕业论文时，心中是没有论文的概念的。

有一些同学来找我诉说论文写作之难，我往往让其回去再多看看文献。对方则一脸为难：已经看了许多论文了，还是不得要领。如此“看论文”，最后结果则是论文重复率过高，成了东拼西凑的“拼文”；一些模型甚至数据也是照搬照抄，答辩时也无法对论文中所提及的理论做出明确的解释。还有的同学，则苦于论文选题相关的文献太少，似乎因此难以写出一篇完整的论文。这与平时训练少也有较大的关系。

不是所有在撰写毕业论文时遇到困难的同学，都会因为毕业论文难写而失去自信，或者一直困在焦虑情绪里无法调适。其中个人问题解决能力和情绪调节能力都发挥着重要作用。

当然，论文不是大学生活的全部，更不是人生所面临的唯一问题。在面对毕业论文及至其他人生发展阶段可能遇到的问题，我们缺乏的或许不是问题解决的思路，而是前期对问题解决能力的储备、中期直面问题的自我调适和坚定的执行力，以及渡过难关后的及时总结与必要的再学习。

提前准备永远是我们应对困难的主动首选。进入大学之后，目标缺失、动力不足成为许多同学所面临的共性问题，难以对未来的发展做出清晰的规划。小到一次课程考核，大到毕业，对于每位同学的能力都有相应的要求。我们主动分析目标任务，确认需要具备的基本能力，再针对性地通过各类实践去做积极的储备，就是我们为应对未来可能出现的问题所做的提前准备。

比如，想要考研，目标院校和专业还未定，只是有一个模糊的考研目标，那么怎么准备？走出寝室，多去图书馆、自习室，学会扩大阅读面来打开自己的视野，努力学习打好专业基础；在备考英语四六级的同时完成英语课程的复习，也为考研英语科目做准备。再如，发现自己平时属于“社恐”，害怕主动和他人交往，而以后的工作中又免不了和别人进行交流。因此，利用班级活动、课堂展示、小组交流等机会，主动出击，积累交往技巧、克服不敢交往的心理，提升交往能力。提前准备让我们在面临问题时能够拓宽问题解决思路、增加选择，并看到更多的可能性。

勇敢面对是克服困难的第一步。有的同学在面对困难时，首先考虑的不是利用现有的资源去主动思考如何破解难题，而是被自己主观放大的困难和问题吓倒，在困难面前败下阵来。这也是为什么毕业论文提交截止期限还没到，就有同学想要放弃努力，直接考虑延期毕业。还有的同学不是被困难吓倒，而是先被个人的焦虑、恐惧等负面情绪击败了。在突发应急状况之下，适度的焦虑和恐惧情绪能够帮助我们充分调动资源以更好地解决问题。但过度的消极情绪无疑加深了对现状和困难的不合理认知，也促使我们放弃主动尝试的行为。所以，要想解决问题，首先要直面问题。只有正视问题的存在，分析当前的境遇，才能找到问题解决的办法。那位凌晨告知我论文“搞定了”的同学，在三天前向我咨询了延期毕业的情况。我当时给他回了电话，让他在明确自身处境的情况下，尽力克服困难。挂了电话后，我给他留言“你现在以为最困难的时候永远不会是最困难的时候，相信你自己可以啃下这个难题”。勇敢面对，是克服困难的第一步，也是我们重拾信心的第一步。

问题解决是新的成长的开始。成长的启发多在问题解决和渡过难关之后收获。也正是在问题解决的过程中，我们逐渐学习并掌握了问题解决的程序，在不断的问题解决尝试中将其完善，并最终形成一套行之有效的可在后续问题解决中继续应用和完善的程序。从这个角度来说，面对问题，我们首先关注的不应该是问题本身，而是围绕这个问题我们应如何去解决的思路或者说程序。比如，我们今天以申请延期毕业的方式暂时回避了直面毕业论文这个问题，但在下一个学期，当申请返校考时，这个问题依然存在。要解决这个问题，依然需要完成毕业论文所包括的文献综述、外文翻译、正文等各部分内容，同时还要通过答辩。这些问题解决程序其实是相差不大的。人生中遇到的各类问题之所以会成为问题，可能是因为我们对自身问题解决能力产生了怀疑，或者害怕在解决问题过程中随之而来的其他问题……但我们的成长恰恰是从问题解决开始的。所以，一个问题解决了，不代表这个问题就过去了。相反，我们还要对问题解决的过程进行分析与总结，对问题解决的程序和思路加以完善及改进，看到其价值，只有这样才能获得更好的成长。

面对问题，千人千面。有人放弃，有人迎难而上。放弃的人自有其缘由，而主动解决问题的人必然相信解决问题恰是避免同样问题的良方。

是让自己陷入自我怀疑、无能为力的泥沼，还是主动思考尽力从中抽身出来以顺利解决问题，达成目标?

要知道问题永远不会自动消失，只有主动应对才能彻底解决，也才能让自己不再受这类问题的困扰。

选择考研二战前可以先考虑三个问题

时值五月，毕业的脚步临近。绝大多数毕业班同学已在工作岗位上磨砺数月。还有小部分同学尚未在就业上有所尝试，且陷入纠结当中。要不要考研二战是让他们迟疑不决、暂无行动的重要原因。

近年来，随着高校毕业生人数的增加，考研人数逐年攀升，考研热度持续增加。考研一战未能如愿上岸，选择二战，甚至三战的也不乏少数。

有同学说，“权衡利弊”之后认为不一定现在就要选择考研二战；但当身边动员鼓励之声多了，自己也迷惑了。

到底要不要考研二战？可以在想不想、能不能与值不值三个方面做一次梳理来帮助明确如何选择。

想不想指的是主观上考研的意愿。哪有考研的人会不希望自己成功上岸的？然则这个“想”也有多层含义：第一层是考研人自身主观的意愿，是“我想考研”；第二层是考研人身边人的意愿，“我的父母希望我考研”“我的朋友建议我考研”“你看，大家都在考研”，主要是家人、朋友的建议，以及周围氛围对个人考研意愿的影响；第三层则是个体对自身考研动机的明确，即清楚地知道“我为什么要考研”，是对学历、能力提升的追求，或是受外界他人的影响，抑或是对于当前就业压力的暂时性回避。

有的同学目标明确，希望通过考研来提升学历，为未来就业增加筹码；有的同学希望通过考研实现专业、院校的二次选择，完成高考未能实现的求学梦想，有此想法的同学多数在考研的选择上更为坚定和专注，轻易不会被眼前的困难所动摇，即使是第二次考研，他们的动力也更有持续性。有的同学考研并非本意，处于“怎么样都可以”的状态，考研是家人的期望，是朋友的建议，是盲目的跟风。从主观意愿上来说显然不如目标明确的同学来得强烈，自然在面对困难时也没有那么坚定。还有的同学选择考研二战只是因为浅尝过职场的艰难，希望能够暂缓步入职场。

我们常说动机要端正。在“想不想”考研二战方面，发自内心坚定的个人选择更能激励个体的主观能动性。

能不能指的是个人能力与客观条件能否支持考研全过程的努力以及最终考研目标的实现。这不仅涉及个人能力，也涉及家庭经济条件等外在因素。

“我是努力过的，差不多知道自己的水平是什么样的”，经历过考研备考的同学对个人能力有较为全面客观的认识。这里的能力不仅指学习能力，也指在考研备考过程中应对和解决问题的能力，还有自我调适的心理素质能力等。

以往不时听到有一些考研的同学在数学、英语等薄弱科目上栽了跟头。班上就有两位同学考研总分都不错，但双双英语单科未过线。这让他们与梦想失之交臂，十分遗憾。还有的同学所报考的专业，必考科目数学正是自己的薄弱科目，难以在分数上通过再考一年来取得实质性的突破。如在第一次考试中已是拼尽全力，那么第二次考试能够提升的概率微乎其微。

考研并不单纯考查考生的应试能力，尤其在复试环节，更考查考生的综合能力。2022 年，在考研竞争愈加激烈的情况下，不少高分考生未能入围复试，或者复试落选。

考研二战并不是一个简单的决定。在备考过程中，因为有过一次失败的经历，所以可能出现自我施压的情况；尤其将近一年的备考期，要面对可能的失败，临近考试前心理压力增大，是否具备良好的心理素质、能否进行自我调适十分重要。有的同学因备考压力过大，引发心理问题，进而影响了个体的发展。

此外还需要考虑能不能，比如家人的支持，尤其是经济条件是否允许，有无良好的备考环境等。多数同学义无反顾地选择考研二战主要基于家人的强烈支持，让自己能够毫无后顾之忧。

考研二战值不值这个问题则要回归到“为什么考研”上来。全面分析、权衡后，可以明确通过考研能够得到什么或者失去什么。考研二战意味着时间、精力甚至金钱的付出，意味着可能错过求职就业以及职场锻炼的机会。如考研二战依然不能顺利上岸，是否前期的所有投入和付出都打水漂了，其中的心理落差能否承受？这对个人而言也是极大的考验。

部分同学选择考研二战是因为从短暂的实习经历中发现自己并不喜欢职业环境和工作现状，希望通过考研来为未来就业增加一份筹码。但即使研究生毕业后，就业依然是我们无法回避的话题。未来希望从事的职业是否对学历有明确要求，研究生阶段有无明确的职业规划路径，考上研究生是否意味着未来职业发展一帆风顺？

有不少考研一战落败选择直接就业的同学在工作一两年后又重新加入考研大军，并最终取得成功。对于他们而言，第一次考研落败即选择直接就业并不意味着直接放弃提升学历的机会，相反，经过职场的磨砺之后，他们更加清楚个人的目标，也更加珍惜来之不易的机会，并能够带着职场中的实践经验去克服备考中的各类难题。

考研二战“值不值”并不是必须去考虑的问题。毕竟“值不值”不能以眼前的得失来判定，而应从人生发展纵向来了解。

一位计划考研二战的学生来办公室咨询毕业事宜。她坚定地告诉我她打算考研二战。尽管数学科目较为薄弱，但因为专业课基础较好，且有家人的支持，她认为自己还是必须再试一试的。

一位经历了“考研—放弃—入学—退学—求职”的往届毕业生也和我聊起他对考研二战的选择。他表示经历一番波折后，先稳定积累经验，有能力后再考虑学历提升或许是更加明智的选择。

是否选择考研二战，考研二战能否顺利上岸并不是最关键的问题。最关键的问题是，当我们在选择考研时，有没有结合个人能力去做客观分析，备考过程有没有拼尽全力？考研并不仅仅是一年的努力，而是大学四年的积累与沉淀，需要及早、系统规划。不论成功还是失败，努力总会让我们有一定收获，但客观理性的选择加上努力能让我们有更大的成功机会。

求职受挫后如何重建信心

今年刚毕业的L同学正面临这样的困境：一方面，因屡次求职受挫而失去自信，只想躺平；另一方面，又对个人未来的发展倍感焦虑与不安。

“我感觉自己真的已经很努力了，一直在积极投简历、准备笔试面试，但总是没有好消息。”最近的一次面试失败后，L更加沮丧，仅存的一点信心随着海投简历的石沉大海而耗尽。“好不容易得到的面试机会也这么失去了，找工作真的太难了。”“可能我就是能力不行吧，我不打算找工作了，再努力好像也没有好的结果。”最后，L同学以“能力不行”的理由，为自己的挫败和焦虑归因。

事实上，社会上有不少和L同学有相似境遇的毕业生。临近毕业，满怀雄心壮志地投入求职大军，从最基本的简历投递开始，一步一步接近自己的职业理想。

但现实却出其不意、攻其不备地给人以沉重一击：精心准备的简历石沉大海，没能为自己赢得一次面试的机会，好不容易收获的面试机会却因各种原因而未能通过……最后，与之相伴的是受挫后的自卑、迷茫、焦虑、无助等消极情绪，以及不愿再坚持和尝试的被动躺平。

如此挫败与躺平的状态无疑会影响个体的职业发展与心理健康。那么我们应该如何克服求职挫败所引发的消极求职心态，缓解焦虑情绪，从而帮助自己尽快重塑求职信心？不妨从四个关注着手，通过积极行动来破解求职受挫的困境。

一、关注自我，接纳情绪

对于L同学而言，如何克服连续求职挫败所引发的消极自我评价与消极情绪是他当前面临的最主要问题。受挫一次，L同学认为是自己投递简历还不够多，因此只是继续盲目地海投简历；受挫第二次，L同学认为可能是自己的专业与求职岗位要求不匹配，因此简单地调整了求职意向；受挫第三次，L同学开始进行内部归因，产生自我怀疑；而在好不容易获得的面试机会中受挫，则给了L同学最为沉重的打击——不是我没有准备，而是我能力不行。L同学将所受到的挫折归结为自身能力问题，也因此影响其客观地自我评价以及继续求职的积极性与主动性。看着同班同学纷纷在朋友圈晒出入职培训的动态，L同学开始焦虑。从担心抱怨到自我放弃，L同学产生了害怕找工作再遭遇失败的恐惧心理以及陷入担心个人未来发展的焦虑状态。

求职受挫可能引发较为复杂的消极情绪。如果我们觉察到自身情绪低落、做任何事情都提不起兴趣，失眠、食欲不振，长时间焦虑、不安等，那是身心系统在以自己的方式提醒我们：请关注自己。情绪状态与我们的想法和行为状态密切相关。我们往往容易因消极情绪而引发自我否定，并陷入消极情绪加重的恶性循环。

在消极情绪面前，我们首先要做的是觉察并接纳自己的情绪。因此，我们能够更加明确：我们产生情绪的原因。比如，我确实因求职受挫而心生怨怼，产生了焦虑等消极情绪。但这样的状态在未来不会一直存续，我们需要积极寻求缓解和应对的方法。而最佳的应对方法就是在找到引发消极情绪的刺激源后，通过认知调整、积极行动、改变现状等方式来缓解消极情绪。

有人因求职受挫产生自我否定心理，并不是因为求职受挫事件本身，而是基于对求职受挫的认知，如将求职受挫视为一种屈辱，或与他人进行不合理的比较。因此，当我们觉察到消极情绪时，请先找到引起消极情绪的心理原因，并适时进行调整。良好的情绪状态是积极行动的重要驱动力。

二、关注过往，分析原因

关注过往，是对已经“做了什么”的自我分析。客观分析不足以及问题形成的原因，了解求职受挫的多重原因，是下一阶段进行精准改进的基础。

L 同学的求职受挫并非一时一日偶然的失利。大学四年，L 同学没有做过科学的职业生涯规划。除了完成规定的学业任务，他未能专注于学习实践、综合能力提升。

他不知道的是，毕业生要在职场中脱颖而出，其个人的综合能力以及过往丰富的履历就是其竞争力的直接体现，这点可以从对过往经历的分析中体现出来。而 L 同学的求职简历可谓“乏善可陈”，仅有单薄的教育经历、学习课程以及两次假期短期的实习实践经历，含金量低，竞争力自然也不高。这是导致 L 同学的简历无法在海量的求职简历中脱颖而出的直接原因。

此外，简历的内容和形式与其质量密切相关，L 同学的简历从排版到文字表达都还有相当大的改进空间。一方面，L 同学的简历就是其大学经历的直观反映，因经历少、积累少，难以获取关于个人综合能力的信息；另一方面，L 同学投递简历存在盲目海投的情况，有时并未针对性地分析岗位的要求，人职不匹配、未能满足招聘企业的用工需求，自然难以进入 HR 的视野。L 同学在校期间，并无丰富的校内外实践经历，也无竞赛科研或组织工作经验，个人能力没能得到全面锻炼。因此在面试时，L 同学容易紧张，加上对面试准备不足，缺乏必要的总结和学习交流，最终导致面试失败。

对 L 同学简历的分析，就是对其个人过往的分析。关注过往，客观分析问题产生的根源和个人能力，发现个人优势与不足，有助于我们更加全面地了解自我。即使在求职过程中受挫，我们也能够更加全面客观地看待失败，不至于在受挫时习惯性地给自己贴上“能力不行”等负面标签。

三、关注现在，找到方向

当然，关注过往不代表沉湎于过去的得失，更不是因过去的不足而自暴自弃，佛系躺平。如何在找到问题根源的情况下，充分利用现实条件，最大限度地发挥好个人优势？这需要着眼当下、积极行动。焦虑等消极情绪的产生与个体的自我控制能力不足有关。因此，即使求职受挫，我们也要在客观分析各方原因后关注当下，明确现在我们能做什么、应该如何做，以此提升自我控制感，缓解受挫所带来的消极情绪。

比如，对于 L 同学而言，其关注现在就是在明确求职受挫的原因后，积极寻求问题解决的方案。认真梳理当前面临的困难，厘清先后，抓住关键，在应对困难时保持清醒；简历信息未能体现个人优势，那么就重新挖掘个人经历、丰富并修改简历，找到个人的核心竞争力；面试经验缺乏，应寻求社会支持，学会向身边的老师、同学寻求帮助，帮助自己在最短时间内做好更加充分的求职准备。此外，放弃躺平心态，是应对恐惧和焦虑的最佳利器。越是受挫，越应该在及时总结后积极尝试实践，为自己积累必要和宝贵的工作经验，并在实践中提升个人能力，让自己在最短的时间内收获最快速的成长。

四、关注未来，心怀希望

对过去和现实的关注，帮助我们明晰现实困难和厘清问题解决的思路。

关注未来，将为我们的行动以及消极情绪的缓解提供驱动力。关注未来，要以发展的眼光看待个人能力的提升和职业的发展，如学会制定短则数月、长则数年的个人职业发展规划；调整期望，合理看待挫折，不因一时失利而失去对自己的信心和再尝试的勇气，勇敢跳出自我设限的束缚。关注未来，要始终保持学习的状态，让自己持续成长；直面现实的同时，勇敢拥抱变化。

值得欣喜的是，在持续地沟通后，L 同学完成了对简历的修改，重燃斗志积极投递简历。只不过每次投递简历之前，他都会认真研究招聘岗位的要求，确保人职匹配。相信不久定能收到 L 同学求职成功的好消息。

职场新人如何更快建立良好人际关系

一位已毕业的同学向我倾诉上班的“心累”。细聊后了解到其入职新单位以来，自觉难以融入新环境，主要表现为“与同事聊不来”、感觉自己情商不够等。这样的人际关系已对他的状态产生了消极影响，他对自身的人际交往能力产生了怀疑，也不知应从何处着手去改变现状，但又担心被排斥。

人际交往是人作为社会性动物的基本社会需要。职场也是满足个体人际需要的重要场所。如果个体这一需要不能在职场中得到满足，会引发相应的职场孤独感，影响个体在组织中的归属感、工作态度、工作满意度以及职业承诺等。

对于刚毕业初入职场的大学生而言，职场人际适应是其步入社会需要完成的重要任务。除了对工作角色的适应和工作技能的掌握，人际适应也是步入社会的必修课，更是人际需要得以满足的必要前提。

除了个体个性特征以外，来自社会环境的多方面因素影响着职场人际关系，甚至导致了职场人际关系的疏离。一方面，繁重的工作业务、高强度的工作节奏、激烈的职场竞争让职场人应接不暇；另一方面，日常工作交流以及点到为止的生活分享都不能更好地激发深层次的情感联结。再者，随着移动互联网的发展，人们工作之余的生活方式和人际交往方式也发生了很大的变化，网络人际关系已不仅仅是现实人际关系的重要补充。这些因素对职场人际关系的发展产生了制约甚至是破坏性的作用。

职场人际受挫会激活个体相应的应对系统。对人际交往的抗拒以及因害怕被排斥而选择回避型人际交往都是可能的应对方式。且这类应对也存在强化消极人际互动感知以及加深人际疏离的风险。所以，对于因职场人际关系而感觉“心累”的那位同学而言，没有什么比加快适应并融入职场人际更为要紧的事情了。那么如何更好地建立良好的职场人际关系呢？

考虑交往主体个性与人际需求的差异性，求同存异。初入职场的新人往往迫切地希望能尽快融入新团队，真正成为团队的一员。但由于对团队成员的性格特点、团队协作模式等了解不多，交往初期需要一个磨合期。对他人情绪、需求和周围环境变化更为敏感的个体如能利用所觉察到的变化来适时调整自己的人际交往模式和节奏，则有助于其更快地融入新环境；同时，个性活泼外向的个体相对而言更易于与他人熟识。作为新人，要尽快融入职场环境，一方面要充分考虑自身个性特点，找准自身的人际交往优势，比如虽不活泼外向，但是沉稳谦逊；虽不是“自来熟”，但有责任心、对他人需求敏感等，这样可以在交往过程中对个人的性格扬长避短。试想，一个性格内敛的个体却希望通过多和旁人开玩笑等方式来加快熟悉，往往容易出现失误的情况。同时，虽然新人有尽快融入团队的交往需求，但这类需求未必是稳定人际团队中的其他个体的首选。因此，在交往过程中，既要考虑自身的需要，也要考虑他人的需求。

人际受挫后，增加积极促进型社交，减少消极回避型社交。不少人在人际交往中受挫后，倾向于选择消极回避的社交模式，不愿意主动与他人交流。这是因为，人际受挫引发了个体对自身、对他人以及人际关系的认知偏差。对自身的认知偏差集中在对自我的评价上。如向我倾诉在人际交往中“心累”的同学，就是因为想要融入职场人际，却因种种原因没有达到预期的效果而对个人能力产生了怀疑，也不清楚自己应该如何去改变现状。对他人的认知偏差则集中在将人际受挫的原因归结于他人，比如认为他人不够包容，他人应该对自己在人际中受挫的结果负责。这里主要体现在人际关系中，因他人的个别特征或部分印象而对他人轻易下结论，且结论以负面为主。而对人际关系的认知偏差则是因为受挫后，对自己与他人之间关系持消极否定的态度。这些对自我、他人以及人际关系的消极认知形成一个恶性循环，影响个体在人际交往中的主动性，增加其回避性。因此，增加促进社交，首先要客观全面地看待自己、他人与人际关系；其次，不因一时的受挫而否定长远的发展，要以发展全面的眼光看待问题。

提升自己在人际交往中的自我控制感。自我控制感一方面源自自我认知，另一方面来源于实践中有意识的积累。因为人际关系受挫而自我怀疑、自我否定，个体即失去了部分对交往的控制感。人际交往中有效的自我控制能够帮助个体做好情绪管理，即使在不利的情绪体验下也能及时调整交往行为并控制情绪，同时能够提升个体在人际挫折中的承受能力。因此，一个具有较强自我控制能力的个体既能对外界环境的变化表现出敏感的觉察，也能很好地适应，并根据人际情境的不同采取相应的应对措施。

社会心理学研究表明，拥有具有幽默感、坦诚、充满活力、乐观等品质的个体在人际交往中能够收获“好人缘”；而在人际交往中表现出自私、虚伪、以自我为中心等特点的个体则不太受人们的欢迎。在日常生活中，那些真诚的个体更可能拥有良好的人际关系；保持真诚也是提升人际亲和力的重要因素，更易促进自我控制感的提升。

人际交往是双向互通的过程，参与的双方都是独立的个体。在求同存异的过程中，如能客观认识自我、坦然面对得失、真诚对待他人、踏实勤奋工作，通过积极交往提升自我控制感，想要收获良好的职场人际关系将不会那么心累。

第三章
与梦想同行

致新生：大学什么样

对于即将步入大学校园的新生来说，“我的大学什么样”“我将如何度过大学四年”是关注度颇高的话题。在新生群、班级群以及各类网络平台上，许多新同学通过主动咨询学长学姐或者老师来解答自己的好奇和疑问。

从报到程序到具体要求，从校园周边到课程安排，来自亲历者的解答缓解了新同学因信息不对称或者经历缺乏所引发的部分紧张和焦虑情绪。但是关于“大学”的问题并不止于此。

“我的大学什么样”其实是一个点燃希望和前行动力的问题。这里面有对现实环境的好奇，也有对个人理想实现之地的期待，更多的则是对个人未来四年学习生活收获的期待。所以我们不妨从外在的客观环境、内在的校园氛围以及我们个人的行动三个角度一起来探讨“大学什么样”这个问题。

一、大学之外在

“大学什么样”，走进校园前，我们的注意力更多地集中在“什么样”上。这是我们回答这个问题的第一个角度，与大学的外在客观条件相关。比如校园的物质环境、地理位置、硬件设施等，往小了说诸如食堂的菜品多不多、味道如何，宿舍断不断电……因为这些客观条件与未来四年的学习生活息息相关，往往最早进入同学们的视野。在这个方面，有很多学长学姐结合自身的经历给出了多种回答。如果对这些回答进行简单的总结，我们不难发现回答主要集中在三种类型。

第一种，在负面体验基础上给出的负面评价：交通不便利、校园太小了、食堂菜不好吃……并且因为这样的评价，内心产生了对校园环境甚至个人专业学习的抵触，不想学或者不愿学，在人际上避免与人交往，不主动参与集体活动……

第二种，“一般”“随便”“都可以”的佛系回答。这类回答往往难以直接看出个人的喜恶，对于解答疑问来说参考性不大。一般来说，没有深入参与和投入大学生活，且没有找到大学生活之意义的同学更有可能给出此类回答。

第三种，结合个人经历和体验给出的较为中肯的回答：既分析现实的不足，也能看到大学的优点，同时积极分享个人的大学生活。相对而言第三种回答更为合理，而且把具体的判断交由提问题的人来做。

这三类回答帮助我们慢慢拼凑出大学最初的样子。尽管如此，我们内心还是会有许多的疑虑，毕竟每个人的情况有所不同，而对大学的体验更有可能相去甚远。我们目前能够确定的就是，环境相同，体验各异，这与个人的预期、心态、看待问题的方式等密不可分。

二、大学之体验

当然，我们在大学学习生活的质量与校园的客观环境水平并不绝对等同。相比于外在环境，我们自身才是决定“大学什么样”的关键因素，可以说“大学什么样”与我们的期待以及愿意为此期待所做的尝试和努力紧密关联。这是我们理解这个问题的第二个角度。其最终的落脚点是我们从中收获的主观体验、专业知识与技能以及我们的成长，可以是一种情绪情感，可以是精神层面的收获，也可以是理论知识层面的收获。

具体而言，我们可以自我检视：腹有诗书气自华，自身的专业知识和技能够不够硬？综合素质如何，自己能否在未来求职竞争中脱颖而出？自主学习能力如何，经过四年的磨砺，是否能有所提升？学校的老师、同学如何，班级风气、学习氛围如何？而我们作为其中的一员，又能从自身出发做哪些尝试和努力？

从这个角度去理解“大学什么样”，需要我们在大学生活中一点一点去慢慢体味和总结。在熟悉外在环境后，这个角度的理解能够帮助我们更快地融入新的生活、投入新的学习，也能让我们的精神世界更加丰富和充实。

三、我们能做什么

第三个角度是与我们每一位新同学有关的自我规划。大学什么样？大学生活不会止步于提问，更为重要的是行动。随此问题而来的，就是我们希望自己的大学生活能够成为什么样，我们又将如何度过大学时光？我们能否根据自己的实际情况，科学合理地规划自己的大学生活？

所以，当我们的新同学在提出“大学什么样”的问题时，请不要只是停留在提问阶段，我们还可以深入思考个人理想与目标，以及我们打算如何实现这些目标。比如我们以一学期、一学年为时间单位，为自己设定学习、生活方面的目标，督促自己如期完成；也可以结识三两好友一起学习、共同进步……个人目标的实现既有前述两个角度的现实基础，更离不开自我的合理规划和行动执行。

如从外在环境角度来理解，大学的神秘面纱会在同学们入学后慢慢揭开。但若深究大学的内核和要义，还是需要在大学四年里不断实践和探索才能深刻感知。在这四年时间里，在各种消息纷扰的时候，希望我们能保有理性，通过自己的观察、体验、分析和总结，做出自己的判断。在选择很多，不知如何做决策的时候，从个人实际出发，找到最适合自己的而不是别人眼中最好的方案，须知只有适合自己的才是最好的。

还没有进入大学，有疑问或者因不确定因素而产生紧张很正常。但是不要慌张，我们有四年的时间来找到“大学什么样”这个问题的答案。

16 年前，作为初入大学的新生，我也对“大学什么样”这个问题充满好奇。但在毕业多年后，对学校的感情就像是细水长流般并不会过分浓烈，学校的校舍、景色等外在环境都浓缩成青春记忆的一部分。我印象最为深刻的就是大学食堂的一道菜：包菜炒鸡蛋。在每月能够支配的费用十分有限的情况下，1.5 元/份的包菜炒鸡蛋陪伴了我四年。在毕业多年后，如果你再问我“大学什么样”，我想我更愿意从前述第二和第三角度来与你交流。我想这些才是支撑起大学记忆的血与肉。

对于即将入学的新生而言，不知道你们计划以什么样的方式来探索解答“大学什么样”的问题，并赋予其更加丰富的内涵和意义。我想同学们在未入大学之时往往会有所期待，我更期待你们进入大学之后有所行动，用自己的方式找到“大学什么样”的答案。

我们如何更好地适应大学

接受新变化，拥抱新变化，不要害怕。

——红姐

新生报到结束，新学期上课紧随其后。进入大学还不到一周时间，新生们就已陆续经历了主题班会、开学第一课、升旗、早晚自习等集体活动，还体验了穿梭于不同教学楼上课的忙碌和在食堂排队买饭的拥挤。

进入新环境，面临新的生活和学习节奏，新生们都适应了吗？看着井然有序的校园、课堂和生活区，相信大部分同学都能给出肯定的回答。即使少数同学还有一些不太习惯，但这种不习惯多数是暂时性的，积极主动的适应能够消除不适，并逐渐融入大学。

对于每一位新生而言，进入大学后，身份角色和目标职责相较于高中阶段有了很大的变化。在空间上和生活上逐渐脱离父母的管束，更加独立自主；学习上不再有老师亦步亦趋的监督，自主学习能力需要进一步提升；生活方式和人际交往方式等也都发生了变化。一些适应缓慢的同学短时间内难以跟上新节奏，容易造成心理上的压力，进而影响其适应状态和未来的发展。

大学适应，要适应什么？

新生们从各地齐集学校，从一个熟悉的地方到一个陌生的环境，空间位置的变化带来了对环境适应的要求，天气、温度、饮食习惯、日常起居习惯等都需要适应。走读式的上课方式，与高中阶段固定教室、固定老师、目标明确也有很大的不同，新生需要通过自主探索的方式明确个人努力的目标，并为此设定计划，督促自己执行。大学的学习对个人的自主学习能力以及独立思考和解决问题能力有更高的要求。这些对我们适应学习环境提出了挑战。大学里的集体生活，来自不同地域有着不同生活习惯、性格特点的 4 个人要居住在同一个空间里；班级概念弱化，同学之间交往不多、不深以及移动网络发展的现实，对我们的人际适应提出了新要求。

适应问题关系到我们大学期间的个人成长和未来发展。那么我们应该如何尽快适应新环境，融入新环境，完成身份、职责的顺利转变？我们可以做好五个方面。

发挥个人主动性，积极适应新环境。不论是老师还是家长，都会劝导学生们要积极主动一些，但并不是所有人都能真正做到这一点。从客观现实来讲，大学的适应是被动的。只要我们选择更换环境，进入新的阶段，那么外在环境的改变就在所难免。所以在这一点上，我们是被动适应的。但是，在个人心态以及日常应对方式上，我们可以采取主动适应的方式。首先从不抗拒、承认变化开始，正确看待变化带来的利弊，而后采取积极主动的措施来应对。其次，主动性还体现在对个人心态的调整上。一些同学可能因一分之差而不能进入理想院校，在心理上产生了落差，入校后闷闷不乐、自我封闭，这需要在认清现实、接受现实的同时，主动调整个人状态，积极适应新环境。这些就是能为个人所把握的个体的主动性。

发挥群体凝聚力，找到集体归属感。大学里，上完课同学们就四散离开，直到有大型活动才有可能聚集，导致了班级概念弱化，班级凝聚力有所减弱，同学们的归属感也不强。在适应问题上，班级的重要作用在于充分调动同学们参与集体活动的积极性，让同学们能够沉浸在班级团结的氛围中，跟随大部队的步调。这对于短期内无法建立起自己节奏的同学来说，尤其有帮助。这样的适应主要体现在班级的早晚自习、主题班会等集体活动中，这些活动能够有效凝聚群体的力量。这也是新生适应的重要支持。

建立支持系统，排除适应障碍。除了班集体以外，新生在适应大学的过程中，还需要许多外在的支持，尤其在遇到困难和问题，或者遭遇迷茫的时候，如果能够及时获得支持，就有可能尽早解决问题，排除适应障碍。我们可以通过定期与家人联系来稳固家人的支持；可以通过建立良好的室友关系、同学关系来获得校园内的人际支持；可以通过辅导员/班主任等校园内的力量来获得问题解决的支持；还可以通过各类实践活动结交志同道合的朋友，扩展自己的人际圈，获得更多的支持力量。

多尝试多参与，拥抱变化。校园内的学习生活非常丰富。除了专业学习以外，学科竞赛、实践活动、社团组织等丰富的第二课堂帮助新生们进一步丰富和充实自己的大学生活。有事可做而不是闲来无事、兴趣寥寥，我们才能在尝试和参与中逐渐明确自己的目标和方向，同时也能以身边优秀的同学为榜样，引领自己朝既定的方向努力。有的同学在进入大学初期，由于适应不了高中到大学的学业落差和学习习惯的转变，以消极回避的方式来应对，自己整日躲在宿舍里，不愿与人交流，沉迷游戏……长此以往，不适应将会影响整体的发展。也有一些同学在高中阶段已有非常丰富的实践竞赛经历，对大学的一些活动并不热心积极，脱离集体生活，也容易引发不良后果。大学环境和具体要求已经发生了变化，只有走出去，多接触不同的人群，多尝试新鲜事物，才能把握变化、拥抱变化。

有计划、有落实、有总结，尽快建立新的模式。进入大学后，每个学期从周一到周五的课程安排是固定的，所以可以清楚地知道自己的空余时间有哪些。可以给自己预留一定的时间，比如，两周逐渐适应学习节奏后，开始给自己设定一些阶段性的目标，如学习英语、考证等，在完成专业学习的同时，进一步实现自我提升。入学两周后，对自己前期的适应情况进行适时的总结，再重新规划下一阶段的适应任务。逐步推进，能够帮助我们慢慢找到自己的节奏，找到自信，继续前行。

大学适应作为大学生活的重要基础，直接关系到大学期间个人综合能力发展的实现程度。我们身边曾出现过有学业不良、游戏成瘾等问题的同学，其中大多数在入学适应阶段就出现了问题，加之个人没有及时纠正，缺乏积极应对，引发了后续的连锁反应，直至以无法正常获得毕业证和学位证，或者违纪，甚至退学收尾。

大学适应良好能够让我们建立起健康的生活习惯，培养独立自主的生活能力，提升我们的自主学习能力，最为关键的是让我们能够在大学的学习生活中，找准定位、明确目标，并为此坚定地努力。

适应并不难，难在心态要摆正、行动要积极。适应才能融入，融入才有发展。

如何更快适应和融入大学，请保持这四点

新学期开课第一天，上午第一二节课我恰巧给新生上了第一课。正式上课前，我表达了自己内心的忐忑，毕竟是第一课，能否对刚入学的他们有些微启发，能否激发他们探寻大学的好奇心，能否让他们因陌生而悬着的心慢慢在大学生活里着陆？我不太确定。“我们也忐忑”，他们友善地回应我。

通过课前五分钟的观察，我便发现新生的与众不同之处。刚开学，新生属于人堆里乍一看就能区分出来的存在。为何？一切都在他们的眼里：对新环境、新同学、新生活、新阶段的新鲜与好奇，还有对未知的探索欲。当然，还有前排就座现象：在后排还有空座位的情况下，前三排早已有人就座。这种现象在其他年级里并不多见。

“希望一个学期或者更久以后，我们班上课时的前三排座位依然能像今天一样满座。”新生呈现出的一种新态度，让我对他们的大学生活也充满了期待。而如何更快、更好地适应和融入大学正是他们现阶段需要直面的问题。有的同学在顺利度过适应阶段后，对个人目标的追求更为坚定；有的同学则因暂时的不适而引发了学业、交往等方面的困惑，眼里的光芒也因所遇到的困难和挫折而逐渐黯淡。

那么，如何适应、如何融入、如何顺利地完成角色的转变？可以围绕保

持好奇心、包容心、专注和恒心来积极探索。

一、保持好奇心

初入大学，一切都很新鲜。通过与学长学姐的交流、主题班会、专题讲座等，新生逐渐对大学生活有了基本的认识。在适应新的学习生活节奏的同时，个人学习生活习惯也逐渐养成。没课的时间是去自习还是宅在宿舍睡觉，是参加各类活动实践还是刷剧、玩游戏……同一个校园，不同的同学，却可能拥有相同的大学生活轨迹。

如果没有好奇心，大学生活似乎只在教室、宿舍、食堂三点一线上稳定运行；课堂讨论激不起思考的涟漪，课后论文也成了老大难；在专业知识学习、个人能力提升、周围环境探索等方面的认知往往容易受限于现状，并形成阻挡我们继续探索的认知围墙。而大学四年正是成长成才的关键时期。面对相较于以往更多的自主安排时间，好奇心能让我们主动探索，在学习的过程中能更多地发现问题、提出问题、分析问题、解决问题，这也是个人能力提升的重要组成。好奇心，是激励我们深入学习、主动探索的动力。因为好奇，我们在理论学习中读有字之书，在各类实践中读无字之书，让自己的思维与视野、思想与认知也能紧跟时代发展，因势而新。

二、保持包容心

一是包容差异。大学是独立生活的开始，天南海北的几个人要在一个空间里共同生活四年，彼此生活习惯、兴趣爱好可能相近也可能迥异。如何交流、如何建立和维系同窗情谊？这离不开彼此的包容心。每个同学不仅要和班级同学打交道，也要和老师打交道，还要与校内组织、校外实践中的各类人群打交道。当彼此因不同与分歧产生摩擦、引发矛盾时，如何面对和化解？包容心能让我们更加友善地对待他人，并收获成长必需的社会支持。二是包容错误。大学是独立面对社会的开始，我们可能会经历各类失败和挫折。有的人会一蹶不振，有的人则能愈挫愈勇。一蹶不振者往往自我要求严苛，对大小失误皆难以容忍，或将错误视为洪水猛兽，一旦出了问题，便对自我进行否定。而事实上，包容自己的错误和失误，正确看待自己，悦纳自己的不足，能够让我们在应对挑战和困难的时候更为从容、更为乐观，不惧艰难。

三、保持专注

大学与以往学习阶段最大的不同是其对个人的自主性有更高的要求。有的同学能做到专注、自律，他们朝着自己的目标坚定努力；有的同学则沉迷手机和游戏，始终找不到大学的意义。而保持专注正是抵制诱惑、实现目标的重要力量。对于我们而言，保持专注，一要专注目标，不忘初心。明确大学与生涯发展的目标，制订计划，认真执行，确保目标能够顺利实现。二要专注过程，保持耐心。面对周围环境的各类诱惑与遇到的困难，要保持耐心，踏实走好每一步，有序解决问题。三要专注学习，在专业学习方面做好知识储备，在专业学习以外的第二课堂要拓宽视野。

四、保持恒心

开课第一天恰逢周一，升旗仪式照常举行，早自习也紧随其后。我在教室走廊转了两圈，竟然听到了琅琅读书声。上学期走访早自习，从未听到过读书声。多数同学的早自习都是顶着惺忪睡眼，换了一个地方刷手机而已。

这样的早自习显然没有什么意思，更谈不上意义。

新生们听闻大学还有早晚自习的消息，颇有些不可思议：大学不是应该更自由吗，大学怎么还会有早晚自习？仿佛寒窗苦读十余年后，早晚自习的安排应自觉退出学习的历史舞台。尽管如此，同学们还是按时参加了升旗仪式和早自习。但一周后、一月后、一个学期后，是否所有的同学都还能保持今天的状态，犹未可知。

随着大学生活的推进，我们可能会发现现实与理想的落差，可能进入大学的第一次尝试就失败，也可能努力过后还要适应困难……也有不少人坚持过半，前行途中让佛系、躺平和摆烂主导了自己的大学生活。面对困难和挫折，新同学能否保持这份学习的热情，持续为目标的实现而努力？就好像早起两天不难，坚持四年却足够让许多人退却。

每一位同学都怀揣梦想而来，在面对困难和挫折时也请保持恒心，坚持不懈、锲而不舍，如此，梦想才有实现的可能。大学的舞台很大，但需要我们保持好奇心去探索、保持包容心去洞察、保持专注去思考、保持恒心去行动。大学生活也有很多可能，唯有行动才能创造属于自己的精彩。

大学没有目标怎么办

毕业生所面临的许多问题都是具体的，解决需求比较急切。大一年级学生所面临的一些问题与人生长远发展相关，难以通过一时一事的应对来解决，比如人生目标的树立和学习动机的改善。需要在持续性的学习和行动中加以明确和改进。

我在谈心谈话中了解到，当前相当一部分大学生面临着目标缺失的现实问题，包括学业目标和人生目标。随之而来的是兴趣动力缺乏，行动力不足，沉迷游戏和网络、社交回避等。部分同学陷入改变意向与行动缺位、社交需要与主动回避、发展期待与动力不足等现实矛盾中，甚至因此对学业表现、人际交往、心理健康状况等产生了负面影响。如何引导大学生明确目标、找到方向是育人工作中的一大重点。

要找到目标，需要明确大学、目标和意义的定义。

我们如何定义大学？曾有专升本的同学笑谈，他们就是来养老的，专科阶段丰富的实践经历成为他们“养老”的资本，不再愿意做更多新的或者与专科阶段“雷同”的尝试。不少普本新生在初高中阶段就是佼佼者，活跃在各类活动赛场，综合素质较高。进入大学后，也抱持相似的观点，认为已有相同体验，没有必要再为此花费更多的时间。然而不同阶段有不同的学业任务和发展要求。大学并不只是对专业的学习，还有对思维的训练和综合能力的培养，这些储备始终处于发展的过程，需要持续学习和实践才能获得。因此，首先要明确何为大学、大学何为才能更好地确立个人目标。

我们如何定义目标？大学是人生发展的重要时期，也是人生角色转换和人生观、价值观等形成与发展的重要阶段。其中既有大学四年阶段性学业、能力等目标，也有以大学阶段能力储备为基础，对于生涯规划的长远目标；既有学期、学年的具体考核目标，也有促进能力发展的实践目标。而不论哪一类目标都与个体的发展密切关联。同学们日常提及的“没有目标”往往指的是具体目标的缺失，或者没有立足现实，但又着眼未来的模糊、抽象目标。因此，难以形成持续性的动力或者无法通过自我督促来推动目标的实现。不论是学业目标还是生活目标，都是我们在学习生活工作过程中能够体验到的对于个人而言具有独特意义的目标。通过对目标的探索和实现，我们可以体验到意义感。这有助于帮助我们应对和承受在人生发展中无法回避的苦难。可见，有目标对于维持我们的身心健康至关重要。一个有着高目标感的个体将具有更强的主观幸福感和更好的健康状况。清晰的目标能够帮助我们更好地对未来进行计划，也更容易对未来充满希望。

我们如何定义意义？意义的探寻不是一蹴而就的。不少同学流露出大学生活没有意思的“无聊感”，因没意思而不愿主动探寻其背后的意义。有同学因为觉得上课没意思或者听不懂就不去上课；因为觉得某些课程无足轻重，也不愿意认真听讲；因为觉得作业只要完成就可以而选择以“抄作业”的方式来应付；在没有明确要求时，对于专题讲座、集体活动也提不起兴趣……这些活动让一些同学只感受到无趣和约束。但这些我们认为没有意思的活动，对于人生发展却有重大意义，能够在逐步积累锻炼中促进我们的全面发展和能力提升。若没有目标，还未找到大学的意义，不妨结合个人兴趣，从大学生活中一些有意思的小事情做起，让有意义的事情首先变得有意思，更容易让我们持之以恒地去坚持。比如阅读、运动，细水长流的积累最终能够通过时间的检验赋予成长更大的意义。

要找到目标，请学会自我控制。

自我控制是心理健康的重要组成部分。当长远有意义的目标与阶段性却更有意思的目标发生冲突的时候，自我控制能力强的个体能够通过对思想、情感和行为进行自发的调控，确保个体的认知、情绪情感和行为始终围绕目标并与目标实现关联，并最终促进目标达成。不难发现在生活中，自控能力强的同学更容易抵御住来自身边的各种诱惑，克服重重困难，顺利完成各类任务，而且在人际关系和大学生活的满意度方面也有更好的体验。

我曾问那些没有目标的同学，课余时间主要在做什么。90％以上的同学都提到他们在宿舍度过了自己的课余时间。而在宿舍中，因没有足够的自我控制能力，睡觉、刷剧、玩游戏成了他们课余主要的项目。但是在结束这些活动以后，他们的内心依然是空洞的，而且会进一步加强其目标缺失的消极体验。

自我控制除了面对冲突的时候，督促个体自主选择利于目标实现的行为，抑制无限制的刷剧、玩游戏、看短视频等行为，更为重要的是发出目标行为。因此，如果个体本身拥有较为明确的目标，那么可以有更好的自我控制，个体也倾向于在诱惑面前选择延迟满足，促成目标实现。而目标的实现又将提升个体的自我效能感，给个体以更积极的心理体验，进而强化其自我控制的意识和行为。

要引导学生找到目标，辅导员可以做什么？在谈心谈话的基础上，发现学生目标缺失现状，并通过及时干预来帮助其明确个人目标是引领的重点。具体的干预措施，除了以谈心谈话的方式及时引导，还可以通过生涯规划、心理团辅等主题活动引导学生加强自我探索，制定切实可行的目标和行动计划来加强学生的目标意识。同时，可以通过合适的团队建设活动以及搭建平台等方式为学生创设和谐的班级氛围与人际关系，帮助其尽快确立个人目标。

在大学阶段明确个人目标是一个主动探索的过程，也是一个意义感和自我控制能力提升的过程。

聚焦问题、调整不合理认知、学会主动求助和自我控制等都能帮助学生更好地适应大学生活，尽快明确个人目标。但最为关键的，依然是如何在此过程中充分发挥个体的主动性和主体性。

大学体验可以更多元

在一次师生座谈会上，不少同学就参加学科竞赛提出了自己的疑问。问题主要集中在两个方面：一是竞赛指导平台、资源较少，不少同学难以通过自主学习深入了解竞赛；二是同学们近两年参加学科竞赛的热情高涨，一些基础较为薄弱的同学“卷”不过或是较难觅求到合适的队友，因时间问题而仓促组队，要产出高质量的竞赛文本难上加难，最终可能止步于校赛。一边是希望通过竞赛丰富经历、提升能力的美好愿望，一边是零基础、少支持、缺资源的现实困境，不少同学面对学科竞赛时“又爱又恨”。

当前学科竞赛的“热”和“卷”，一方面源自外在的激励和引导，另一方面来自个人发展的需求。有的同学对个人未来发展方向并不十分明确，在身边同学的鼓励和带动下，对参加竞赛跃跃欲试；个别同学努力克服队友、专业基础等限制，积极参与，但囿于经验、信息、基础等多方面原因，在团队分工协作、任务推进等具体事项上多次碰壁后，不仅积极性受挫，也影响参与其他校内外实践的主动性。

面对主观愿望与现实困境的矛盾，要想解决问题，还是需要回到参加竞赛的出发点上来：我们为何参加竞赛？加分评优、充实生活、自我提升、寻求支持等是较为普遍的原因。

事实上，大学并不只有学科竞赛能够帮助学生实现这些目标。学科竞赛确实是丰富大学体验的重要方式，但不是唯一途径。在大学学习生活之余，还可以围绕四个方面积极尝试、拓宽视野，增加多元体验，实现能力素质的提升，为未来发展做好准备。

一、夯实专业基础，增强专业能力

不同专业各有特色，对于个人未来职业走向也有不同的影响，然而当前同学们的专业学习情况，以课程学习、教科书学习、应考式被动学习为主。不少同学尽管与时俱进地利用网络平台和资源开展复习巩固的自主学习，但缺乏对专业理论知识体系的整体性把握，知识面较为狭窄，且学习自主性和积极性存在不足。

学好专业理论知识是提升专业能力的基础，也是未来发展的重要前提，因此认真完成与专业相关课程的学习是最为基础的要求；参加学科竞赛是培养锻炼专业技能的重要方式，同学们可以结合专业实际选择参加专业类或跨专业的学科竞赛。

通过竞赛，一方面能够促进专业技能的提升，另一方面也可以提升自己的团队协作、创新实践等综合能力。此外，立足专业、积极思考，阅读专业著作和理论文章，尝试结合个人思考撰写论文，或积极参加与专业相关的实习实践等，也能促进专业技能的提升。

二、丰富校园体验，提升个人能力

除了课程学习第一课堂，校内还有非常丰富的第二课堂。比如志愿服务活动、文体活动、学生组织和社团、朋辈讲师课堂等。即使只是课程小组作业，因为涉及了理论学习、团队协作、文案策划、现场展示等诸多环节，能够锻炼个人综合能力，也是大学中非常有意义的经历。而这些活动在帮助我们丰富大学经历的同时，也能锻炼提升个人能力。

尽管如此，不少同学在面对充实的课程安排时表示已经分身乏术，难以应对课外活动；还有的同学被丰富的校园活动挤占了学习时间，无法平衡学习和活动，难以兼顾学习和能力提升。一边是丰富校园体验对于个人能力提升的助益，一边是规划、时间管理能力不足引发的发展失衡，两者的冲突让身处其中的同学“痛苦不已”。要解决类似的问题，不仅需要合理规划目标、安排个人时间，还需要提高个人学习工作效率，统筹任务。

三、参加社会实践，拓宽个人视野

从学生到职场人的顺利转变，不仅需要丰富的理论知识，还需要较强的实践能力。这也是当前社会对应用型人才培养的要求。而社会实践是同学们提前接触、了解社会，增长见识、拓宽视野的重要途径，也是将理论知识运用于实践，提升个人服务社会的能力和锻炼综合能力的重要契机。因此，我们鼓励同学们积极参与各类社会实践。

目前已有的社会实践包括主题活动、走访调研、暑期社会实践等。缺乏实践经历或对实践仍心存疑虑的同学，主要担心过多的实践活动会影响学习，或者苦于没有实践平台。而大学的学习，不只是对书本的学习，更应走入社会、走向田间地头，在广阔天地间将理论知识与实践相结合，在实践中拓宽视野、感悟生命、体验意义，增强个人责任感和使命感。如果不了解有哪些社会实践的渠道，可以关注校内各类实践通知，或者利用寒暑假在家乡开展走访调研，带着对现实问题的思考与分析，将理论与实践相结合。有的同学通过实践，将调研成果孵化成竞赛作品，一方面丰富了成果，另一方面在多向转化中，对于理论和实践的结合也有了更加深入的思考。

四、挖掘个人优势，培养核心竞争力

在与同学们日常交流中讨论个人兴趣时发现，不少同学并不清楚个人优势为何。一些同学因缺少实践锻炼，对于自我的认知主要停留在学业成绩、校园经历，更不用谈及对个人优势的挖掘。他们也更容易对未来职业发展表现出迷茫。

第一，从个人兴趣出发，了解课余个人可以参加哪些活动，通过分析日常时间安排找到个人的兴趣和方向。当然，有的同学虽然清楚自己的兴趣，却不知道应该如何从兴趣中发掘个人优势。

第二，认真总结过往经历中的成就事件或成功体验，比如获得奖项荣誉或完成一些对于本人而言极具挑战性的任务。这其中体现出的能力素质就是我们的优势。回忆总结过往的成功体验能巩固并激励我们继续坚持和热爱。

第三，多和身边人交流，收集身边人反馈的意见与建议，能够帮助我们明确自己的优势和不足。当然，最为重要的还是要在实践中总结、挖掘、验证和巩固个人的优势。

第四，明确个人优势能够帮助我们准确定位、找准未来发展方向，也为培养核心竞争力奠定良好的基础。

前段时间和一位同学交流，我鼓励他结合个人校园生活撰写文章，分享给学弟学妹。他有些不好意思，问我可不可以写吃的。通过进一步的交流，我了解到即使是吃饭这样一件小事，他也很用心地每天进行分类记录，他的手机相册里都是吃过的美食的图片，而且还会配上文案对美食进行点评，引导同学们精准避雷。一方面这是一种个人爱好，另一方面在不断总结分类过程中也可见他做事的认真态度，这不失为一种个人优势。

大学校园的丰富和多元，让许多个人的兴趣有了展示和发展的机会，不少同学正是在这样的发展中逐渐锁定了个人未来努力的方向。所以不要轻视任何一个个人兴趣，在充实大学生活的同时，积极尝试更加多元的体验，让大学生活更为精彩。

大三了，如何应对迷茫

大学是人生发展的关键时期，每一个年级都有其特定的成长需求和规律特点。相比于大一的青涩懵懂、大二的忙碌充实，大三则多了一份淡定从容和随遇而安。而随着毕业的临近，个人未来发展规划、求职就业准备等在大三被提上了日程。大三因此成为个体主动对接社会发展需求、自主完成职业定位和规划等的关键阶段。这也让大三的同学们在逐步完成探索适应、实践定位等发展任务后，直面发展挑战。

根据暑期开展的大三年级毕业规划调查结果，位列个人意向前四的发展规划是直接就业、升学、考公考编、自主创业，分别占比 38.66%、29.97%、20.21%、7.32%。其中，不少意向考研升学或考公考编的同学所做出的个人规划并不是客观自我分析、科学定位以后的理性选择，而是随大流的“试一试”，或者对此毫无了解，甚至不知如何搜集相关信息的凑热闹行为。尽管成功与否尚未可知，但发展的道路上免不了跌跌撞撞。此外，还有一些同学表示尚未考虑过个人规划。

作为大学生成长的关键期和人生职业发展的重要储备期，大三这一年时间十分重要，能否充分利用好这一年的时间，在完成预期发展任务的基础上，促进个人生涯发展的有效衔接，是每一位大三的学生都需要深入思考并逐步实践的议题。

结合日常谈心谈话与主题班会交流了解到的情况，当前大三学生也面临着不少的困扰。

一是学业上的压力。虽才大三，但一些同学的学业却亮起了红灯。不及格课程累积，课程重修压力大；对存在学习困难的一些课程产生了畏难情绪，因学习动力不足、学习兴趣缺失出现旷课等情况，心理压力大；因各类原因已无法正常获得学位，学位补授压力大；面对紧凑的课程安排和繁重的课程任务，自觉力不从心，自主学习和时间安排压力大。

二是情感上的压力。不少同学从大二开始就觉察到班级氛围的一些微妙变化。多数同学都已有较为固定的人际交往圈，且忙于准备竞赛、组织事务、个人发展、志愿服务等各类校园活动的同学趋多，同学们的自主性有所提升。一些平时“寝室—教室”两点一线，课余时间以宅在宿舍为主要安排的同学，对于班级凝聚力和归属感体验不深，与周边同学的情感联结较弱，日常遇到情绪、学业等方面困难时较容易出现无人可依、无人可诉、孤独等负面的体验，进而加重其在情感上的压力。

三是能力上的压力。每个学期制作一份简历的班级建设安排，让同学们对个人每个阶段的成长做到心中有数。尽管每次修改简历后，我都鼓励同学们尽可能多渠道充实简历经历、提升个人能力，但一些同学的简历依然存在一个模板走遍天下的情况——经历还是那些经历。进入大三后，不少同学面对个人简历上几近空白的内容开始出现能力焦虑，一方面担心自己无法适应未来职场的要求，另一方面又束缚于主动性和行动力不足的苦恼中，承担着较大的压力。

四是规划上的压力。纵观历年来大学生就业去向，未来规划的大方向似乎主要集中在某几个方向，但因存在对个人能力不足的焦虑、对未来发展不确定的忧虑以及现实控制感不足，引发目标不明确、不自信等情况，个体在个人规划上存在迷茫和困扰。

那么如何缓解压力，应对困扰，更好地度过大三年级，为个人未来发展做准备？

一是明确现实问题所在，设定计划，有序推进问题解决。个体虽有厘清问题、解决问题的想法，但因问题太多或者问题不清晰而产生无力感，进而产生心理上的压力和行动上的迟滞。因此，缓解压力的第一步是明确问题所在。如有的同学大一即面临学位需要补授的问题，针对学位补授可认真研读学位补授相关要求，从时间和个人能力实际出发，选择2—3种适合自己的、可能实现的补授措施，并制订计划，严格按照计划去开展相关准备工作。有的同学了解自己无法正常获得学位后，开始积极参加竞赛，或者努力提高课程成绩等，目前已符合学位补授条件。

二是全面客观地认识自我，明确个人优势和不足。每个人都有自己的优势和不足，不少自觉在学业、人际交往等方面存在困难的同学，都存在自信心不足、自我评价偏低等情况。因此，也就无法更加全面地认识自己。而大学阶段学习生活的主要作用之一就是帮助个体通过丰富的实践经历更好地认识自己，客观地评价自己，帮助个体找准个人定位、锚定发展方向。全面客观地认识自我，不仅仅依靠自我分析，还可通过加强与他人交流获得评价信息、丰富实践经历、挖掘个人潜能等方式来丰富自我认识的信息来源。

三是丰富个人实习实践经历，在干事创业中提升个人能力。大三的同学们不少已淡出学生组织以及志愿服务等活动，将关注点更多聚焦于学历提升、资格考试准备等方向，但也存在与社会接轨度不够、未能及时了解社会需求等情况。暑期，一位同学通过自主应聘的方式，找到一家行业发展较好的企业实习。当不少同学还受困于不会制作简历、不会网上投递简历、面试中露怯等情况时，这位同学早早地就通过自主的摸索和实践完成了求职就业的实战演练。而在与企业交流的过程中，这位同学对学校所学理论知识有了更深的理解，对就业市场对大学生求职者的素质能力要求也有了更深刻的认识，更好地明确了自身不足，并在接下去的在校时间中继续丰富个人的实习实践经历，实现能力的提升，以便更好地匹配社会和市场的要求。

四是从小事开始，先行动起来。行动让我们获得对不确定的控制感，是克服焦虑的最佳方案。而行动又恰恰是最难的环节。相比于每日苦读或是寒来暑往辛苦奔波于学校与实习单位之间，宅在宿舍刷剧、刷短视频或者睡觉要惬意许多。但空虚、焦虑往往也在享受过这些惬意片刻后袭来，且如果没有即时行动去应对，我们往往容易陷入“不想行动—享受片刻惬意—自责—焦虑”的恶性循环中，给自己设置认为自己不可能完成的障碍，进一步加重压力感和焦虑情绪。因此，从身边能做的每一件小事做起，养成良好的习惯，规律自己的生活，对自己不想做的事或曾认为不可能的领域去做积极的尝试。比如，不愿意上课，就从按时去上课开始；只想待在宿舍，就从约上几位同学来一场户外的活动开始；不确定未来职业方向，就从制作一份简历开始；焦虑于学位补授，就从主动找辅导员聊一聊开始。

尽管大三了，不少同学时不时感慨一句迷茫，但真正的迷茫恰恰需要我们用行动去克服。理清楚目前的问题和个人的情绪状态，从能做的小事着手，让自己在逐渐增加的控制感中走得更加坚定。

大三的成长，不仅仅在于直观上的奖项和荣誉获得，更在于在坚持和努力中逐渐生长起来的自信与对未来逐渐明晰的规划，以及更加笃定的坚持。

不做青春“开摆者”，要做青春奋斗者

“你觉得目前学习氛围如何？”

“比如微积分课，很多同学都在摆烂……”

有同学聊起班级中的摆烂现象：上课听不懂就不听，提前到教室也只为能在教室后排找一个与课隔绝的“安全”座位；上课时间戴上耳机沉浸在自己的世界中，与老师、身边的同学以及课堂没有任何的互动与交流；清楚地知道如果不努力期末考试必定挂科，但在“难学”的课程面前依然毫无斗志……

“不担心期末挂科吗？”

“担心有什么用？学也学不好……”

这是来自决定在微积分“大山”面前“开摆”的同学的真实回答。我惊愕之余，感慨“摆烂”之风已深入某些同学的思想。

什么是摆烂？与此前网络流行的佛系与躺平不同，摆烂在“破罐子破摔”更胜一筹：即使预知到如果不积极行动，事态发展将失控，也不做任何努力。

放眼大学校园，大学生正值青春年华，理应奋发有为，可是摆烂却成了一些同学面临困难时的首选。课程听不懂就不学，论文写不好就糊弄一番或不写，数据分析不会做就不做，觉得工作太累，上岗三两天后就辞职……

大学生为何摆烂？从当前摆烂的类型中可见一斑。

一为盲目跟风式摆烂。此类摆烂多停留在口头上，多因为摆烂之说的“有趣”，而成为一种个性表达。摆烂文案和表情包成为主要的“开摆”形式，并自称“摆烂文学”，以在朋友圈、微博等网络平台的跟风调侃为主。

二为情绪宣泄式摆烂。遇到困难不知如何应对，心中郁结一时难以排解，便给自己一些心理暗示：实在不行那就不争取、不努力，放之任之。但此类摆烂更像是一种暂时性的心理和行为调节策略。在直白的情绪表达以及短暂的自我调适后，“开摆者”依然能够保持直面困难、迎难而上的主动与坚持。

三为言行一致式摆烂。此类摆烂是真摆烂，不是自我娱乐和娱乐众人的调侃，也不是单纯的心理调节，“开摆者”是说到做到的行动派，不相信或不愿相信自己具备问题解决的能力，只看到事态的消极走向和不好的结果。在真摆烂的状态下，摆烂成了一种对他人建议的无声抗争或对自我放弃的无声宣告。“开摆者”似乎十分清楚自己付出和努力的边界，只是即使预见可能的消极结果也不愿意付出一点的努力。

作为个性表达以及暂时性情绪宣泄和心理调节策略的摆烂言语似乎无伤大雅。但随之而来的即是真正的摆烂行为，将让青春失去应有的生机与活力。

那么，如何告别摆烂？

一、勇于尝试，增加积极体验

摆烂之所以能从想法变为行动，主要有两方面原因：一方面是对自我认知不清晰，对自身能力不够自信而影响了主动尝试的意愿；另一方面是努力尝试后的失败经历与消极体验引发的习得性无助消解了个人斗志。不论哪一方面的原因都和自我认知密不可分。如能通过积极尝试增加积极体验则有助于强化个体的自信心和自主性。

我邀请了一位大三的学生与所带班级的班干部进行面对面交流。其间，这位大三的学生分享了自己的经历。大一时由于微积分课程怎么学也攻克不下，虽不舍，但经过理性分析，选择了转专业。在新专业的两年学习时间里，他没有丝毫放松。作为竞赛小白，他主动请缨、申请加入学长学姐的竞赛团队，从零积累，收获了国家级、省级、校级共 19 项竞赛奖项；尽管是转专业的学生，但作为班干部的他在踏实努力中收获了班级同学的认可，并与班级共同成长。假设他在大一面对微积分这座“大山”时主动摆烂，自暴自弃，是否还会有今天的他？答案很明确：只有主动摆烂，没有积极尝试，不会带来积极体验，也不会产生继续努力的动力。

大学四年，对于大部分同学而言，都要经过“迷茫—尝试—明朗”的阶段，从迷茫到明朗不能一蹴而就，中间还有必不可少的努力尝试环节。思想上足够重视，针对结果客观分析，明确个人优势与短板，通过积极行动来扬长补短、积累积极体验，有助于从根源上减少摆烂的刺激源。

二、主动担当，增强责任意识

责任意识淡薄是选择摆烂的重要原因。大学生虽在大学校园学习，但仍需要承担多种责任。比如个体的学业责任、生命责任，学校责任、社会责任等。但因日常学习生活局限在校园环境，难免存在个体与社会相脱节的情况，影响个体的责任感。

有同学曾提及，进入大学开始自主管理生活费后才发现过去自己的花费多少显得有些大手大脚，而且更加理解父母在培育子女上的辛劳付出，同时更加深刻地理解作为大学生应通过努力学习、勤俭生活等来主动分担家庭责任。这是对自我责任的明确。

一位同学因家乡发生疫情而心情不佳，十分担心家中情况。原想这位离家数百公里又无法回家的同学只能是默默在心里为家乡疫情防控加油，然而她却充分利用互联网活跃在各大志愿者社群中帮助协调安排志愿事宜，成为家乡疫情防控工作的“疫”线志愿者。疫情当前，广大青年积极响应号召投身疫情防控工作，彰显了青年人的责任与担当。身处校园，但心系疫情防控的当代大学生主动承担起了应有的社会责任与青春担当。

当国家、社会有需要时，义无反顾地冲在一线，这是担当；当条件限制，做不了惊天泣地的壮举时，做好俯首即拾的小事就是担当。明确自身责任，主动担当作为正是克服摆烂心态、抵制摆烂行为的关键所在。

三、努力奋斗，提升个人素质

摆烂行为的发生还源于个体无力应对现实困难。这与个体自身能力素质密切相关。没有什么比过硬的个人素质能力和协作意识更能帮助解决问题和应对困难。其中的素质不仅是专业素养、综合素质，还有我们的心理素质。遇到困难六神无主、乱了阵脚，不知应向谁求助；面对问题，情绪崩溃，无心应对，难以自我调适；发生意外，沉湎其中，难以消解……所有这些既指向个体个人的素质，也指向个体在班级、寝室、校园等集体环境中的协作等意识和能力。

有的同学因为忍受不了通勤的辛劳、加班的痛苦与高强度的工作压力，最终选择辞职回家；有的同学初入职场，不会处理职场中的人际关系导致适应困难，影响职业角色的顺利转变；还有的同学难以应对高强度工作之下的焦虑情绪……这些问题的出现或许可以将摆烂作为逃避和暂时的缓冲，但并不能促成问题的真正解决。只有在应当奋斗的年华，历经磨砺增长自身才干，才有足够的力量来应对困难并告别摆烂。

摆烂背后是个人的选择，选择随之带来多元的人生经历与结果。如果面对困难一味摆烂，不仅于问题解决无益，也容易影响人生发展的最终走向与自我价值的实现。

无奋斗不青春，告别摆烂，在踏实努力中积累积极体验，在责任意识中主动担当作为，在奋斗磨砺中增长才干。

涵养“三气”去“脆皮”，争当砥砺奋进“硬核青年”

有段时间，“脆皮大学生”一词引发热议。“脆皮”成为继“躺平”“佛系”等词后，大学生群体以自嘲方式建构群体认同的一种新兴表达。大学生虽年纪轻轻，但因其身体脆弱、易受伤等情况而在不同场合状况百出。比如，本该朝气蓬勃的年纪却小病小痛不断，本该积极向上的精神状态却捆缚着迷茫的神态……一摔就伤、一碰就碎、一哭就崩溃的“脆皮”看似夸张，实则反映了大学生群体身心“脆皮”现实与新时代青年“硬核”要求之间的矛盾。

大学生“脆皮”何以形成？从身体“脆皮”的外显特点到精神内耗的自我冲突，从自嘲式压力消解到惯常化现实应对，“脆皮”大学生有着由表及里的生成路径。

表层“脆皮”多为由体育锻炼不足引发的身体健康危机。前段时间学校组织体测，我现场观看了同学们的体测表现，虽忍俊不禁，但也深受震撼。有的同学在做坐位体前屈时穷尽力气也触碰不到合格线；有的同学拉上两个引体向上就只能挂在单杠上成为秋天里无奈又落寞的身影；有的同学跑完800 米、1000 米后表示“人没了”……体测结束大家相视一笑：“你好，脆皮大学生。”“手机不离手，幸福我就有。”——上课、走路、睡前，手机已然成为个体不可分割的一部分，长期刷手机、姿势不当等引发视力问题、颈椎问题、睡眠问题，唯独没有引起重视自己的问题。“宅在宿舍游，天地我就有”，“宿舍—教室”两点一线，精简式特种兵旅行，吃饭靠外卖，运动全没有，体能跟不上，App来凑数。作息饮食不规律、缺乏适量运动成为身体“脆皮”的罪魁祸首。

中层“脆皮”多为由脆弱型高自尊引发的自我受损。作为网络原住民的Z世代大学生，他们求新求异，接受新事物能力强，但自主性和抗逆力还处于成长期；他们追求极简，短平快的网络节奏塑造了其碎片化的思维习惯，思维惰性增大；他们的个性化需求增加，乐于结交各种“搭子”，人际交往呈现“圈层化”和“浅层化”现象；他们以“都行”“可以”“没关系”的躺平或佛系心态来应对外界迅速的变化、更高的要求和负载的期待。尽管如此，作为生活在各类社会关系中的个体，大学生依然需要在与他人的互动交往中寻求认同感、归属感，对于他人的认可和正面评价的渴望并没有因网络社交的增多而减弱或消失。相反因为人际疏离，大学生迫切需要通过一些交互获得肯定和认可。此时，“脆皮”就有了直观的体现。如从心理学角度对“脆皮”做一定的解读，“脆弱型高自尊”描述了较为典型的心理“脆皮”情况：外显对自己有极高的评价，但潜意识里对自己持消极甚至否定态度的个体，若主观感受到拒绝或者诸如疏离等威胁时，更容易产生焦虑、抑郁等情绪，也更容易采取语言攻击、社交退缩等策略来进行自我保护，最终导致难以靠近，社交受阻、情感受伤、自我受损。

里层“脆皮”多为由理想信念缺失引发的成长迷茫。理想信念是大学生脚下有力量、实现青春梦想的精神之“钙”，为个人的成长指明前进方向，并提供不竭的精神动力。在“脆皮”表象之下，理想信念缺失则引发了目标不明确、动力不足、畏难不前等现象，直观体现为大学生群体的迷茫、摆烂。“迷茫”是不少同学经常挂在嘴边的表达，因为迷茫，不少大学生摆烂式度日：旷课、旷考，坚信60分万岁，在上进与上课之间选择了寝室懒惰的温床，在求人和求己之间选择了主动放弃的无欲无求，并逐渐成长为生活无意义、努力无方向、人生无价值的“三无”人员。

“青年是整个社会力量中最积极、最有生气的力量，国家的希望在青年，民族的未来在青年。”青年一代有理想、有本领、有担当，国家就有前途，民族就有希望。而“脆皮”大学生难以担负民族复兴的伟大重任。如何告别“脆皮”，以“硬核”姿态迎接新征程新挑战？新时代青年应不止于保温杯里泡枸杞的“朋克式养生”，还需涵养“三气”。

以坚定理想信念涵养志气，为去“脆皮”练内功。为学须先立志。大学生树立远大理想、健康成长的基本内核源自其理想信念。“青年的理想信念关乎国家未来。”大学生正处于“拔节孕穗”的关键时期，最需要精心引导和栽培。大学生虽思想活跃、接受新生事物快，但受知识结构和实践经验的局限，具有较强主体意识的他们对周围世界和社会感知敏锐，也更易受到外界的影响。因此，新时代大学生要树立起争做堪当民族复兴重任的时代新人的理想，把实现个人价值同实现社会价值相统一，立鸿鹄志、做奋斗者，用青春和理想拥抱未来。

以担当作为涵养骨气，为去“脆皮”强基础。新时代大学生志业之远大，在国家社会之责，在时代之任，在俯首即拾之助人小事，都当以敢于、愿意、主动担当作为，方能练就堪当时代重任之骨气。一是立德修身树品德，从遵守校纪校规、校园行为规范做起，培养诚实守信等品德。二是踏实勤勉学本领，从专业学习到职业技能，苦练本领，掌握技能，才能在广阔天地中大有作为。三是顽强拼搏不畏难，以顶天立地之姿奉献祖国、服务人民，让青春在奋斗奉献、冲锋磨砺中焕发绚丽光彩。

以砥砺奋斗涵养底气，为去“脆皮”增本领。“民族复兴的使命要靠奋斗来实现，人生理想的风帆要靠奋斗来扬起。”新时代大学生应在砥砺奋斗中涵养铸就璀璨青春、实现人生价值之底气。一方面，要以野蛮其体魄的决心强身健体。健康的体魄是砥砺奋斗的基础，也是继续奋斗的底气，能够帮助我们更好地战胜奋斗征程上的艰难险阻。大学生要走下网络、走出寝室、走进操场，积极参与体育锻炼，在强健体魄中砥砺意志、促进身心发展。另一方面，要以文明其精神的决心，夯实专业学习基础，拓展第二课堂实践，走进新时代的广阔天地，在掌握科学知识的同时，注重个人能力的提高，在学习实践中努力练就过硬本领。

当代中国青年生逢其时，重任在肩。“脆皮”难堪重负，担当还需“硬核”。新时代大学生要在砥砺前行中强健体魄、锤炼品格，以“强国有我”的责任感和使命感，自觉增强青年的志气、骨气和底气，让青春在拼搏奋斗中绽放绚丽之花。